Deveni

pour
les nuls

Devenir papa

pour les nuls

Dr Gérard Strouk
Gynécologue-obstétricien

Dr Guénolée de Blignières-Strouk
Pédiatre

Avec la collaboration de

Marinette Lévy

FIRST
Editions

Devenir papa pour les Nuls

Éditions First, un département d'Édi8
12, avenue d'Italie
75013 Paris – France
Tél. : 01 44 16 09 00
Fax : 01 44 16 09 01
Courriel : firstinfo@editionsfirst.fr
Site Internet : www.pourlesnuls.fr

ISBN : 978-2-7540-8930-2
Dépôt légal : août 2016

Imprimé en Italie par La Tipografica Varese Srl
Corrections : Jacqueline Rouzet
Mise en page et couverture : KN Conception
Illustrations humoristiques : Marc Chalvin

Sommaire

À propos des auteurs

Ils se sont mis à trois pour vous aider à traverser cette période – provisoire ! – d'incompétence. Forts de leur expérience de médecins, d'écrivains et de parents de cinq enfants à eux trois, ils vous apportent ici les réponses au millier de questions qui vont surgir à partir du moment où l'enfant s'annonce, jusqu'à ses 3 ans.

Gérard Strouk est gynécologue-obstétricien, ancien chef de service de la maternité des Lilas (Seine-Saint-Denis), maternité pilote dans laquelle il a créé des « groupes pères ». L'animation de ces groupes de parole pour papas en devenir ou débutants lui a donné à entendre les réactions les plus variées et à aborder les situations les plus difficiles. Son expérience vous apportera donc beaucoup, y compris pour les problèmes les plus inattendus !

Guénolée de Blignières-Strouk est pédiatre, formée à l'haptonomie, elle est également homéopathe. Elle a aussi été membre de nombreuses années d'un groupe Balint. Elle a tiré de ses vingt-cinq ans d'expérience à son cabinet de ville, au fil des consultations, un certain nombre de grandes et petites questions qui se posent aux pères, avec ou sans les mères, dans cette aventure de la paternité.

Marinette Lévy est écrivain et scénariste et... mère de deux enfants. Au cours de son expérience personnelle et professionnelle, elle a observé le comportement des jeunes papas de sa génération et a eu envie d'accompagner le gynécologue et la pédiatre dans leurs pérégrinations au pays de ces nouveaux pères.

Introduction

Bravo les pères ! Aujourd'hui vous vous impliquez plus que jamais : votre bébé n'est pas encore là, ou il vient juste de naître et vous avez ce livre entre les mains ! C'est dire comme votre rôle vous importe.

C'est très réconfortant de voir aujourd'hui combien les jeunes pères prennent à cœur leur paternité, à tous les stades de la vie de l'enfant, même tout petit. Démodés, les pères à côté de la plaque qui regardaient leur femme comme une extraterrestre quand elle prononçait le mot « diversification » ou « turbulette ». Has been, les pères absents qui découvraient que leur bébé avait des dents le jour où ils se faisaient mordre. Ringards, les pères blasés qui adressaient la parole à leur enfant le jour de leurs 7 ans « parce que ça commence enfin à être intéressant ».

Et vous, quel père serez-vous ? Quel père êtes-vous déjà ? Cette affaire de paternité vous est tombée dessus et vous avez ressenti ce grand moment de solitude que ressentent tous les pères à un moment donné (même celui-là qui semble si bien maîtriser la technique du rot ou cet autre qui fait comme s'il avait changé des couches toute sa vie) ? Oui, comme tous les pères, croyez-nous ! Et vous allez rire, comme toutes les mères aussi ! Mais ce n'est pas le sujet, ici il s'agit de vous.

Vous vous sentez nul, vous avez peur de l'être ? Rassurez-vous, de toute façon votre adolescent vous le fera savoir en temps et en heure ! Alors d'ici là, dites-vous bien qu'être un « père nul » ce n'est pas la même chose qu'être nul en paternité. Mais puisque vous lisez ce livre, c'est que vous avez envie de bien faire. Et c'est déjà pas mal !

Après l'avoir consulté sérieusement, vous ne serez pas tout à fait sorti d'affaire mais du bon boulot aura déjà été fait. Par vous.

D'ici là, nous vous rappelons simplement que cet ouvrage peut vous être utile à toute heure du jour – ou de la nuit ! – et nous vous conseillons chaleureusement de le garder près de vous. Le moment viendra bien assez vite où votre enfant sera grand et où ce pavé ne pourra plus vous servir que pour caler un meuble !

À propos de ce livre

Avoir un enfant ce n'est donc pas qu'un boulot de femme (même si votre mère et votre belle-mère si envahissantes essayent parfois de vous le faire croire !). Nous avons tous un père, connu ou pas, aimé ou moins aimé, craint ou admiré, présent à nos côtés ou absent. De toute façon, il existe ce père. Ce livre est donc l'histoire d'un homme qui va être père... Et cet homme c'est vous !

Imaginez que vous vous promeniez dans un jardin public où jouent des enfants. Votre regard se poserait sur un vieil homme (aussi vieux que votre père en tout cas !) assis non loin. Ces deux générations qui se côtoient vous feraient vous poser des questions : Est-ce que je vais savoir m'occuper d'un enfant ? Est-ce inné ? Et mon père, comment a-t-il été avec moi ?

Et vous, comment prendrez-vous votre place de père alors que vous n'y connaissez rien ?

Nous avons observé qu'être père peut être, bien sûr, un grand bonheur, mais aussi une source de désarroi intense. C'est pour cela que nous avons choisi de nous adresser à vous, jeune papa débutant, inquiet de bien faire, avide de conseils mais pas toujours pris en compte. Nous vous accompagnons ici jusqu'au troisième anniversaire de votre enfant. Consultez ce livre comme vous poseriez des questions à un ami bienveillant qui est déjà passé par là, puis faites-vous votre opinion et foncez ! Car, débutant ou non, le meilleur papa de votre enfant... c'est vous.

Conventions d'écriture

Pour plus de clarté, il nous tient à cœur de vous préciser les conventions suivantes :

- Plutôt que de préciser à chaque fois *il* ou *elle* pour désigner l'enfant ou le bébé, nous avons décidé d'employer systématiquement le masculin *il*. N'y voyez pas malice, c'était juste plus simple !
- Dans le même ordre d'idées, et sans leçon de morale aucune, nous appellerons souvent la mère de votre enfant *votre femme*. C'est, de nos jours, un raccourci d'usage que vous nous pardonnerez même si vous n'êtes pas vraiment mariés.
- Les encadrés gris contiennent des informations intéressantes, mais pas toujours indispensables pour comprendre le sujet.

Ce que vous n'êtes pas obligé de lire

Les encadrés gris justement. Ce sont des extras, des zooms pour approfondir certaines questions. Psychologie, technique, problème médical, développement du bébé, tout y est passé au crible !

Et pour encore plus de bonus, certains contiennent des anecdotes de la pédiatre ou du gynécologue.

Quelques postulats de départ

- Vous êtes de sexe masculin.
- Vous avez plus de 15 ans (du moins sur votre carte d'identité !).
- Vous allez, dans un futur assez proche (moins de dix ans mais plus d'une heure) être papa.
- Vous vous sentez d'avance un peu nul.
- En vrai vous ne l'êtes pas puisque vous vous êtes procuré ce livre (si vous avez menacé ou torturé pour l'avoir, là c'est nul).

Si vous vous reconnaissez dans un ou plusieurs points (de préférence le n° 3), ce livre est fait pour vous.

Comment ce livre est organisé

Attention, ce n'est pas un manuel de puériculture ! Plus que de l'enfant, il s'agit ici de son papa. Nous avons construit ce livre comme une histoire qui pourrait être la vôtre, celle de votre paternité toute neuve. Les six parties, divisées en vingt-cinq chapitres suivent une certaine chronologie dans la vie d'un papa, du désir (ou non !) d'enfant à l'entrée à l'école maternelle de son petit, en somme de la maternité à la cour de récré. Vous y découvrirez les difficultés potentielles inhérentes à votre position particulière de jeune papa et vous apprendrez comment les affronter avec humour et décontraction.

Première partie : Aïe, elle veut un bébé !

Dans cette première partie assez courte, il sera question du désir (ou non donc) d'enfant chez les hommes, de contraception (eh oui, il faut parfois en parler !), de biologie et... d'amour bien sûr !

Deuxième partie : Hou là là et maintenant elle est enceinte !

C'est de la grossesse dont il sera ici largement question, et ce toujours de votre point de vue de père, de vos questionnements, de vos inquiétudes. Cette période tout autant magique qu'angoissante n'aura plus de secret pour vous. De l'annonce à la famille au choix du prénom, de la première échographie aux contractions de début de travail, en passant par la sexualité, toutes les questions autour de la grossesse seront abordées. C'est votre compagne qui sera contente de pouvoir s'appuyer sur vous pendant ces neuf mois !

Troisième partie : Le jour J

Ah l'accouchement ! On l'a tant attendu, tant redouté et voilà c'est maintenant... Comment ça va se passer, quoi emporter pour vous particulièrement dans la valise, où se mettre, que faire, couper ou non le cordon... ? Bref accueillir son enfant tout en accompagnant du mieux possible sa moitié qui hurle de douleur n'est pas une mince affaire. On vous rassure, beaucoup sont passés par là et tous s'en sont remis !

Quatrième partie : De la naissance à 1 an, le bébé est là... et bien là !

On croit que le plus dur est passé, mais non ! Maintenant vous êtes trois. Maintenant commence la « vraie vie » de famille. Et contrairement aux idées reçues, vous allez vous sentir tour à tour magasinier, intrus, zombie, incompris, amoureux éconduit mais aussi roi, chef, compagnon, allié... Bref vous allez en voir de toutes les couleurs. Nous avons décrypté pour vous cette palette de sentiments déroutants et merveilleux par laquelle passe le couple pendant les premiers mois de la vie de leur enfant. Mais concrètement comment ça se passe ? Le nourrir, le changer, le soigner, ses pleurs, ses cris... Vous aussi vous pouvez – vous devez ! – avoir un avis sur ces questions et répondre aux demandes de votre enfant. À celles de votre femme aussi. À la maison, en voyage, en sortie, chez le pédiatre, chez la grand-mère, chez la nounou, plus rien du quotidien de votre enfant ne sera hors de votre portée.

Cinquième partie : De 1 à 3 ans, petits conflits... grand bonheur

Comme vous l'avez deviné, ce ne sera pas si simple. Le fossé entre le désir et la réalité ? Vous avez les deux pieds dedans ! Votre femme est lointaine, votre boulot harassant, votre enfant ingrat ? C'est normal, et ça s'arrange facilement grâce à quelques petits trucs que nous vous proposons dans cette partie. Rien d'extraordinaire, juste un peu de bon sens ! Dans ce chapitre vous apprendrez à faire un pas de côté pour aborder plus simplement les conflits (nécessaires, constructifs) auxquels vous n'échapperez de toute façon pas. Mais après vous avoir alerté sur toutes les difficultés que vous allez certainement rencontrer, cette partie va vous réconforter ! Un peu de tendresse dans un monde de brutes… Oui, être un papa c'est aussi merveilleux et gratifiant que c'est angoissant et fatigant, c'est dire ! Nous vous ouvrons ici une fenêtre sur ce grand bonheur qui vous attend. Entre ceux qui fuient, ceux qui régressent, ceux qui craquent, ceux qui fondent, nous verrons dans cette partie que chaque père a son histoire et son expérience.

Sixième partie : La partie des Dix

Comme dans tous les livres de la collection « Pour les Nuls », cette partie regroupe quelques listes (pas toujours exhaustives, et heureusement car il s'agit ici de relations humaines et pas de moteurs de voiture !) des choses à faire ou à ne pas faire pour parvenir à trouver sa place de père dans l'harmonie.

Les icônes utilisées dans ce livre

Les icônes placées en marge du texte attirent votre attention sur différents types d'informations :

Est-il nécessaire d'en dire plus ? Ne sautez pas ces paragraphes, ils sont importants.

Cette icône vous résume les grandes idées du ou des paragraphes précédents.

Un peu de médecine, un peu de socio, un peu de psycho… Vous ne savez pas tout, alors attardez-vous sur ces paragraphes qui peuvent être très enrichissants.

Un petit truc en plus auquel vous n'auriez pas pensé ! Cette icône est celle de la transmission, de papa à papa.

Le gynécologue, coauteur de ce livre a choisi de vous livrer des témoignages sortis tout droit de son cabinet. Ces anecdotes sont véridiques mais évidemment anonymes !

La pédiatre, coauteur de ce livre a choisi de vous livrer ses témoignages tout aussi véridiques et... anonymes.

Par où commencer ?

Ce livre est conçu pour répondre à vos questions, mais celles-ci ne vous viendront pas forcément dans l'ordre où nous y répondons (c'est clair ?).

Vous pouvez donc sans problème vous reporter dans l'index à une entrée bien précise et vous arrêter là.

Vous pouvez tout autant vous balader au fil des pages et lire dans l'ordre qui vous plaît ce qui accroche votre regard et attise votre curiosité de jeune (futur) papa.

Enfin, il vous est possible aussi de lire ce livre dans son intégralité, dans l'ordre et sans en louper une ligne !

Dans tous les cas, vous y apprendrez quelque chose !

1

Aïe, elle veut un bébé !

DANS CETTE PARTIE . . .

Votre femme est enceinte ? Peut-être même pas encore mais c'est dans l'air... Vous découvrirez dans cette première partie que votre grande aventure de la paternité commence en fait bien avant la naissance de votre enfant !

Vous apprendrez aussi – et grâce à nous, pas à vos dépens ! – que quoi que vous en disiez l'un et l'autre dès le départ, vous ne vivez pas la même aventure votre compagne et vous. Pour une fois, les choses s'inversent pendant la grossesse : alors qu'elle vit quelque chose de principalement viscéral, donc intuitif, vous serez confronté à un questionnement intellectuel, voire existentiel. Si si, croyez-nous...

Chapitre 1
Le désir d'enfant a deux visages

DANS CE CHAPITRE :

- **» Le désir d'enfant chez la femme**
- **» Le non-désir d'enfant chez l'homme**
- **» Comment en parler et à qui ?**

Si vous êtes un couple amoureux, que vous êtes tous les deux bien portants et sains d'esprit (et en âge de procréer !), il n'est pas anormal qu'au bout de quelques mois ou de quelques années passés ensemble à batifoler vous mettiez en route un bébé. L'avez-vous vraiment décidé ensemble ? Ça reste à prouver... Du calme, nous ne sommes pas en train d'accuser votre compagne de vous faire un enfant dans le dos ! Nous avons simplement compris en observant de plus près le désir d'enfant chez l'homme et la femme qu'il se construit tout simplement de manière... opposée !

Le désir d'enfant du côté de votre femme

Nous allons voir que l'envie impérieuse de votre femme d'avoir un bébé, là maintenant tout de suite, se fabrique en réalité depuis longtemps, discrètement mais sûrement. Et la source de ce désir si fort est multiple.

Elle est à la fois culturelle et sociale. Ce sont les images vues et imprimées depuis l'enfance qui lui dictent qu'un jour elle aussi sera une maman : sa mère à elle, les publicités, les jouets qu'on lui a offerts, etc.

Ce désir « naturel » d'enfant est aussi physique, physiologique, inné. C'est le corps qui sait que c'est « l'heure ». On parle même « d'horloge biologique », c'est assez clair, non ?

Enfin, nous le verrons, ce désir est absolument lié à l'état psychique de la future maman, conscient mais inconscient aussi bien sûr.

C'est culturel

Vous avez remarqué (oui forcément vous avez remarqué) que contrairement à vous, depuis qu'elles sont petites, les filles jouent à la poupée. Dès leur plus jeune âge, elles adorent lui choisir un prénom (variable certes mais à leurs yeux adorable), la coiffer, la déshabiller, la décoiffer, la rhabiller, la redéshabiller et même lui changer sa couche ! En quoi est-ce si intéressant ? vous demandez-vous.

C'est tout simplement pour imiter leur maman à elles (comme vous votre papa), essayer d'être à sa hauteur en quelque sorte, de l'égaler. Et ce n'est pas facile ! Elles ont donc besoin de « s'entraîner » ! Ainsi depuis des générations, les poupons en plastique semblent s'adresser aux petites filles pour délivrer un message subliminal qui dirait en substance : « Prépare-toi, parce que dès que tu pourras tu en auras un en vrai, de bébé ! » Il faut dire qu'on leur en vend certaines qui disent « Maman », voire « Je t'aime Maman » ! Difficile de résister…

Dans le corps

Le bon moment

Quoi qu'il en soit, la société de consommation n'est évidemment pas la seule à « fabriquer » le désir d'enfant de votre compagne. En effet, pour elle, pendant la grossesse tout va se passer dans son corps, c'est donc justement son corps qui lui dicte quand c'est « le bon moment ». Et « le bon moment » pour une femme à partir du moment où elle a ses règles, et ce jusqu'à sa ménopause, c'est, tenez-vous bien… une fois par mois !

Eh oui, c'est aussi simple que ça. Une fois par mois, il y a ovulation, c'est-à-dire descente d'un ovule de l'ovaire à l'utérus (via les trompes). L'utérus qui justement s'est épaissi pour se transformer en nid douillet pour les neuf prochains mois en cas de fécondation de l'ovule par un spermatozoïde (c'est là que vous entrez en jeu en quelque sorte !).

Quant à ses seins, ils sont aussi de la partie et en seconde partie du cycle (quinze jours après les règles environ), ils se gonflent comme s'ils allaient allaiter, les coquins.

« ELLE VIENT DE RENDRE SON MANUSCRIT... »

« Une femme de 47 ans entre dans mon cabinet. Elle est déjà mère de deux grands enfants. Elle me raconte qu'elle a travaillé longuement à la rédaction d'un livre. Enfin, elle vient de rendre son manuscrit bouclé à l'éditeur. Et quelle ne fut pas sa surprise le lendemain quand elle a constaté tout d'un coup, une superbe montée de lait ! Quelle analogie entre la naissance de ses enfants et celle de son livre ! »

Et dans sa tête ?

Comme ce qui concerne le corps (ses réactions, ses blocages) est toujours intimement lié avec notre cerveau, ne nous privons pas ici de vous apprendre (ou de vous rappeler) que d'après Freud, le désir d'enfant chez la femme ne serait en fait qu'un désir inconscient de pénis. Prenez-le comme vous voulez, mais à notre avis, évitez d'en débattre avec votre femme à vous !

Le désir d'enfant de votre côté

La vérité ? Vous n'en avez jamais eu envie !

Assez parlé de votre compagne ! Et chez vous alors comment s'est manifesté ce fameux désir d'enfant ? Allez, autant être honnête avec vous-même, et malgré tout ce que vous avez bien voulu laisser croire (on n'a pas dit que vous aviez menti, hein... juste omis de préciser) à votre chère et tendre, vous ne vous êtes jamais levé un matin en vous disant « je veux un bébé ». Vous avez peur d'être anormal ? Eh non ! Vous êtes comme tous vos camarades mâles (si si, même vos copains qui soutiennent le contraire) incapable de désirer un enfant de la même façon que votre compagne le ressent.

Alors qu'elle en a un besoin impérieux, parce que son corps et son éducation le lui dictent, vous en avez – à peu près pour les raisons inverses – une peur panique.

La peur de l'enfermement

Eh oui, c'est bête à dire mais la principale angoisse des hommes à l'idée d'être père c'est la perte de leur liberté. Liberté de mouvement, liberté de pensée. Et ils ont raison, par définition, un père a moins de temps pour lui qu'un homme sans enfant. Mais un papa n'est pas vissé à la maison, il pourra justement en sortir de ce foyer aussi rassurant qu'inquiétant pour montrer le monde à son petit et le lui faire découvrir main dans la main. Et ça, quel cadeau !

« DES PÈRES QUI ONT EU ENVIE D'UN ENFANT »

« Et malgré tout ça, pourtant... dans le cabinet de la pédiatre, il y en a eu beaucoup des pères, comme vous le serez peut-être, tout étonnés d'être dès le début des "papas". Des pères qui ont eu envie d'un enfant.

Il y a eu celui qui s'occupait si bien de son bébé, avec tellement de naturel et même on pourrait dire, de camaraderie que sa femme en a été toute surprise. Quand elle lui en a parlé il a expliqué que c'était normal, ayant perdu sa mère jeune et étant l'aîné de quatre frères et sœurs, c'est lui qui les avait "élevés" !

Il y a eu aussi celui qui vient parfois en consultation sans sa femme avec son bébé. Après un vaccin, alors que le bébé de 8 mois pleurait (hurlait ? bon d'accord, hurlait) comme tous les bébés, il lui a dit "bon allez, arrête de pleurer là, tout va bien, tu n'es pas en train de coudre des ballons de foot au Bangladesh !" (Il faut dire que la France venait de gagner la Coupe du monde de football et qu'on venait de découvrir dans quelles conditions immondes les ballons étaient fabriqués par des petits enfants.)

Il y a eu encore ce monsieur dont le métier était d'aller éveiller les enfants à la musique dans les écoles maternelles, venu avec sa compagne et leur nourrisson d'un mois. C'est lui qui a parlé, qui a raconté en détail la grossesse puis l'accouchement de sa femme. Lui encore qui a répondu aux questions, qui s'est enquis de tous les détails concernant son enfant, concernant aussi l'allaitement au sein qu'il exigeait. Lui enfin qui a déshabillé son enfant avant et l'a rhabillé après l'examen, le tout sans laisser la moindre place à sa compagne, la mère de l'enfant, reléguée, muette, au bout de la table d'examen... Cette attitude de chacun des parents perdure au fil des consultations, jusqu'à un rendez-vous, vers la fin de la première année où la mère vient seule et où enfin, elle peut exprimer sa frustration et pleurer.

Il se peut que ces hommes-là aient été par leur histoire personnelle et la pression sociale reçue, très désireux d'avoir des enfants, vraiment à eux. Et ayant trouvé la compagne pour les leur faire, elle passe un peu à la moulinette de leur désir d'enfant...

C'est de bonne guerre ! Encore faut-il que ce soit la guerre... »

On signe à vie alors ?

La liberté sexuelle n'est pas plus remise en question à l'arrivée d'un bébé qu'à la signature (réelle ou symbolique) d'un contrat de mariage ! Vous vous êtes promis la fidélité ? Avoir un enfant ne rendra pas ce pacte plus difficile à tenir. Au contraire, vous aurez du respect et de l'amour en plus pour votre compagne avec qui vous avez conçu cet enfant, et qui l'aura porté et mis au monde.

Vous êtes trop jeune (c'est votre mère qui le dit)

Si vous avez un emploi, une certaine stabilité, un appartement, une femme aimée (et plus de 18 ans !), c'est que vous êtes parfaitement en situation d'avoir un enfant ! Vous vous sentez trop jeune dans votre tête ? Regardez-vous dans le miroir, vous verrez peut-être une petite ride ou quelques cheveux blancs... Alors toujours aussi jeune ?

Une dernière chose : imaginez que votre compagne peut avoir les mêmes inquiétudes que vous, les mêmes hésitations. Encore mieux, n'imaginez pas, parlez-en !

Arrêtez de penser au pire ! Oui c'est plus compliqué de se séparer quand on a des enfants mais là vous êtes heureux, amoureux, alors foncez ! C'est comme si vous renonciez à un grand voyage de peur de perdre votre passeport en route...

L'ÂGE MOYEN DES PÈRES À LA NAISSANCE DE LEUR PREMIER ENFANT

Selon l'Insee, en France :

- En 1901, la moyenne d'âge des pères à la naissance de leur premier enfant était 34 ans.
- Ensuite cet âge n'a cessé de baisser pour atteindre sa moyenne la plus basse en 1977 : 29 ans.
- Depuis, cet âge a beaucoup augmenté. À partir des années 2000, les jeunes pères ont en moyenne 32 ans.

QUELQUES FILMS SUR LE SUJET

De près ou de loin, le thème de la paternité est un favori du cinéma. Alors à voir ou à revoir, voici quelques joyaux sur le sujet :

The Kid, de Charlie Chaplin, 1921

Les 400 coups, de François Truffaut, 1959

Le Parrain, de Francis Ford Coppola, 1972

La Gifle, de Claude Pinoteau, 1974

Mon voisin Totoro, de Hayao Miyazaki, 1988

Kramer contre Kramer, de Robert Benton, 1978

Papa, de Maurice Barthélémy, 2004

Broken flowers, de Jini Jarmusch, 2005.

Chapitre 2

Le piège se referme...

DANS CE CHAPITRE :

- **On appréhende mieux ce qu'on connaît**
- **Rappel sur la reproduction (heu... rappel ?)**
- **Rappel sur la contraception (heu... rappel ? bis)**

Les cycles et les envies des femmes sont au cœur du processus de procréation, mais il ne faut pas oublier ceux des hommes, les vôtres. Ne pas oublier non plus qu'on est plus à l'aise avec ce qu'on connaît. Comment alors éviter au maximum cette sensation – désagréable non ? – qu'un piège se referme sur vous avec cette histoire de bébé ? Certainement pas en se mettant la tête dans le sable ! Alors voici quelques lignes pour vous rappeler les bases du sujet !

Comment on fait un bébé, en vrai ?

Si vous lisez ce paragraphe, c'est que vous êtes honnête ! Eh oui, bien souvent on dit qu'on sait mais en fait, c'est un peu différent de ce qu'on croit ! Pas de schéma ici, on ne va pas vous refaire vos cours de biologie du lycée, mais quand même, rappelez-vous (et rappelez-le à votre femme à l'occasion !) si vous êtes en train d'essayer de faire un bébé :

Le cycle de la femme dure en moyenne entre 28 et 32 jours. Environ à la moitié du cycle, l'ovule est prêt à être fécondé. À la naissance, la possibilité d'ovulation est inscrite. À la puberté, l'ovulation devient mensuelle et cette possibilité baisse au fur et à mesure de la vie d'une femme. Vers 38 ans, elle diminue de manière plus importante. C'est pour ça qu'il ne faut plus trop tarder...

Par ailleurs, il faut savoir aussi qu'il peut y avoir des cycles sans ovulation ou encore des ovulations non suivies de règles sans qu'il y ait une grossesse pour autant (par exemple pendant l'allaitement).

Les hommes aussi ont des « cycles », eh oui ! Vous pensiez que pour être sûr d'être fécondant, il valait mieux avoir plusieurs rapports le fameux 14e jour du cycle (de son cycle à elle si vous suivez...) ? Erreur ! Chez vous, le sperme se renouvelle toutes les 72 heures. C'est-à-dire qu'à un moment donné il est moins fécondant. Par ailleurs, votre fertilité baisse aussi un peu avec l'âge (et de plus en plus ces derniers temps, semble-t-il), mais dans une moindre mesure comparé à votre compagne.

LES TESTS D'OVULATION, QUÈSACO ?

Bon à savoir : ces tests n'ont aucune incidence sur la fertilité !

Ils sont utiles pour les femmes qui ont du mal à identifier leurs périodes d'ovulation et donc de fertilité. C'est un outil pour optimiser les chances de fécondité.

Avant l'existence de ces tests, les femmes étaient condamnées à la bonne vieille méthode dite de « la température » qui consistait à mesurer sa température chaque matin. Le jour du cycle où la température était le plus élevée étant celui de l'ovulation. Cette méthode consistait donc en fait à prouver que l'ovulation avait eu lieu plutôt qu'à la prédire.

Les tests vendus de nos jours en pharmacie sous forme de petits bâtonnets ou de cartes (entre 20 et 50 € les cinq) permettent donc de mesurer dans l'urine l'hormone LH, produite tout au long du cycle menstruel mais qui augmente 24 à 48 heures avant l'ovulation.

Ces tests s'effectuent avec les premières urines du matin (les moins diluées) dans les jours qui précèdent la date d'ovulation présumée. Un test positif annonce donc un pic ovulatoire dans les 24 à 48 heures.

À partir de ce moment-là, il ne vous restera plus qu'à vous mettre au boulot !

Pour faire un bébé, il faut donc qu'un spermatozoïde « efficace » rencontre l'ovule dans le bon timing, c'est-à-dire dans la trompe, dans laquelle il reste fécondable autour de 48 heures.

Ensuite, l'œuf (spermatozoïde + ovule) pourra descendre dans l'utérus pour faire son nid. S'il reste dans la trompe, malheureusement c'est la fameuse grossesse « extra-utérine » avec son risque d'hémorragie... Mais c'est un autre sujet !

La contraception, l'affaire de tous

Ce n'est pas parce que c'est elle qui prend la pilule, elle qui parle en premier de cesser toute contraception pour faire un bébé qu'il ne faut pas prendre la décision d'arrêter – ou pas encore... – ensemble.

Vous vous rendez compte que vous n'y connaissez rien ? Posez-lui des questions, elle sera ravie d'y répondre. Mais avant ça, voilà de quoi vous remettre un peu les idées en place.

ET SI C'EST UN « ACCIDENT » ?

Votre femme est tombée enceinte sans que vous l'ayez programmé ensemble selon un plan quinquennal bien établi ? Vous avez été surpris, décontenancé(s) et incapable de savoir quoi en penser ?

Si vous lisez ce livre c'est que vous avez décidé de garder ce bébé. Alors ne tirez aucune culpabilité des moments d'hésitation et de doute qui vous ont permis de prendre cette décision.

Souvenez-vous, les mœurs ont bien changé (et tant mieux !) parce qu'avant la pilule, un « accident », c'était la manière normale d'avoir des bébés et c'était peut-être parfois plus simple !

Que l'enfant soit (consciemment ou non) désiré avant sa conception importe donc peu. Ce qui compte c'est qu'en choisissant de l'accueillir dans votre vie, il a fait naître ce désir. Vous allez donc avoir un enfant, dans quelques mois avec cette femme-là. Et vous l'avez décidé, ensemble !

Alors par pitié quand il sera né, ne racontez pas à tout le monde que c'était un « accident » ! Parlez plutôt de hasard ou de coïncidence...

Primo, ce n'est pas parce qu'on arrête la pilule qu'on tombe enceinte tout de suite. Il faut d'abord attendre que les ovaires mis au repos par les hormones délivrées par la pilule se redémarrent. En général on conseille d'attendre deux cycles (deux mois à peu près donc) pour que la muqueuse utérine ait le temps de bien repousser. La pilule, on le rappelle, bloque le cycle de l'utérus, ce qui l'empêche donc de se préparer chaque mois à recevoir un éventuel œuf fécondé.

Le désir d'enfant, le mieux c'est d'en parler

En parler ensemble

Pour éviter l'effet « cocotte-minute »...

Vous êtes tendu, fermé, angoissé... ? Vous ne savez plus où vous en êtes. Faire machine arrière ? Foncer ? Soyez certain que votre femme l'a bien senti et qu'elle doit s'en trouver tout autant déstabilisée. Peut-être imagine-t-elle que vous ne l'aimez plus, que vous ne voulez plus de bébé avec elle, que vous n'en voudrez jamais.

Dès que vous abordez le sujet, vous la sentez prête à pleurer ? Vous avez peur de la perdre ?

Il faut lâcher la pression !

Votre compagne ne se fâchera pas si vous lui expliquez vos inquiétudes, si vous essayez de les partager avec elle. Ce qui risque en revanche de la blesser c'est votre silence. Au fond, vous l'aimez et vous voulez son bonheur ? Alors soyez partie prenante dans cette histoire et parlez aussi de vos envies et de vos attentes.

En fait, vous vivez les choses sur deux planètes très éloignées ce qui, en plus, inverse vos positions habituelles. Pour elle la cérébrale, c'est déjà dans les tripes que ça se passe et pour vous l'intuitif, ce n'est (une fois n'est pas coutume) encore qu'intellectuel (si si, messieurs !).

Mais au fond si c'était si terrible d'avoir un enfant, ça se saurait, non ? Et plus personne n'en ferait.

En parler à des professionnels

On n'a pas dit à papa et maman !

Pourquoi ? Parce que ce n'est précisément plus vous le bébé dans ce contexte, alors évitez de demander conseil à vos parents, si toutefois l'idée vous prenait de le faire. Vous devriez plutôt prendre ce genre de décision sans eux, justement pour vous prouver (et à eux aussi au passage) que vous en êtes capable et que vous êtes – déjà ! – en position d'adulte responsable, de papa potentiel.

Mais heu elle, elle le fait heu...

Si votre femme a besoin en revanche parfois de se reposer sur l'épaule de sa mère, de la questionner, peut-être trouverez-vous ça excluant, agaçant, voire blessant. Peut-être vous sentirez-vous inutile, incapable d'aider votre chère et tendre, mais ne vous avisez pas pour autant de l'en empêcher. C'est comme ça que la transmission se fait aussi, en douceur. Elle devient mère, ou envisage de le devenir en tout cas, et tous les anciens conflits remontent : sa propre naissance, son allaitement, sa conception... Et si ses parents avaient été déçus d'avoir une fille (si si, ça existe !) ?

À un médecin

Votre médecin sait écouter. Votre médecin sait garder un secret. Et votre médecin vous connaît. Peut-être vous a-t-il suivi depuis l'enfance, peut-être même vous a-t-il fait naître ? C'est de plus en plus rare dans nos grandes villes, mais si c'est le cas, allez-y ! Il saura à coup sûr vous rassurer et vous conseiller. Il vous expliquera par exemple en détail le déroulement physiologique de la grossesse ainsi que les différentes phases émotionnelles par lesquelles votre compagne pourra éventuellement passer.

À un psychologue

Il est tout à fait possible, voire conseillé si l'on en ressent le besoin, de consulter ponctuellement un psychologue. Si vous en connaissez un, pourquoi ne pas lui passer un petit coup de fil pour lui demander un soutien ?

Si vous n'en connaissez pas, il y a maintenant dans la plupart des maternités un psychologue à contacter. Ils sont très compétents pour parler de la période particulière que vous traversez ou allez traverser. Ils connaissent bien ce problème d'ambivalence, de désir et de refus mêlés face à une grossesse. Tout le monde l'a eu à un moment différent et avec une intensité différente. Ils peuvent vraiment vous aider.

Chapitre 3

Et si ça ne marche pas...

DANS CE CHAPITRE :

» **Malheureusement parfois c'est plus compliqué que prévu**

» **C'est elle ou c'est vous ?**

» **Parfois c'est vous deux ensemble**

L'espèce humaine est une des espèces les moins fertiles sur la terre. En effet, alors que certains animaux pondent des millions d'œufs, que les mammifères ont souvent plusieurs petits par portée, les femmes elles n'ont en moyenne que 2,5 enfants (on n'en a coupé aucun en deux pour faire ces statistiques rassurez-vous !).

Pourtant on ne parle d'« hypofertilité » (le terme stérilité étant devenu politiquement incorrect) qu'après dix-huit mois de rapports sans contraception. L'augmentation de ce temps constaté au cours de ces dernières années est en grande partie provoquée par l'âge plus tardif de la première grossesse, en moyenne 30 ans en France.

Mais qui de nos jours attend un an et demi ? Personne... Et encore moins à 35 ans, quand le désir d'enfant devient impérieux. Aujourd'hui quand un couple décide d'avoir un bébé, il faudrait que ce soit fait dans la seconde, malheureusement c'est parfois plus long...

L'INFERTILITÉ EN QUELQUES CHIFFRES

- En France 50 000 couples consultent environ chaque année pour obtenir de l'aide pour concevoir un enfant, soit environ un couple sur sept. Un sur dix suivra des traitements.
- L'infertilité concernerait 80 millions de personnes dans le monde.
- L'infertilité ne signifie pas une incapacité définitive à avoir des enfants.
- 40 % environ des causes d'infertilité sont dues aux femmes, 30 % aux hommes et 15 % aux deux partenaires.
- 10 à 15 % voire près d'un quart des situations de stérilité, selon certaines études, sont d'origine inexpliquée.
- La stérilité d'un couple se définit comme l'incapacité définitive à concevoir un enfant.
- 4 à 5 % des couples sont considérés comme définitivement stériles après plusieurs tentatives d'assistance médicale à la procréation (AMP).

Si c'est elle

Elle s'inquiète, ça ne « vient pas », elle va donc consulter son gynécologue qui va d'abord vérifier que tout est normal physiologiquement avant de lui prescrire des examens complémentaires. Ces examens sont simples, ils concernent :

- Le dosage des hormones sécrétées par l'ovaire sur la commande de l'hypophyse.
- La courbe de température qui doit normalement monter au moment de l'ovulation (en général au milieu du cycle). Les tests d'ovulation vendus en pharmacie coûtent cher et ne sont pas remboursés, cette méthode est donc la plus économique et la plus simple.
- Les trompes par lesquelles l'ovule va de l'ovaire à l'utérus qui peuvent être bouchées. On pratique alors une hystérographie. Cet examen est pratiqué par un radiologue qui va injecter un produit dans l'utérus qui

permet de vérifier la morphologie et la position de l'utérus et de s'assurer qu'il n'y a ni obstacle ni malformation dans les trompes.

En fonction des résultats de ces différents examens, et seulement après leur lecture approfondie, il pourra prescrire à votre femme un traitement hormonal pour stimuler les ovaires ou maintenir une grossesse, ou proposer une procréation médicalement aidée. Mais jamais avant de vous avoir vu, vous !

« POURTANT TOUS LES EXAMENS REVIENNENT NORMAUX ! »

« Une femme consulte à mon cabinet parce qu'elle n'arrive pas à être enceinte. Ça fait un an que son compagnon et elle essayent. Tous les examens reviennent normaux. Après plusieurs consultations, elle explose ! Elle n'arrive pas aujourd'hui à tomber enceinte, alors qu'elle a dû avorter dix ans auparavant à la suite d'un viol. Quelle injustice ! Quelle douleur ! Toute idée de grossesse la ramenait inconsciemment à ce viol et lui en faisait rejeter la probabilité. C'était enfoui si profond en elle qu'elle n'en a parlé qu'après quelques consultations. La parole à ce moment-là, si particulier, a délié le nœud et soulagé le poids. »

Si c'est vous

Eh oui, un bébé ça se fait à deux ! Donc si votre femme ne tombe pas enceinte c'est peut-être parce que le problème est de votre côté. Il est donc impératif (nous insistons : vraiment impératif !) que vous assistiez avec elle aux consultations gynécologiques pour parler de vous, de vos habitudes alimentaires, de votre travail, de votre consommation éventuelle de tabac...

Les examens

La suite des festivités ? Un spermogramme. Ça paraît barbare, mais en fait c'est juste... pas marrant ! Disons-le clairement : il faut aller se masturber dans une petite salle sinistre pour recueillir le sperme qui sera ensuite analysé. On observe alors les spermatozoïdes qu'il contient de la façon suivante :

- leur nombre
- leur vitesse
- d'éventuelles anomalies
- les signes d'une infection chronique passée inaperçue.

Ne vous affolez pas du résultat, même s'il y a de petites anomalies car le stress du recueil joue beaucoup. En plus, rappelez-vous que pour féconder ce cher ovule, il n'en faut finalement pas tant que ça des spermatozoïdes !

Quoi qu'il en soit, si un problème a été détecté de votre côté, il existe nombre de traitements médicaux ou chirurgicaux (en cas par exemple de petites varices sur le testicule) qui vous permettront à coup sûr d'être bientôt le meilleur papa du monde du plus beau bébé du monde !

« SES SPERMATOZOÏDES SONT TROP LENTS »

« J'ai reçu à mon cabinet une jeune femme éprise d'un monsieur plus âgé, déjà papa de deux adolescentes. Visiblement alors qu'elle désire depuis quelque temps déjà un enfant, il était jusque-là plutôt réticent. Il a fini par se laisser convaincre mais elle n'arrive pas à tomber enceinte. Les examens montrent rapidement que ses spermatozoïdes sont trop lents. La dame décide alors de se faire inséminer via un donneur anonyme. Le rendez-vous est pris mais… ô surprise, elle est enceinte (de son mari bien sûr !). Sachant qu'elle s'était décidée à avoir recours au sperme d'un autre, le mari a fini par se décider aussi à laisser grimper ses spermatozoïdes ! Et c'est arrivé deux fois… ! »

Les testicules ont besoin de frais ! En effet à l'inverse des ovaires maintenus au chaud (à 37 °C) dans le ventre de madame, les spermatozoïdes pour être bien formés, vaillants et mobiles ont besoin de ne pas, permettez-nous l'expression, cuire dans leur jus. Un peu comme vous au volant quand vous sentez que vous allez vous endormir et que vous ouvrez la fenêtre sur l'autoroute (ne mentez pas, on SAIT que vous le faites). Vous allez rire, on a même proposé une contraception masculine par slips chauffants… On le disait, la contraception est l'affaire de tous, non ? Et il y a aussi ce qui se passe dans votre tête…

Si c'est vous deux

Il y a des couples que les différents métiers des deux partenaires empêchent de se rencontrer le bon jour.

Il y a des couples, anxieux, qui calculent tant et tant le moment idéal de procréation qu'à l'instant t, rien ne se passe… Alors on part en vacances, on laisse tout tomber (surtout ces satanées courbes de température) et au retour, miracle, elle a un retard de règles, elle est enceinte alors qu'on n'y pensait même plus !

Mais aussi, plus concrètement, la nature fait si bien les choses qu'il n'est pas rare de détecter chez les couples qui souffrent d'hypofertilité une anomalie minime chez chacun des deux partenaires. Si minime qu'il sera assez simple de la corriger. Pour cela deux techniques généralement employées :

- » La stimulation ovarienne.
- » L'insémination artificielle avec votre sperme, préalablement recueilli et centrifugé pour le rendre plus concentré.

Parfois il faudra malgré tout avoir recours à la fécondation in vitro (FIV) dans des centres spécialisés de procréation médicalement assistée (PMA). Ce parcours est malheureusement long et difficile, douloureux et fastidieux. Dans ces centres une aide psychologique est proposée, elle est souvent bienvenue.

Pour récapituler :

- » Il est inutile de paniquer au bout d'un mois si votre femme n'est pas enceinte alors que vous avez (enfin !) décidé de faire un bébé. A priori, ça viendra !
- » Il est inutile d'avoir des rapports sexuels tous les jours, comme des machines. Le meilleur moyen de réussir à

faire un bébé est donc de faire l'amour aussi souvent qu'on en a envie, sans trop penser au « résultat » !

» Si au bout de quelques mois, elle n'est toujours pas enceinte, consultez son gynécologue tous les deux. Il vous aidera à trouver une solution, la plus naturelle possible, pour que votre compagne tombe finalement enceinte.

LA PMA POUR LES NULS

Selon la nature du problème, différentes techniques médicales existent pour aider à la procréation. Mais avant d'envisager une prise en charge, il est généralement admis que deux ans d'essais infructueux sont nécessaires. Si les problèmes persistent, un médecin fera un bilan après un interrogatoire et un examen clinique qui permettront de déterminer la ou les cause(s) de la stérilité et d'envisager la solution la plus adaptée. Toutefois, chez près de 10 % des couples infertiles, aucune cause particulière de leur incapacité à concevoir n'est identifiée (il s'agit alors ici d'une infertilité inexpliquée). L'infertilité totale (stérilité) est rare. Si après les tentatives d'optimisation de leur fécondité échouent (la stimulation hormonale notamment), certains couples ont alors recours à la Procréation Médicalement Assistée (PMA). Cette dernière peut prendre différentes formes :

- **l'insémination artificielle** qui consiste à injecter du sperme (frais, préparé ou congelé) au moment de l'ovulation ;
- **la Fécondation In Vitro (FIV)** qui consiste à prélever des ovocytes (ou un seul selon les méthodes) chez la femme et à les mettre en présence des spermatozoïdes de l'homme quelques jours. Après surveillance de leur évolution, notamment morphologique, un ou deux embryons seront implantés dans l'utérus. C'est à ce stade que certains embryons peuvent être congelés pour une utilisation ultérieure. De la même façon que le sperme, les ovaires peuvent avoir été congelés préalablement, il s'agit de la **technique de vitrification** (congélation ultra-rapide) des ovocytes. Elle est autorisée en France depuis l'adoption définitive de la loi de bioéthique le 23 juin 2011.

2

Hou là là et maintenant elle est enceinte !

DANS CETTE PARTIE . . .

Vous apprenez que vous allez être papa ! C'est à la fois un grand choc et une immense joie... à gérer et à digérer.

Quelle nouveauté ! Le corps de votre femme qui change, ses priorités aussi... Tout ça est assez déroutant pour tout le monde, il faut le dire.

Examens, échographies, contractions, col de l'utérus... Tout un nouveau vocabulaire s'offre à vous. Vous découvrirez ici le déroulement de la grossesse trimestre après trimestre, afin que vous en sachiez autant qu'elle, voire que vous puissiez l'épater avec vos connaissances en la matière (à propos cachez ce livre, elle vous prendra pour un génie et c'est toujours bon à prendre !).

Chapitre 4

L'annonce

DANS CE CHAPITRE :

- **Comment va-t-elle vous annoncer sa grossesse ?**
- **Annoncer votre future paternité à vos amis**
- **Annoncer votre future paternité à votre travail**

Après quelques tentatives, peut-être quelques déceptions, un soupçon d'impatience ou au contraire une bonne surprise, le doute est permis, votre compagne a un retard de règles, elle est peut-être enceinte !

Elle a fini par faire un test de grossesse qui s'est révélé positif. Pendant quelques instants elle est la seule à le savoir : elle est enceinte.

Voici comment se passent les différentes annonces, officielles et officieuses...

L'annonce faite au mari

À vous, donc !

Votre femme est une pipelette mais rassurez-vous, vous serez quand même (en général) le premier au courant ! Vous saviez qu'elle ne prenait plus la pilule, vous étiez le mieux placé aussi pour savoir que vous n'aviez pas des rapports protégés. D'ailleurs peut-être avez-vous aussi senti qu'elle était plus câline ces derniers temps... ? Et certains matins, elle s'enfermait dans la salle de bains... Autant de signes annonciateurs mais vous avez préféré ne pas y penser. C'est bien vous ça, toujours attendre que ce soit plus « concret ».

Eh bien là ça y est, c'est concret !

Vous pouvez peut-être déjà sentir les signes objectifs de la grossesse. Vous la sentez… différente ! Elle n'a peut-être pas du tout envie de faire l'amour ou au contraire tout le temps ! Elle est prête à s'émouvoir ou à s'énerver au quart de tour. Sa sensibilité est déjà autre, dès le début.

LES TESTS DE GROSSESSE, COMMENT ÇA MARCHE ?

Une femme enceinte sécrète une hormone particulière : la gonadotrophine chorionique (bêta-hCG). Cette hormone commence à être sécrétée lorsque l'œuf se fixe dans la paroi utérine, environ huit jours après la fécondation. Elle peut être détectée de deux façons :

Dans les urines

Faciles à utiliser, il suffit de faire pipi dessus (pas vous, elle !). Ces tests sont vendus en pharmacie sans ordonnance. Ils ne peuvent servir qu'une seule fois, mais certaines marques proposent des boîtes de deux afin de pouvoir refaire le test le lendemain en cas de doute. Ils ne sont pas remboursés par l'assurance maladie et les prix varient selon les marques.

Attention, dans la plupart des cas, ils ne sont fiables qu'à partir du jour présumé des règles. On vous conseille même d'attendre deux ou trois jours de plus. On considère que ces tests urinaires sont fiables à 99 % lorsqu'ils sont utilisés convenablement.

Parfois cependant ils ne se lisent pas correctement. Si le test a été fait dans les conditions optimales, il vaut mieux en refaire un le lendemain matin.

Dans le sang

Il suffit de se rendre dès le jour présumé des règles dans le laboratoire d'analyses pour confirmer la grossesse. Après une prise de sang, le biologiste calcule le taux d'hormone bêta-hCG.

Cette fois, les résultats sont fiables à 100 % ! L'analyse sanguine permet de calculer très précisément la concentration de l'hormone bêta-hCG. Un autre avantage de cette analyse est de savoir si la grossesse évolue normalement ou non. Prescrite par un médecin, la prise de sang est remboursée par la Sécurité sociale.

Seule une échographie dite « de datation » permet de déterminer la date de début de grossesse à plus ou moins trois jours. Celle-ci est prescrite par un médecin.

Pour vous annoncer qu'elle est enceinte, votre compagne n'ira certainement pas par quatre chemins. Elle ne cherchera pas à vous « protéger » ni à vous « amadouer », non ce qu'elle veut elle c'est simplement partager cette merveilleuse nouvelle avec sa moitié, le père de l'enfant qu'elle porte, l'homme de sa vie, enfin vous quoi ! Et tout ça risque de vous arriver un matin au petit déjeuner, comme ça, calmement.

Attention ça ne prendra qu'une minute… Mais cette minute est importante, alors ne la laissez pas passer. Renfournez dans votre poche le « merde c'est pas le moment ! » qui a failli sortir de votre bouche. Oubliez cinq minutes la réunion qui vous attend au bureau et prenez-la dans vos bras, cette femme qui est en train de faire de vous un père.

Vous pouvez même dire : « c'est merveilleux ! », car ça l'est ! Vraiment.

L'annoncer au reste du monde

À vos amis

Certes, vous avez envie de crier sur tous les toits que vous allez avoir un bébé. Vous n'êtes pas peu fier de cet exploit, et on vous comprend. Vous êtes maintenant au même niveau que votre propre père et vous savez (ou du moins vous le croyez, voir l'anecdote du gynécologue plus bas) qu'il sera très heureux d'apprendre que sa lignée et son nom vont être perpétués. Et vos amis qui ont déjà des enfants et qui vous regardent comme des extraterrestres, voire des ados attardés ? Eux aussi vous leur diriez bien ce qu'il en est, histoire de leur montrer que vous aussi maintenant vous faites partie de leur bande ! D'autant plus que vous êtes sûr et certain que votre compagne va foncer sur son téléphone (si ce n'est pas déjà fait) pour annoncer sa grossesse à sa mère… Peut-être même à sa meilleure amie, d'abord.

Pourtant on vous conseille d'attendre un peu. On dit souvent jusqu'à la première échographie (vers deux mois et demi de gestation, donc), celle qui va vous confirmer que tout va bien.

À votre travail

C'est sans doute le bon moment pour avertir votre entourage professionnel de ce qui vous attend. Vous avez droit à un (petit mais quand même) congé paternité, donc autant en profiter !

Il se doit d'être pris dans les quatre mois suivant la naissance, parlez-en à votre employeur suffisamment à l'avance. Vous trouverez tous les détails à connaître sur ce congé au chapitre 11 de cet ouvrage.

« J'AI SENTI LE SOL SE DÉROBER SOUS MES PIEDS »

« Mon fils m'a téléphoné un jour tout content : il avait un beau cadeau à me faire pour la fête des Pères. "Tu vas être grand-père !" a-t-il enchaîné sans plus de ménagement. Notez qu'il n'a pas dit "Je vais être père"...

J'ai senti le sol se dérober sous moi, je n'avais rien choisi, rien demandé. J'étais jeune, encore apte à procréer et voilà qu'on me rangeait dans la catégorie des vieux papis.

C'était il y a onze ans...

Depuis ? J'ai sept petits-enfants que j'adore !

Cette réaction que j'ai eue est commune à beaucoup de gens. L'annonce par vos enfants qu'ils vont avoir des enfants vous pousse violemment et vous décale soudain d'une génération. C'est parfois différent pour les femmes qui, on l'a vu pour le désir d'enfant, ont aussi assez souvent le désir de petit-enfant. »

Pourquoi attendre les fameux trois mois pour annoncer une grossesse ?

» La plupart des fausses couches ont lieu dans cette période. Et même si on dit parfois qu'elles sont « banales », elles sont bien douloureuses pour les futurs parents...

» Les trois premiers mois de la grossesse de votre compagne se passent principalement dans son intimité, donc dans la vôtre aussi. Profitez, savourez ces moments qui n'appartiennent qu'à vous. Vous partagerez bien assez tôt votre enfant avec votre famille puis avec la société tout entière...

COMMENT ÊTRE SÛR QUE C'EST MON ENFANT ?

C'est vrai ça... C'est bien connu, on sait toujours qui est la maman, mais le papa ? Avant la naissance, c'est difficile ! Votre seule arme : la confiance absolue que vous vouez à votre femme ! Mais ne tombez pas non plus dans la parano.

Si des doutes sérieux persistent, après la naissance, quelques outils sont à votre disposition pour déterminer (ou non) votre paternité.

» Le plus simple : la ressemblance physique.

Si votre rejeton a les oreilles de votre grand-mère maternelle ou les pieds de votre cousin Jojo, c'est bon, ouf, vous pouvez être certain que c'est bien votre enfant. Un seul bémol, ces histoires de ressemblances sont parfois assez subjectives et chacun peut facilement y voir ce qui l'arrange.

» Le plus fiable : le test de paternité.

C'est aussi le plus encadré par la justice. La plupart des pays autorisent l'usage libre du test de paternité. Aux États-Unis depuis l'été 2011, un test de paternité efficace dès la 12e semaine de grossesse a été commercialisé. Grâce à une prise de sang, on peut comparer l'ADN fœtal présent dans le sang maternel à celui de son père supposé. Coût : 1 130 € ! En France cette recherche de paternité pour convenance personnelle est interdite, conformément à la loi de bioéthique.

Pour effectuer un test de paternité en France, il faut passer préalablement par une procédure judiciaire. De même ses résultats ne seront pas utilisables juridiquement sans l'autorisation d'un tribunal. Préalablement à toute recherche de paternité, il vous faudra donc prendre contact avec un avocat afin de connaître toutes les conséquences d'une telle procédure.

Mais rappelez-vous, le père d'un enfant c'est avant tout celui qui le désire (même s'il est déjà né), qui le reconnaît, qui l'élève. Bref c'est celui qui devient *son* papa.

Mais… C’est vrai que pour certains cette période peut paraître longue, voire interminable. Il faut dire que certains couples essayent depuis des mois ou des années d’avoir un bébé. Alors si vous sentez que garder cette grande nouvelle pour vous un jour de plus va vous transformer en cocotte-minute, allez-y, foncez, appelez votre meilleur copain et annoncez-lui ! Si en plus il a déjà un enfant lui-même, il vous comprendra. Et votre femme aussi.

Nous nous devons de vous prévenir, il arrive parfois qu’un phénomène appelé « dissimulation à tous les niveaux » se produise au sein des couples qui attendent un bébé depuis peu de temps. Le processus est le suivant : chacun jure à son partenaire qu’il a gardé le secret de la grossesse tout en l’ayant discrètement annoncée qui à son meilleur ami qui à sa maman, etc.

Une fois les trois mois révolus, le couple ayant décidé d’annoncer – officiellement cette fois – la venue du bébé, les personnes déjà au courant – officieusement – se voient donc obligées de faire semblant d’apprendre la nouvelle… Vaudeville assuré. Notre conseil, si vous souhaitez user de ce stratagème faites-le avec vos amis bons comédiens !

« ELLE AVAIT EU UNE RELATION EXTRACONJUGALE… »

« J’ai suivi la grossesse d’une femme à mon cabinet dont le mari et elle-même étaient de rhésus négatif à la naissance, le bébé, qui ne pouvait être autre chose que rhésus négatif, est analysé rhésus positif…

Je reçois les parents et elle déclare difficilement qu’elle avait eu une relation extraconjugale, un jour de folie, sans lendemain au moment de la conception. On en a beaucoup discuté pour se demander finalement qu’est-ce qui était le plus important : avoir vécu cette grossesse ensemble, avoir accueilli cet enfant ensemble, cet amour qu’ils avaient toujours l’un pour l’autre ou cette goutte de sperme il y a neuf mois ?

Chapitre 5

Les premiers temps de la grossesse

DANS CE CHAPITRE :

» **Les premiers signes de la grossesse**

» **Les premières consultations**

» **Les examens**

» **Les petits désagréments de début de grossesse**

Voilà c'est dit, c'est prouvé par des analyses sanguines, elle est enceinte, pour de vrai. Ce n'est plus un fantasme ou une lubie, ce n'est plus un projet pour quand vous serez grands, maintenant c'est pour de bon et ça fait déjà quelques semaines… Nous allons vous guider dans les méandres des débuts plus ou moins simples de cette grande aventure qu'est la grossesse !

Les premières consultations : mode d'emploi

Même si attendre un bébé n'est pas une maladie, comme votre chérie va vous le marteler durant les quarante (longues ?) prochaines semaines, vous allez voir que les médecins ne sont tout de même jamais bien loin ; et que ça vaut parfois mieux !

Chez le gynécologue

Ça commence par là. Ses résultats de prise de sang ou son test de grossesse en poche, elle va prendre rendez-vous rapidement chez celui ou celle qui la suit. Elle vous en parle, d'ailleurs elle aimerait bien que vous veniez avec elle... Hein ? Chez le gynécologue ? Quelle horreur, c'est des trucs de nanas ça. Oui mais cette fois c'est différent, vous êtes autant concerné qu'elle ! Allez-y, vous verrez, les médecins savent que les futurs papas sont parfois mal à l'aise, ils vous mettront en confiance et vous expliqueront bien les choses. Et votre douce sera vraiment heureuse de partager ça avec vous.

COMMENT LE MÉDECIN CALCULE-T-IL LA DATE D'ACCOUCHEMENT ?

À peine votre femme a-t-elle pénétré dans le cabinet du médecin ou de la sage-femme qu'on lui demande la date de ses dernières règles. Ça peut paraître un peu cavalier mais il y a en réalité une raison bien précise à cette question.

En effet le personnel médical a un outil secret ! Un calendrier spécial. C'est un dispositif en carton ou en métal qui tient dans la main, appelé *disque* (ou *roulette*) *de grossesse*.

Il est composé de deux disques de taille différente qui pivotent l'un par-dessus l'autre. Sur chacun figurent des informations chiffrées en jours et en mois : on positionne le premier disque sur la date de procréation ou du début des dernières règles et on se réfère ensuite aux informations du second disque : date prévue d'accouchement, dates auxquelles il faut faire les échographies ou la déclaration de grossesse.

Plus simplement et sans avoir recours à cet objet qu'on ne trouve pas en grande surface, vous pouvez aussi avoir recours à la règle de Naegele (du nom de son inventeur, un gynécologue allemand du XIXe siècle). Elle est simple : il suffit d'ajouter sept jours à la date du premier jour des dernières règles et d'y ajouter encore neuf mois (ou d'en retrancher trois). Par exemple, si votre femme a eu ses dernières règles le 5 février : vous ajoutez sept jours, ce qui donne le 12 et neuf mois, ce qui donne novembre. La date présumée d'accouchement est le 12 novembre.

Comment ça va se passer ?

Attention attention, c'est là que vous allez quitter brutalement le monde des Bisounours ! Nous allons vous raconter dans le détail une consultation chez un gynécologue. Ça vous inquiète hein ? Détendez-vous, parce que grâce à ce paragraphe, vous n'aurez aucune mauvaise surprise !

Au début c'est comme chez un médecin « normal », on entre, on se serre la main et on s'assoit en face du médecin. C'est après les quelques questions d'usage (« Ça va ? Alors quoi de neuf ? Ah un bébé, quelle bonne nouvelle ! ») que l'entrevue prend un tour bizarre (« Eh bien on va regarder tout ça ! »). Votre femme, alors qu'on ne lui a rien demandé, va se déshabiller, s'allonger et écarter les jambes devant un ou une inconnu(e).

Brrr, vous ne le feriez pour rien au monde ! Dites-vous une chose rassurante : ce n'est pas très agréable pour elle non plus ! Simplement elle a envie qu'on lui dise que tout va bien. Et vous aussi, alors ne soyez pas gêné, c'est comme ça que ça va se passer tous les mois jusqu'à la naissance.

Le médecin l'auscultera (vous n'êtes pas obligé de regarder), c'est-à-dire qu'il placera avec délicatesse dans son vagin un spéculum, outil (en métal ou en plastique s'il est à usage unique) qui sert à en maintenir écartées les parois. Ça ne fait pas mal, c'est juste un peu désagréable. Il pourra ainsi confirmer la grossesse (il sent que l'utérus a changé de forme, de taille et surtout de consistance). Le gynécologue montrera peut-être son col de l'utérus à votre femme grâce à un miroir. Il pourra aussi dater le début de la grossesse (en fonction justement de la taille de l'utérus et de la date du début des dernières règles) et vous donner une date prévue pour la naissance de votre enfant ! On l'appelle aussi la DPA (date prévue d'accouchement). Attention c'est une date théorique, car votre bébé naîtra peut-être quinze jours avant ou une semaine après... Il naîtra quand il naîtra !

Si elle n'en prend pas déjà, le médecin prescrira à votre femme de l'acide folique afin d'éviter certaines malformations neurologiques au fœtus.

COMBIEN DE TEMPS DURE UNE GROSSESSE ?

En France, on considère qu'une grossesse arrive à terme au bout de 280 jours, soit 41 semaines.

Entre 37 semaines et 41 semaines, l'enfant est né à terme.

Avant 37 semaines, l'enfant est prématuré.

Après 41 semaines, on dit que l'enfant naît après terme, cela représente environ 3 % des naissances.

Mais la notion de terme est toute relative en fonction du pays dans lequel on vit. Si vous habitez dans les pays nordiques, on considère la limite du terme au début de la 42e semaine, et au Japon, on préfère déclencher l'accouchement dès la fin de la 39e semaine. Aux États-Unis, la date limite est de 40 semaines.

La première échographie, à 12 semaines de grossesse

Enfin vous allez voir sa bouille à ce bébé ! Vous n'imaginez pas à quel point, alors que votre femme a encore un ventre quasi invisible (sauf par elle... et vous !), ce petit être ressemble déjà à un VRAI bébé ! Le petit haricot a déjà un cœur qui bat, un pouce à sucer et des jambes pour galoper...

Pourtant pour la personne qui pratique cet examen (car c'en est un), ce n'est pas le moment de s'émouvoir mais plutôt de mesurer, d'observer et de donner toute son attention à ce qu'elle voit. Il vous est difficile de comprendre les images qui s'animent devant vos yeux quand on vous annonce qu'il faut y voir un rein ou un pied ? Dites-vous que l'échographiste aussi a besoin de beaucoup de concentration pour vérifier que VOTRE bébé se porte bien.

Alors, par pitié laissez-le faire son travail et évitez de l'interrompre toutes les deux secondes pour lui poser des questions, certes capitales pour vous, mais finalement anodines en ce qui concerne la bonne marche d'une grossesse. Vous demanderez ensuite au médecin s'il a pu voir le nez de votre grand-père ou les yeux de votre mère... (Tiens, d'ailleurs, votre mère, on en parle ? Non, elle fera l'objet d'un chapitre rien que pour elle !)

Mais au fait, ça sert à quoi ?

Cette première échographie sert notamment à vérifier combien vous allez avoir d'enfants. Eh oui ! Mais ne riez pas, les grossesses gémellaires représentent quand même environ 6 grossesses pour 1 000. Elles augmentent avec l'âge pour atteindre le pourcentage de 13 pour 1 000 après 40 ans, ces chiffres étant liés aux stimulations et autres FIV qui nécessitent l'implantation de plusieurs embryons. Donc ça peut arriver ! Si c'est votre cas, vous serez alors aiguillés vers une maternité adaptée au suivi plus médicalisé que nécessitent les grossesses multiples.

Détecter les anomalies

Par ailleurs, cette échographie, en lien avec les dosages sanguins, sert aussi à déceler une éventuelle anomalie dans le développement du fœtus. Il en existe plusieurs, plus ou moins courantes, plus ou moins bénignes, mais les principales sont les trisomies (anomalie d'un chromosome 13, 18 ou 21, ce dernier étant synonyme de mongolisme). On la diagnostique grâce à la mesure de la nuque du fœtus. À ce stade d'évolution, tous les fœtus font la même taille, c'est pourquoi on pratique cet examen toujours à la même date, précisément entre la 12e et la 14e semaine de grossesse.

En bref, vous l'avez compris, malgré le caractère médical de l'examen, cette première échographie est aussi un moment très très émouvant. C'est un peu votre première rencontre avec votre enfant, malgré le médecin, malgré l'écran. Alors même si pour le moment tout ça est encore abstrait, nous ne saurions que vous conseiller d'en profiter... et de préparer vos mouchoirs !

Les examens de laboratoire

Leur liste est impressionnante ! Certains seront à faire tous les mois, d'autres une seule fois au cours de la grossesse. En voici le détail.

Les prises de sang

- La plus importante : le groupe sanguin et le facteur rhésus. Si votre femme ne s'est jamais fait opérer, elle doit alors faire déterminer par deux prises de sang (normalement dans deux laboratoires différents) son groupe sanguin (A, B ou O) et son facteur rhésus (+ ou –) qui seront inscrits sur une carte, valable à vie. Le rhésus est un élément du sang que l'on a (on est rhésus positif) ou que l'on n'a pas (on est négatif). Si votre femme est rhésus positif, aucun problème, elle est protégée. Si elle est rhésus négatif et vous aussi, aucun problème non plus. Si enfin, elle est rhésus négatif et vous positif, le bébé peut être l'un ou l'autre. S'il est comme sa maman, il ne se passe rien, s'il est comme vous, il pourra amener sa mère à sécréter des anticorps contre le rhésus opposé. Comme dans le cas d'une greffe. Cependant, pas de panique, la médecine a tout prévu ! On surveillera ses anticorps chaque mois et à sept mois de grossesse on lui injectera un sérum qui détruira ceux qui pourraient apparaître.
- La numération sanguine qui décelerait une anémie nécessitant la prise de fer.
- La rubéole.
- La toxoplasmose, la maladie qui s'attrape avec les chats est dangereuse pour le fœtus si elle est contractée par la femme enceinte. Si votre femme n'est pas immunisée (c'est-à-dire qu'elle a déjà eu cette maladie, souvent sans s'en rendre compte), on vérifiera alors chaque mois qu'elle ne l'a pas attrapée. Si elle n'est pas immunisée, il conviendra de faire attention à son régime, nous en reparlerons.
- Le HIV (contamination par le virus du sida).
- La syphilis (ou vérole) qui existe toujours et dont le nombre de cas serait même en évolution !
- L'hépatite B et C.

Les analyses d'urine

- L'albumine est recherchée régulièrement dans les urines. Elle est le témoin d'une affection connue depuis fort longtemps, la toxémie gravidique, qui demande une surveillance particulière.
- Le sucre, dont la trop grande concentration montre l'apparition d'un diabète dit gestationnel dont nous reparlerons.
- Les nitrites qui décèlent une infection urinaire passée inaperçue par ailleurs.

Le choix du lieu de naissance

Dans les grandes villes et notamment à Paris, il est vivement conseillé aux femmes de s'inscrire à la maternité dès qu'elles ont connaissance de leur grossesse. Il faudrait presque sauter du lit après avoir fait l'amour pour réserver sa place ! Pourquoi ? Parce que les maternités (qu'elles soient publiques au sein des hôpitaux ou privées indépendantes) sont surchargées ! Et si elle ne s'inscrit pas très tôt, votre femme prend le risque de ne pas avoir de place, donc pas de suivi, ni d'endroit pour accoucher sereinement. Car on vous confirme qu'accoucher aux urgences de l'hôpital le plus proche ou dans le camion des pompiers ce n'est pas ce qu'il y a de plus serein !

POUR ÉPATER VOTRE COMPAGNE

Les niveaux des maternités

Les maternités sont classées en trois niveaux, selon leurs compétences :

Niveau I : suivi de grossesse et accouchement simple

Niveau II : suivi de grossesse, accouchement et centre de prématurés

Niveau III : suivi de grossesse, accouchement, centre de prématurés et réanimation/intervention chirurgicale spécialisée

Néanmoins dans les maternités de Niveau I les urgences vitales (césarienne, réanimation immédiate) sont assurées et l'on transfère dans un centre de niveau II ou III si nécessaire.

Alors comment choisir le meilleur endroit pour l'accouchement de votre compagne ? Il faut prendre plusieurs choses en compte :

- On choisit d'abord entre le public et le privé. Dans une clinique privée, c'est le gynécologue de votre femme qui l'accouchera (s'il est disponible à ce moment-là bien entendu). C'est un certain confort pour les femmes très angoissées par l'accouchement. Mais attention aux honoraires, aux dépassements et aux tarifs d'hôtellerie parfois prohibitifs (voir encadré). Dans le public, tout est pris en charge par la Sécurité sociale. Par ailleurs, on peut trouver judicieux de privilégier une certaine intimité, difficile à trouver dans les hôpitaux qui ont tendance à banaliser cet événement si important pour vous...
- La proximité est aussi un des critères. Pas uniquement pour le jour J. On vous rappelle que votre femme ira au moins une fois par mois en consultation, en cours de préparation à la naissance ou à l'allaitement et autres échographies (quand elles ne sont pas pratiquées chez un professionnel libéral). Au bout de quelques semaines de grossesse, elle sera fatiguée à la fin de sa journée de travail (le congé maternité ne débute que six semaines avant la date prévue d'accouchement). Elle aura peut-être l'interdiction de prendre la voiture pour ne pas avoir de contractions... Bref, il ne faut pas s'inscrire dans une maternité trop éloignée de votre domicile. Les bénéfices que vous tireriez de son éventuelle meilleure réputation seraient annulés par les heures perdues à s'y rendre et le risque d'accouchement prématuré qui en découlerait.
- La « réputation » de l'endroit est importante. Mais plus que le banc d'essai des journaux (pas toujours juste quoique très vendeur), préférez le bouche-à-oreille pour vous faire une idée. Les femmes qui ont accouché « pour de vrai » dans une maternité, qui y ont côtoyé l'équipe et utilisé les sanitaires pourront vous en parler le mieux. Et leurs maris aussi.
- Si la grossesse se révèle compliquée (antécédents, âge de la future maman...), du côté du bébé ou de celui de la maman, on orientera votre femme vers une maternité

de niveau supérieur avant la naissance. Il est toujours préférable de transférer une femme enceinte plutôt qu'un nourrisson fragile (surtout s'il est né avant terme).

AU FAIT, COMBIEN ÇA COÛTE UN ACCOUCHEMENT ?

Les coûts diffèrent selon que l'on est pris en charge dans le public ou dans le privé.

» Dans le public, c'est-à-dire l'Assistance publique, les consultations pré- et postnatales, l'accouchement, la péridurale et l'hospitalisation sont gratuits, ou plutôt totalement pris en charge par l'assurance maladie. En général, les futures mères n'ont même pas à avancer le moindre centime, même en consultation. Certains frais éventuels sont quand même à prévoir. La chambre seule, un « luxe » qui sera facturé 50 € par nuit pour une chambre avec lavabo et jusqu'à 75 € par nuit quand il y a une douche et des WC. Si votre femme prend le téléphone, on lui ouvrira une ligne grâce à un chèque de caution et vous paierez les communications à la fin du séjour. Si enfin vous, le papa, vous souhaitez manger avec votre compagne, le repas (d'hôpital !) vous sera facturé 7,50 € supplémentaires. Pensez que certaines mutuelles remboursent, selon les contrats, parfois au-delà du plafond de la Sécurité sociale.

» Dans le privé, attention, TOUT peut être payant selon le standing de l'établissement. Précisons qu'il s'agit du standing hôtelier et non hospitalier ! Il faut donc bien vous renseigner sur les honoraires de l'accoucheur en consultation ET pour l'accouchement proprement dit, ceux de l'anesthésiste, le prix de la chambre double, seule, des repas, etc. Là encore pensez aussi à consulter la mutuelle de votre femme, même si les remboursements n'ont rien à voir avec ceux du public.

» Il existe aussi des hôpitaux dits « privés » qui sont en fait publics mais qui ne font pas partie de l'Assistance publique. Ceux-ci appliquent les mêmes tarifs que l'hôpital.

» Les maisons de naissance fleurissent un peu partout. Leurs tarifs sont variables et les remboursements de la Sécurité sociale aussi. Comme pour les cliniques privées, renseignez-vous à l'avance.

L'ACCOUCHEMENT À DOMICILE

Depuis quelque temps l'accouchement à domicile (AAD pour les intimes) est devenu à la mode. Vos grands-mères, qui n'ont pas eu le choix de la péridurale, ne comprennent vraiment pas cet engouement ! Il s'agit de favoriser le « naturel », de s'éloigner au maximum d'un univers médicalisé pour que la femme, dans son propre environnement (son salon ou sa chambre), accouche dans les conditions les plus intimes, les plus douces et les moins effrayantes. Certaines sages-femmes libérales suivent les femmes pendant leur grossesse et s'engagent à être présentes le jour J. Elles accompagnent ainsi la naissance, comme elles l'auraient fait à la clinique.

La femme doit malgré tout s'inscrire dans une maternité afin d'y être transférée rapidement au moindre problème.

LA DOULA

Une autre forme d'accompagnement est possible en complément du suivi médical, par le biais d'une *doula*. C'est une femme, pas une sage-femme, qui accompagne la future maman pendant toute son aventure, de la grossesse à l'accouchement. Elle est à l'écoute de ses besoins, de ses désirs et la suit dans ses choix. Elle n'est pas thérapeute et soutient le travail de la sage-femme. Elle est une accompagnatrice, intime et complice de la femme qui va accoucher et de son entourage.

Au moment de la naissance, la doula est présente, tout comme le papa !

LE PROJET DE NAISSANCE… OU PAS !

Ça a été à la mode, ça l'est moins. Il consiste à remettre l'accouchement qui vous accueille une sorte de liste de vos désidératas :

- silence pendant l'accouchement
- pas trop de monde dans la salle
- pas d'épisiotomie systématique
- pas de réanimation prolongée
- une chambre seule…

C'est – nous devons le dire – assez mal reçu, et vécu par le personnel comme un manque de confiance en l'équipe.

Alors pourquoi les indisposer ? Vous avez choisi une maternité en fonction de vos projets : écoute, disponibilité, plateau technique… Alors faites confiance !

Petits malaises et envies bizarres

Prenez note : enceinte, elle pourra tout avoir, on a bien dit tout ! Des douleurs, des envies, des lourdeurs, et parfois même… rien ! Elle sera comme d'habitude, tranquille dans ses baskets et même inquiète de se sentir si bien. Le comble !

Comment sera votre compagne ? C'est impossible à prévoir. Mais voici en tout cas un mémo des désagréments du quotidien d'une femme enceinte… et de son conjoint !

Des nausées, encore des nausées

Si pour vous pour le moment tout est surtout dans la tête, chez votre compagne c'est ailleurs que ça se passe. Aux cabinets notamment ! Et que je vomis tous les matins à peine levée, et que je tombe de sommeil tous les soirs à 21 heures et que mes seins me font maaaaaal. Ses hormones sont en furie, comme au moment de la crise d'adolescence, vous imaginez ? Et c'est justement ce trop-plein d'hormones qui lui donne ces fameuses nausées.

« ELLES NE VOMISSENT PLUS ! »

« De par mon expérience, ma longue expérience de suivi de grossesse, j'ai fait une découverte intéressante… J'ai remarqué que depuis quelques années les femmes ne vomissent plus, ou quasiment plus. Elles ont toujours la nausée (pas toutes d'ailleurs) causée par un phénomène physiologique connu. Mais les cas très graves quoique assez fréquents de femmes ne pouvant même plus se nourrir, forcées à l'hospitalisation sont de plus en plus rares.

Pourquoi ? Je n'ai pas de réelle explication scientifique… Mais peut-être ces vomissements spectaculaires étaient-ils le médium qu'empruntaient les femmes sous-estimées socialement jusqu'à il y a peu de temps pour qu'on fasse attention à elles, enfin. Dans un monde occidental où les femmes sont de plus en plus respectées et de mieux en mieux traitées, elles ont sans doute moins besoin d'attirer l'attention quand elles sont enceintes. »

Des envies folles

C'est de notoriété publique, les femmes enceintes se mettent parfois à avoir des envies bizarres. Les fameuses fraises qu'un homme est obligé d'aller chercher en décembre à 4 heures du matin pour sa femme qui le menace d'hystérie, ça vous dit quelque chose ? Bon c'est un peu cliché mais on n'est pas loin…

Ce n'est pas expliqué scientifiquement mais il est vrai que pendant leur grossesse certaines femmes ont des envies alimentaires très précises. Très précises et très urgentes ! Très salé, très sucré, très épicé… c'est selon. Certaines vont adorer des aliments qu'elles détestent d'habitude, alors que d'autres au contraire vont délaisser leurs mets favoris. C'est imprévisible.

Et ce serait encore une fois sûrement la faute aux hormones ! Mais il y a, comme pour les nausées, une grande part de psychologie. Faire part de ses envies serait aussi une manière pour la femme de demander de l'attention. Et comme elle vit une période bénie (pour elle) d'autocentrage admis – voire prôné ! –, elle peut s'en donner à cœur joie. Alors à vos caddies messieurs !

Des sautes d'humeur

Des nausées, on n'a pas le choix, les envies admettons, mais les sautes d'humeur, les cris, les larmes… Est-ce vraiment obligatoire ? C'est la question que vous vous posez, hein ?

VOTRE FEMME ET SA NOUVELLE FRAGILITÉ

Des peurs nouvelles risquent de ponctuer la grossesse de votre femme.

La solitude l'angoissera soudain.

La foule la rendra peut-être nerveuse.

Le métro la fera se sentir claustrophobe…

Elle n'aura plus envie de voir des films ou de lire des livres violents.

Des cauchemars morbides ponctueront certainement ces neufs mois.

Une grande sensibilité aux odeurs qui engendre des dégoûts subits.

Tout ça est normal, ça arrive et ça repart comme c'est venu ! C'est simplement la fragilité physique de votre femme (elle est plus lente, plus essoufflée, plus lourde, plus maladroite…) qui la pousse à ne pas se mettre en danger, pour se protéger. Et protéger son bébé.

Malheureusement, comme pour le reste, personne ne peut y répondre à l'avance. La seule chose que vous pouvez garder en tête, c'est que c'est vraiment très bouleversant ce qui arrive à votre chérie. Donc gardez votre indulgence et laissez-vous (un peu plus que d'habitude) insulter quand la salière est vide ou le tube de dentifrice mal rebouché… Ou pensez à le reboucher sinon !

Comment l'aider ?

De petites choses simples sont à votre disposition pour lui rendre la vie plus facile, et la vôtre avec !

» Lui apporter le petit déjeuner au lit. Du calme, ce n'est pas la peine de presser une orange et de mettre une rose dans un vase. Simplement lui apporter un petit quelque chose (qu'elle aime) à manger avant qu'elle ne se lève l'aidera à faire passer sa nausée matinale.

» La soulager des tâches « lourdes » du quotidien. Porter les courses évidemment mais aussi aller au supermarché et faire la queue, ce qui après une journée de travail plus les transports peut se révéler vraiment épuisant. Vous n'avez pas le temps ? Faites les courses sur Internet le temps de la grossesse. Le prix de la livraison vaut bien celui d'une femme reposée ! En plus certains supermarchés en ligne offrent la livraison aux futures et jeunes mamans pendant un an sur simple présentation d'un justificatif.

» La rassurer quand elle vous le demande ! Vous ne savez pas si tout va bien se passer ? C'est vrai, mais plus vous en serez convaincu, plus votre femme en sera convaincue aussi. Keep cool messieurs... Vos angoisses passent au second plan mais c'est pour la bonne cause !

» Plus généralement : l'é-cou-ter ! Ce n'est pas si difficile, vous verrez !

Quoi qu'il en soit, respectez-la, plaignez-la quand vous pouvez, soyez empathique, ça lui fera du bien. Mais n'en faites pas trop, ça l'agacerait, elle n'est pas malade quand même ! Juste un peu différente.

Et au lit, ça donne quoi ?

Ah le lit, votre lit ! Ce petit nid douillet, rien qu'à vous deux. Cet endroit merveilleux où vous avez (pour la plupart !) conçu ce beau bébé qui va naître dans quelques mois... Ce lit risque fort de devenir, au cours des prochains mois, le théâtre d'échanges différents et... inattendus !

Pour elle

Elle est vraiment plus « en formes »... Ses seins sont somptueux (plus gros, ronds, plus fermes... le luxe !) mais lui font mal si vous vous en approchez de trop près. Elle, si câline d'habitude, est devenue réticente à vos caresses. Elle a peur que le bébé se « décroche » et puis de toute façon, pour ne rien arranger elle tombe de sommeil dès qu'elle s'approche du lit !

Pour vous

Avouez que ça vous intimide aussi ce ventre qui contient un petit bonhomme ou une petite fille. Les questions vous taraudent... Et si vous faisiez mal au bébé ? Et si vous lui faisiez mal à elle ? Et puis vous avez l'impression de faire l'amour en présence d'un tiers et comme vous n'êtes pas plus fan que ça des clubs échangistes, ça vous gêne...

Peut-être serait-il plus sage de ne plus se toucher jusqu'à la fin ? Mais vous retenir d'aller vers votre femme lui ferait croire que vous n'êtes plus attiré par elle... Déjà qu'elle se trouve moche !

Ah que c'est compliqué de devenir trois...

Faire ou ne pas faire l'amour ?

Le plus simple c'est de ne pas trop se poser de questions. Ne vous forcez pas à faire l'amour sous prétexte que vous avez peur que ça ne redevienne jamais aussi bien qu'aux premiers jours. Et à l'inverse ne laissez pas la peur avoir la main sur vos désirs. Sachez seulement que vous ne faites courir AUCUN risque à votre bébé en faisant l'amour avec votre femme.

Alors, écoutez-vous, écoutez-la. Rappelez-vous qu'on peut très bien avoir un échange tendre, érotique voire sexuel sans pénétration. Soyez donc rassuré, au cours de la grossesse votre façon de vous câliner évoluera naturellement en fonction de son état... et du vôtre ! Et dans quelque temps, tout redeviendra comme avant, c'est promis. Même son corps (si si, c'est possible) !

LE *KAMA SUTRA* SPÉCIAL GROSSESSE ?

Au début, aucune position sans exception n'est déconseillée. Ou pour faire simple, elles sont toutes permises !

Mais ensuite, quand le ventre de votre chérie commencera à devenir vraiment gros, et qu'elle aura mal au dos, ne vous attendez pas à continuer comme si de rien n'était ! Votre sexualité va changer, comme vos sentiments d'ailleurs. L'érotisme se situera différemment dans votre couple et la tendresse lui volera parfois un peu la vedette… Pas de panique, encore une fois, la grossesse est une parenthèse !

Une des positions favorites des couples dont la femme est enceinte est celle dite de « la cuillère ». Ainsi, allongés sur le côté, l'homme derrière sa partenaire, on s'emboîte en douceur, sans s'appuyer ni peser l'un sur l'autre.

Ne seriez-vous pas en train de couver quelque chose ?

Si ! Une couvade !

« La couvade » quel joli nom pour désigner la tendance à l'embonpoint des futurs papas poules ! Si vous en avez déjà entendu parler, vous pensez sans doute que la couvade se résume à ça, mais vous allez découvrir ici que ce phénomène mystérieux peut aller beaucoup plus loin que ça !

À l'origine

Le terme couvade, qui vient de « couver », et faisait à l'origine référence à la coutume médiévale du Pays basque dans laquelle le père, pendant ou immédiatement après la naissance de l'enfant, se couchait, et se plaignait d'avoir les douleurs liées à l'accouchement et se voyait accorder les attentions et les soins normalement réservés à la femme pendant la grossesse et après l'accouchement.

Et maintenant ?

Et si la grossesse n'était pas le seul apanage des femmes ? Bien sûr, ce sont les seules à accoucher, mais nombreux sont les hommes qui développent au cours de la grossesse de leur compagne, des symptômes typiques des femmes enceintes et ceux-ci peuvent être très prononcés.

Prise de poids (pouvant aller jusqu'à 10-15 kilos !), ventre semblable à celui d'une femme enceinte de sept mois, envies, maux de tête, nausées, et même des « contractions » lors de l'accouchement, sont parmi les symptômes de la couvade de ces hommes « enceints » eux aussi.

Bien que la couvade du père soit un phénomène courant (jusqu'à 80 % des futurs pères présenteraient certains symptômes de façon plus ou moins prononcée… quand même !), la couvade reste une manifestation largement inexpliquée. Selon certains chercheurs, ce serait l'expression d'une forme de jalousie de l'homme envers la femme enceinte. D'autres y voient une façon de minimiser l'écart entre les deux sexes pendant la grossesse et l'accouchement, ou encore une façon d'établir la place du père dans la vie de l'enfant.

Ce qui est certain, c'est que l'apparition des symptômes de la couvade démontre une implication et un intérêt du futur père dans cette grossesse et la venue de ce bébé.

Enfin, bien que la couvade soit considérée surtout comme d'origine psychosomatique, on a récemment démontré que les hommes vivant avec leur compagne enceinte connaîtront des changements de leurs taux de prolactine (l'hormone de la lactation !). Ces changements apparaissent le plus souvent à la fin du premier trimestre et peuvent continuer jusqu'à plusieurs semaines après l'accouchement.

LA COUVADE À TRAVERS LE MONDE

Outre ces symptômes physiques, la couvade est aussi présente dans des rites culturels. Elle est décrite déjà dans l'Antiquité et dans les récits de Marco Polo par exemple. Un des aspects les plus frappants de ce phénomène est sa présence dans des populations très éloignées qui n'ont jamais eu de contact entre elles.

Dans certaines régions du Brésil, la tradition veut que les hommes se fassent saigner pendant que leur femme accouche.

En Guyane française, il est au lit, isolé des autres, pendant six semaines après l'accouchement, après quoi des membres de la famille lui font des entailles dans la peau et lui frottent des piments sur le corps. Hum...

Et le meilleur pour la fin, les Huichols, une tribu indienne du Mexique, avaient sans doute le rite permettant que le père ressente la même douleur que la mère. Attention, c'est barbare ! La femme accouchait allongée dans une hutte tandis que son mari était assis sur le toit juste au-dessus d'elle, une corde attachée autour de ses testicules. À chaque contraction, la femme tirait sur la corde... Aïe !

Les autres symptômes

Chez certains futurs papas la fameuse couvade prend des proportions un peu trop importantes... Leur anxiété prend le pas sur leur bonheur. Anxiété de la grossesse, de l'accouchement, parfois même sur leurs propres capacités à devenir pères.

Certaines questions au sujet de la future mère peuvent apparaître insidieusement et faire mal...

Chez certains futurs papas cette anxiété se traduira par de l'irritabilité, chez d'autres par de la déprime.

Chez d'autres encore, les symptômes seront psychosomatiques et se traduiront par des nausées et des douleurs abdominales.

Dans tous les cas, les manifestations de cette couvade peuvent être sévères.

Donc on peut en rire mais si ça devient sérieux, il ne faut pas hésiter à consulter pour demander un soutien psychologique passager.

QUAND FAUT-IL ARRÊTER DE FUMER ?

Quoi qu'il arrive, le plus tôt sera le mieux !

Mais on n'est pas là pour vous faire la morale. Sachez seulement que :

- Le tabagisme passif de la femme enceinte est vraiment nocif pour le fœtus.
- Si votre douce a arrêté courageusement à l'annonce de sa grossesse, ce n'est pas très fair-play de votre part de continuer de votre côté, alors si vous n'avez pas envie d'arrêter ou que vous n'y arrivez pas, épargnez-la au moins !
- Il est d'autant plus facile d'arrêter qu'on a une bonne raison de le faire !

Si c'est trop dur tout seul, il existe différentes béquilles pour vous aider à arrêter :

- Patchs, gommes et autres substituts ont fait leurs preuves. Vendus en pharmacie sans ordonnance, demandez conseil au pharmacien avant de vous lancer.
- Tabac Info Service possède un numéro vert qui vous met en relation avec des tabacologues pour éventuellement mettre en place un suivi. Vous pouvez les joindre en semaine au 39 89 ou consulter le site Internet tabac-info-service.fr.
- Des tabacologues libéraux compétents exercent dans toute la France, consultez l'annuaire pour en trouver un près de chez vous. Il vous proposera la méthode la mieux adaptée à votre cas : acupuncture, substituts, etc.
- Aux Éditions First, *Le Petit Livre pour arrêter de fumer* du Pr Bertrand Dautzenberg en a aidé plus d'un !

Comment peut-elle vous aider ?

C'est la mère qui donne au père son rôle de « tiers ». Et grâce à cette position d'autre qu'il occupera, son enfant pourra faire la différence entre lui et sa mère. Si la future maman vous met rapidement dans cette position, dès la grossesse, elle permet ainsi que la relation soit triangulaire, offrant une place distincte et privilégiée à chacun.

« NOUS AVONS, NOUS LES PÈRES, UN AUTRE RÔLE »

« Un père est venu un jour témoigner à ce sujet dans le groupe pères que j'anime à la maternité des Lilas (93). Il raconte que pour son premier enfant, il a eu tous les symptômes de la couvade, mais alors tous ! À la naissance de son enfant, il s'est arrêté de travailler, il s'est investi à fond dans toutes les questions concernant le bébé : nourriture, sommeil, etc. Il était la mère. Tellement la mère que la vraie est… partie !

Il venait pour une deuxième paternité (avec une autre femme donc) et voulait absolument mettre en garde les futurs papas. "Ne faites pas la mère, vous avez, nous avons un autre rôle, nous les pères. Une autre place." »

Vous attendez des jumeaux

La surprise

Chouette ! vous êtes-vous dit. On va avoir un bébé. Mais à la première écho quelle ne fut pas votre surprise (à tous les deux) quand vous avez appris qu'il y en avait deux ! Les jumeaux sont plus nombreux dans certaines familles, certes, plus nombreux aussi en cas de procréation médicalement assistée (on implante plusieurs embryons) mais quand même !

Ouille ! vous êtes-vous donc dit ensuite… Ça fait un peu beaucoup pour un seul homme ! Mais ils sont là, on ne va pas les renvoyer et puis ça sera aussi simple de les avoir en une seule fois, ces deux enfants.

Ce n'est pas tout à fait pareil

Euh… pour elle ce n'est pas forcément plus simple. Qu'y a-t-il de différent avec le cas d'un seul bébé à la fois ?

La fatigue, la prise de poids, les nausées et le mal-être du début, tout cela est majoré.

En revanche, la grossesse va être à peu près similaire à l'exception des échographies mensuelles les derniers mois (normalement c'est une par trimestre), la surveillance plus rapprochée et le plus souvent maintenant la programmation de la naissance (voir chapitre 7).

VRAIS JUMEAUX/FAUX JUMEAUX

- Les vrais sont ceux qui, venant du même ovule qui s'est scindé en deux, ont toute leur génétique en commun. D'où leur ressemblance frappante.
- Les faux sont des bébés nés de deux ovules différents, fécondés au même moment. Ils peuvent donc être très différents et même ne pas être du même sexe (c'est le cas fréquent de la procréation médicalement assistée justement).

Dans les deux cas, « vrais » ou « faux » les bébés sont malgré tout des jumeaux bien réels.

INTERNET, UN FAUX AMI

Il existe une foule de forums de discussion et de sites Internet et sur les sujets comme la grossesse, l'accouchement et les bébés en général, certains sont intarissables !

Dans le cadre d'un échange ou d'une transmission, ces forums sont plutôt chouettes. Les femmes entre elles, comme dans un groupe de parole en live, se donnent leurs trucs, et se soutiennent.

Mais…

Certains sites et certaines personnes se prennent pour des médecins. Certaines prennent les autres pour des médecins. Il n'en est rien !

Si vous vous posez des questions médicales, parlez-en au médecin de votre femme, au pire au vôtre ! Mais ne puisez pas de pseudo-infos sur Internet. C'est dangereux et ça risque de vous faire peur, de vous induire en erreur plutôt que de vous informer ou vous rassurer.

Si vous voyez votre femme rivée à son écran dès qu'elle a un pet de travers, invitez-la pour les mêmes raisons à décrocher et à privilégier les professionnels pour répondre à ses questions (tout à fait normales par ailleurs).

Chapitre 6

La suite de la grossesse

DANS CE CHAPITRE :

- **La sérénité s'installe**
- **Le bébé bouge enfin !**
- **Vous êtes dans un drôle d'état**
- **L'accouchement se rapproche, on s'y prépare**

Vous commencez à vous habituer à l'idée que votre douce porte un enfant. Vous vous adaptez enfin à la situation, au point que le cours normal des choses reprend presque. Et pourtant, pendant ce temps, dans le ventre de votre compagne, le petit, le vôtre, grandit de jour en jour. Bientôt il va être prêt à sortir ! Mais pas tout de suite, alors profitez de cette période où vous êtes encore deux...

L'état de grâce

Et voilà, les épisodes dodo/vomi sont enfin derrière vous. Votre femme a retrouvé une pêche d'enfer. Peut-être même est-elle plus tonique, plus « speed » que d'habitude ! On sait que la grossesse tient bien, le risque de fausse couche est éloigné, et l'angoisse qui l'accompagne aussi. On peut encore voyager, prendre l'avion et la voiture sans danger (attention tout de même aux longs trajets, voir encadré). L'échéance de la naissance approchant, elle a le sentiment qu'elle doit être active maintenant... car plus tard ce sera trop tard.

En plus elle est belle ! Les hormones lui font des cheveux brillants, une belle peau (dans la plupart des cas !), elle est toujours « en formes » mais encore légère.

Bref, c'est le bonheur ! C'est pourquoi on appelle le deuxième trimestre « l'état de grâce ». Pourvu que ça dure...

LES VOYAGES D'UNE FEMME ENCEINTE

C'est l'été et votre femme est enceinte ? Vous voulez partir mais vous ne savez pas quelle destination choisir ? Voici un petit mémo pour vous y aider !

D'abord, les moyens de transport :

» L'avion est autorisé jusqu'à sept mois de grossesse (sous présentation d'un certificat de grossesse), ensuite les compagnies refusent d'embarquer les femmes enceintes, pour ne pas prendre le risque d'un accouchement en vol qui pourrait être en deux mots une grosse galère, on ne vous fait pas de dessin.

» En voiture, il faut impérativement s'arrêter pour des pauses pipi ou pour se dégourdir les jambes. On peut emporter facilement un coussin en plus pour éviter le mal de dos et dormir plus confortablement. Et, ne comptez pas trop sur votre chérie pour conduire, la grossesse peut ralentir les réflexes ce qui ne donne pas un sentiment de sécurité...

» Bref, évitez les trop longs trajets, éprouvants pour le dos, la circulation sanguine des jambes et les nerfs ! Et à l'avion ou la voiture, préférez toujours le train.

Ensuite, les lieux :

» La mer bien sûr est un lieu tout à fait indiqué pour passer des vacances ! La fraîcheur de l'eau et le bon air lui feront du bien. Mais attention à la chaleur et pour la plage, pensez à prendre un siège pour votre douce. Elle vous aimera tellement ! Parce qu'au bout d'une demi-heure assise sur le sable, son dos lui tirera au point qu'elle aura envie de partir ! Et à cause des taches brunes qui peuvent apparaître définitivement sur son visage si elle s'expose au soleil (on les appelle aussi « masque de grossesse »), vous verrez peut-être pour la première fois votre femme se désintéresser de son bronzage ! Si si, c'est possible... En tout cas, tartinez-la d'écran total !

» Contrairement aux idées reçues, la montagne n'est pas contre-indiquée. Heureusement pour les futures mamans habitant dans les stations de sports d'hiver, elles ne doivent pas descendre à la plaine dès le début de leur grossesse ! Le risque réel, dû à une baisse d'oxygène dans l'air, intervient à des altitudes supérieures à 3 500 mètres. Toutes les femmes

LES VOYAGES D'UNE FEMME ENCEINTE *(suite)*

en bonne santé, y compris celles qui n'y vivent pas, peuvent, enceintes, aller à la montagne. On ne peut pas en dire autant des femmes vivant une grossesse à risque ou encore des femmes enceintes sujettes au diabète ou à de l'hypertension.

Les mouvements du bébé

Des gargouillis

Au début, les mouvements du bébé sont imperceptibles. Le fœtus est si petit, si perdu dans le liquide amniotique que les premières sensations s'apparentent plutôt à des petites bulles qui éclatent, des gargouillis en somme. D'ailleurs, votre compagne elle-même n'y prêtera peut-être même pas attention et se demandera simplement si elle digère bien ce qu'elle a mangé... Il lui sera donc d'autant plus difficile de vous le faire partager !

C'est frustrant ? Pour elle aussi... Dites-vous même que parfois ça l'inquiète (« et si mon bébé n'était plus vivant ? » se demande-t-elle parfois) et que même si elle ne le formule pas, elle sera vraiment rassurée quand elle sentira enfin bouger son bébé.

Enfin, ça bouge !

Mais autour de quatre mois et demi de grossesse, il n'y a plus de doute ! Un être vivant bouge en elle ! (Pour une deuxième grossesse, les mouvements peuvent être perçus dès le troisième mois.)

Quelle chance elles ont les femmes de pouvoir sentir ça ! Quelle sensation incroyable ça doit être ! D'ailleurs, elle est surexcitée, elle sursaute à chaque mouvement, elle vous appelle, vous accourez pour toucher son ventre et là... plus rien ! Et à tous les coups c'est la même chose ! Lassant...

Mais ça ne durera pas et petit à petit, vous saurez vous aussi sentir votre bébé sous votre main. On vous le jure ! Et plus tard quand vous le porterez dans une écharpe tout contre vous, vous pourrez approcher des sensations de votre compagne à la fin de sa grossesse.

PARLER OU NON AU VENTRE DE SA FEMME ?

Le fœtus entend les sons extérieurs à partir du 4e mois dans le ventre de sa maman. De plus le son est un phénomène vibratoire qui passe assez bien dans le liquide, surtout les graves. Votre bébé vous entend un peu comme si vous mettiez les mains sur les oreilles et que vous entendiez des gens parler une langue étrangère dans la pièce d'à côté. Certes on ne comprend rien, mais on reconnaît les voix, on perçoit facilement la violence ou la douceur d'une sonorité. Votre bébé sera donc plus tôt que vous ne le pensez habitué à votre voix (comme à celle de la meilleure copine de votre femme !). De deux choses, l'une :

- Soit vous avez envie et/ou besoin de lui parler à travers le ventre de votre compagne, auquel cas surtout ne vous en empêchez pas ! Ce n'est pas ridicule du tout ! D'ailleurs qui vous jugerait ? Certainement pas votre chérie !
- Soit vous n'en avez ni envie ni besoin, auquel cas ne vous forcez pas ! C'est là que ce serait ridicule ! Votre bébé aimera tout autant vous entendre parler tendrement à sa maman, puisque pour le moment, sa maman et lui, c'est la même personne ! Et il ne sera jamais trop tard pour parler avec votre bébé, les yeux dans les yeux, quand il sera là, et faire ainsi pour lui la différence entre sa maman et lui.

Une chose est sûre, on vous le martèlera, et c'est vrai tout au long de la grossesse : vous ne vivez pas la même chose ! Ne cherchez pas à aller contre cette vérité. Mais ne laissez pas tomber non plus. Restez connecté. Profitez de ce que vous pouvez partager. Si vous ne pouvez pas sentir les mouvements du bébé, vous pouvez poser des questions à votre chérie et l'écouter vous raconter ce que ça lui fait à elle. Croyez-nous, en plus elle sera enchantée de l'intérêt que vous lui porterez.

TOUT LE MONDE TOUCHE LE VENTRE DE VOTRE FEMME !

C'est un fait, il semblerait que le ventre de la femme enceinte appartienne à la société tout entière ! Des gens qui n'auraient jamais touché votre femme, même sur l'épaule se permettent aujourd'hui de lui toucher le ventre sans pudeur !

C'est comme ça. C'est maladroit, mais ce n'est pas méchant ! Au contraire ! à travers elle c'est déjà son enfant qu'on accueille. D'ailleurs quand votre bébé sera né, vous verrez, ce sera pareil, tout le monde voudra le caresser, le tripoter au début.

Et puis ça passe.

Ne soyez pas jaloux... Même si elle ne le dit pas, votre femme ne doit pas toujours apprécier de se faire caresser par quelqu'un d'autre que vous.

ET SI VOUS LUI SUGGÉRIEZ L'HAPTONOMIE ?

Certains parents souhaitent développer encore plus la relation affective avec leur bébé avant sa naissance et la rendre active entre le père, la mère et l'enfant. Pour cela ils peuvent faire de l'haptonomie.

C'est une guidance prénatale apportée en France par le Dr Frans Veldmann.

L'haptonomie consiste à prendre contact avec votre compagne par un toucher affectif et non médical, stressant ou érotique, et à travers elle, avec votre bébé.

C'est donc plus qu'une préparation à l'accouchement (qui cependant y est incluse). Elle aide à l'instauration et au développement du sentiment de parentalité. Elle sollicite la participation relationnelle de l'enfant dès la conception. Cet accompagnement permet de vivre une relation de tendresse lorsque l'enfant est encore dans le giron de sa mère. Les parents découvrent qu'ils peuvent se soutenir l'un l'autre et soutenir l'enfant dans son développement physique, psychique et affectif, tout en lui donnant une place bien à lui, et ce, longtemps avant sa naissance. L'haptonomie favorise ensuite l'accueil du nouveau-né au moment de la naissance et après celle-ci.

Il est souhaitable de le débuter vers le 4e mois de grossesse. Les séances, non remboursées, se pratiquent à deux avec un haptonothérapeute. Si vous êtes intéressé, vous trouverez la liste des professionnels ainsi qu'une documentation complète sur le sujet sur le site officiel : *http://www.haptonomie.org*

Elle a des contractions

Mais c'est quoi au fait ?

Imaginez qu'un utérus c'est au départ grand comme la paume de votre main et qu'il va devoir contenir un bébé de 3 kilos et demi (ou plus) !

Il doit donc être très élastique et comme tout élastique étiré, il peut se rétracter : c'est une contraction. Les sensations qu'elles peuvent procurer sont atténuées au cours de la grossesse par une hormone, la progestérone, sécrétée par l'ovaire puis le placenta. Tout est si bien organisé. Il peut donc arriver que cet utérus se contracte sans douleur jusqu'à une dizaine de fois par jour... Pas de souci si le col reste intact.

Si toutefois votre compagne a trop forcé, trop bougé, les contractions peuvent devenir plus fréquentes, voire douloureuses. Pas besoin de paniquer, avant toute chose, qu'elle s'allonge (pas assise les jambes sur le canapé, non vraiment allongée !) et se repose. Ensuite, il faut se faire ausculter par la personne qui suit sa grossesse.

Le gynécologue ou la sage-femme qui suit votre douce l'examineront et en fonction de son état lui prescriront parfois du repos ou même un traitement s'il y a raccourcissement du col.

Se préparer à l'accouchement

Vous allez rapidement voir que les préparations à l'accouchement sont multiples. Elles peuvent être faites à la maternité, à domicile ou encore à la piscine. Leur but ? Diminuer l'angoisse de l'accouchement afin d'en diminuer les douleurs (même si elles ne les font pas disparaître !).

Les préparations auxquelles vous de assister

La préparation classique

Elle est également appelée PPO : psychoprophylaxie obstétricale. Elle se fait dans les maternités.

Elle est en général proposée sous forme de cours de 2 ou 3 heures, en quatre fois (dont 8 heures prises en charge à 100 % par l'assurance maladie). Ces cours sont dispensés par une sage-femme. La première partie de cette préparation est dite « théorique ». Elle permettra à la future mère de mieux comprendre ce qui se passe dans son corps pendant la grossesse et l'accouchement et même après la naissance. La seconde partie est plus « pratique » et consiste grâce à une gym douce à apprendre à respirer, se relaxer, placer son bassin et pousser, outils indispensables pour maîtriser au minimum les douleurs de l'accouchement.

Les futurs pères sont autorisés à y assister et si vous en avez la possibilité (les horaires sont a priori aménagés pour les gens qui travaillent, ne vous inquiétez pas !) nous vous conseillons vivement d'y aller. C'est vrai qu'il faut parfois se mettre en chaussettes, se faire appeler « papa » alors qu'on n'est pas encore mûr, être confronté à d'autres couples qui vous rendent tout ça un peu trop concret, mais franchement croyez-nous, au moment de l'accouchement ça pourra vous servir !

Si, pendant l'accouchement, votre compagne, submergée par les contractions, perd pied et commence à paniquer, oublie comment respirer ou se détendre, ce sera sur vous qu'elle pourra compter pour l'aider à maîtriser sa douleur et refaire surface. Or pour ça il faut quand même que vous ayez un peu compris comment ça se passe, que vous vous soyez un peu préparé, vous aussi en somme.

Très souvent une visite de la maternité et de la salle de naissance est aussi proposée aux futurs parents, ce qui aide à dédramatiser un peu les choses...

Les préparations auxquelles vous n'êtes pas obligé d'assister

Selon les maternités d'autres préparations vous seront aussi proposées auxquelles vous êtes... dispensé d'aller ! Cela ne remet absolument pas en question leur qualité mais plutôt le bénéfice que vous pourriez (ou pas en l'occurrence) en tirer. Attention ces disciplines ne sont pas conventionnées comme préparation à l'accouchement (donc pas remboursées par la Sécurité sociale, pour parler simplement). Comme l'haptonomie (voir encadré), elles interviennent en complément à cette préparation.

On vous en parle quand même ici pour que vous sachiez de quoi il s'agit quand votre femme en revient !

Le yoga prénatal

C'est simplement des cours collectifs de yoga, discipline relaxante et tonifiante par excellence, mais adaptés à la grossesse.

La future maman apprend ainsi à bien gérer sa respiration, si importante pendant les contractions et au moment de l'expulsion de l'enfant, et à améliorer la souplesse du périnée. Le yoga consiste également en des exercices d'étirements, notamment pour s'assouplir et tonifier les muscles, ou encore pour savoir bien positionner son bassin.

Le chant prénatal

Les vocalises permettent la localisation, le travail et la détente des muscles qui entrent en jeu lors de l'accouchement ; muscles de la ceinture abdominale, muscles du diaphragme, périnée...

Le son grave est une des caractéristiques du chant prénatal : lors des contractions l'émission de sons graves permet une détente au niveau du bassin et du périnée facilitant la dilatation du col de l'utérus et permettant une plus grande résistance à la douleur.

Il est enseigné par des animatrices (sages-femmes, musiciennes) ayant suivi une formation spécifique.

Peut-être que vous vous sentirez ridicule de faire la Castafiore, mais il est euphorisant de chanter tous ensemble, alors... essayez au moins, si votre douce en a envie !

La sophrologie

Cette relaxation dynamique apprend à la future mère, guidée par la voix douce et apaisante du sophrologue, à se familiariser avec la respiration profonde menant à la détente corporelle. L'objectif est de mieux contrôler la douleur des contractions utérines, mieux récupérer entre celles-ci, et pousser plus efficacement dans la phase finale de l'accouchement.

Les exercices sont réalisés en position assise et debout, et les yeux fermés pour être maintenue dans un état entre veille et sommeil. Grâce à la force de la suggestion, la femme est ainsi amenée à modifier sa perception des sensations. Elle apprend à visualiser les différentes étapes de l'accouchement. Cette anticipation positive lui permettra de les aborder avec moins de crainte. On peut démarrer cette méthode très tôt, dès le deuxième trimestre de la grossesse, ou plus tard, à partir du 5e mois. Généralement pratiquée par petits groupes, elle peut l'être aussi en séance individuelle.

La préparation en piscine

Ce sont des séances d'aquagym, mais douce, qui durent une heure en moyenne. Par petits groupes, dans une piscine dont l'eau est chauffée à 30 °C (et dont l'hygiène est particulièrement rigoureuse), la future mère est conseillée et surveillée par un maître nageur et/ou une sage-femme spécialement formés.

Grâce à des étirements, des battements de jambes, avec l'aide d'accessoires (ballon, planche, frite...), la femme travaille les dorsaux, les abdominaux et le périnée, très sollicités lors de l'accouchement. Les exercices de souffle lui apprennent à mieux gérer sa respiration, ce qui lui sera très utile au moment des contractions utérines. Les apnées sous l'eau la préparent également à la phase d'expulsion du bébé. Enfin, la circulation sanguine est améliorée grâce à la pression de l'eau qui exerce une sorte de massage sur les membres inférieurs, souvent « lourds » chez la femme enceinte.

L'acupuncture

Originaire de la médecine traditionnelle et pratiquée en Chine depuis plusieurs millénaires, l'acupuncture part du principe que l'énergie vitale circule à travers le corps, et qu'il faut en équilibrer les flux positifs (yang) et négatifs (yin) pour être en bonne santé. Elle s'adresse aux femmes enceintes angoissées par la perspective des douleurs de l'accouchement, qui éventuellement ne veulent pas d'anesthésie péridurale, ou pour lesquelles celle-ci n'est pas possible.

Elle serait aussi efficace contre les troubles du sommeil, l'anxiété, le stress et les risques d'accouchement prématuré. Elle le serait également sur le sevrage tabagique des futures mères ne parvenant pas à abandonner la cigarette malgré les mises en garde. Enfin, elle favorise l'assouplissement du périnée, et peut aussi être utilisée pour déclencher en douceur le travail quand le terme est dépassé. Les séances d'acupuncture, trois en moyenne pendant la grossesse, sont assurées par des médecins ou des sages-femmes diplômés.

La gym douce (kiné prénatale)

Au cours de cette préparation proposée dans certaines maternités, un kiné spécialiste de la grossesse aidera votre compagne à prendre conscience de son corps : son périnée notamment, mais aussi son bassin, son dos, son abdomen, et surtout sa respiration. Il l'aidera à lutter contre les fameux maux de reins en lui apprenant à basculer son bassin et autres exercices qu'elle pourra refaire (avec votre aide parfois) à la maison.

Votre compagne aura peut-être envie ou besoin de suivre une de ces préparations. N'interférez pas dans sa décision, même si vous trouvez ça éventuellement inutile ou ridicule. Vous n'êtes pas très bien placé pour juger, c'est elle qui accouchera, on vous le rappelle ! Donc soutenez-la, ça vaudra mieux pour vous deux !

Les préparations rien que pour vous

Les « groupes pères »

Ils sont encore trop rares et pourtant on ne saurait dire à quel point ils sont bénéfiques. Certaines maternités organisent maintenant des groupes de parole réservés aux hommes, animés par un soignant. Vous vous retrouvez entre futurs pères, sans la présence de vos femmes qui intimide et vous inhibe. Les thèmes abordés varient, de la place du père pendant l'accouchement au retour à la maison, de l'allaitement à l'arrivée d'un deuxième enfant...

« ON OSE DIRE QUE PEUT-ÊTRE ON VOUDRAIT NE PAS ÊTRE LÀ. »

« L'idée des groupes pères m'est venue après une rencontre qu'organisaient quelques maternités « pilotes » (Les Lilas, Les Bluets à Paris, Le Belvédère à Rouen...). Un psychanalyste y parlait de la violence que pouvait ressentir le père pendant la grossesse, l'accouchement, l'après. Et de ses difficultés et de sa honte à en parler devant sa femme. Il les rencontrait donc pour en discuter avec eux.

Auparavant, j'avais animé un groupe mixte sur l'allaitement et un père avait voulu poser une question, une mère l'avait apostrophé : "Ce n'est pas toi qui allaites, fous-nous la paix !"

Voici les facteurs déclenchants qui m'ont donné envie d'organiser des groupes de parole pour les hommes où personne ne leur dirait "Ce n'est pas toi qui...". Et ça marche depuis vingt-cinq ans !

On y parle de tas de choses. De sa place pendant l'accouchement, de sa peur de voir du sang, de voir sa femme mourir... On ose dire que peut-être on voudrait ne pas être là et c'est le reste du groupe la plupart du temps qui rassure et qui laisse entrevoir le merveilleux de ce moment. On y parle bien sûr des aléas de la sexualité, de l'allaitement, du retour à la maison.

Les pères ont changé, en même temps que le monde. La crise est passée par là, les normes sécuritaires aussi. Les pères actuels sont donc plus attentifs, prennent des notes, veulent savoir exactement ce qui va se passer. Tout a été déjà programmé, de la grossesse à l'appartement en passant par le congé paternité. »

Les futurs papas peuvent ainsi y confier leurs angoisses, leurs attentes, leurs désirs et leurs questionnements et partager leurs expériences. Les échanges y sont ainsi riches, permettant enfin aux futurs papas de s'écouter, eux, et de profiter de l'expérience des pères récidivistes qui sont déjà passés par là. Certains parlent de « solidarité de motards », c'est dire !

Les examens gynécologiques

Votre femme doit consulter chaque mois son gynécologue ou une sage-femme pour vérifier que la grossesse se poursuit comme il faut. Si vous pouvez l'y accompagner, c'est un plus. Pour elle qui se sentira soutenue, entourée et mieux comprise et pour vous qui y gagnerez en renseignements (donc en implication, donc en paix du ménage !) sur l'état de votre femme et sur celui de la grossesse.

Cela vous permettra en plus de vous familiariser avec l'univers médical, le personnel et l'ambiance de la maternité. Si votre chérie est d'accord – et le médecin ou la sage-femme aussi –, être à côté de sa femme en position gynécologique permet aussi de ne pas être « traumatisé » par cette situation nouvelle pour tous les deux. À bon entendeur…

Et puis, cerise sur le gâteau, au cours de cet examen mensuel, le professionnel de santé écoute systématiquement le cœur de votre bébé. Et, croyez-nous sur parole, c'est à chaque fois… magique !

Mais si elle préfère y aller seule, ou si vous ne pouvez pas vous libérer, ne vous inquiétez pas, ce n'est pas grave. Posez-lui des questions, elle vous racontera.

QUESTIONS/RÉPONSES SUR L'AMNIOCENTÈSE

Qu'est-ce que c'est ? C'est un prélèvement de liquide amniotique, dans lequel baigne votre enfant. Il est une grande source d'informations notamment génétiques. Elle est réalisée par une piqûre dans la cavité amniotique. Une aiguille plus fine que pour une prise de sang prélèvera une très faible quantité de liquide, sous contrôle échographique.

Pourquoi doit-on le faire ? Jusqu'à il y a peu de temps, elle était pratiquée systématiquement sur les femmes à partir de 38 ans, dans la crainte d'une anomalie du chromosome 21 (trisomie). Dorénavant, l'échographie à 12 semaines et le dosage sanguin de BHCG permettent en prenant en compte l'âge de la mère de calculer un risque réel de trisomie du fœtus. C'est seulement si ce risque existe qu'on pratique l'amniocentèse. Celle-ci montrera un tableau complet des chromosomes et permettra d'envisager sereinement la grossesse.

Ça fait mal ? Non. Si la sensation est inhabituelle, elle est comparable à celle d'un prélèvement sanguin.

Et les complications possibles ? Un léger tiraillement pendant deux ou trois jours est assez courant tandis que la fausse couche tant redoutée est rare : 5 pour 1 000.

Les délais ? Les résultats mettent environ deux à trois semaines à parvenir à votre médecin, ce qui est long. Pendant cette période, vous ne pourrez empêcher l'inquiétude, mais essayez tout de même de relativiser.

Une alternative à l'amniocentèse ? Il existe aujourd'hui une alternative à cet examen : le Diagnostic Prénatal Non Invasif (DPNI). Quoique cher et pas encore remboursé par la Sécurité Sociale, il permet, grâce à une simple prise de sang, d'étudier le génome des cellules de l'embryon se trouvant dans le sang maternel, afin d'y déceler d'éventuelles anomalies.

La deuxième échographie

Il faut l'avouer, pour cette deuxième échographie, dite « morphologique », on est moins surpris qu'à la précédente... Mais votre bébé n'est plus le petit haricot des premières semaines et vous pourrez apprécier à quel point il a grandi. Elle se pratique en général entre la 21e et la 24e semaine d'aménorrhée. À ce stade de gestation, le fœtus mesure environ 24 cm et pèse autour de 450 g.

Au cours de l'examen qui peut durer facilement trois quarts d'heure, l'échographiste passe en revue tous les organes pour apprécier leur évolution.

- Le crâne dont il mesure le périmètre
- Le cerveau, le cervelet
- Le cœur avec ses quatre cavités, la position des artères
- Les reins
- Le foie
- La colonne vertébrale dont il vérifie qu'elle est bien fermée
- Les membres qu'il mesure
- Les doigts qu'il compte
- L'appareil génital. Si vous voulez connaître le sexe de votre enfant c'est à ce moment-là qu'on pourra vous le dire de manière quasi certaine
- Le placenta dont il mesure l'épaisseur et dont il vérifie qu'il n'est pas placé trop bas, ce qui pourrait gêner la sortie du bébé le moment venu
- Le liquide amniotique dans lequel baigne le bébé dont il évalue la quantité.

Connaître ou non le sexe de l'enfant ?

La plupart des gens désirent connaître à l'avance le sexe de leur enfant. C'est d'ailleurs possible de plus en plus tôt, grâce aux progrès technologiques. Mais en France, contrairement aux États-Unis par exemple, on ne renseigne pas les parents sur le sexe de leur enfant avant le délai légal d'interruption de grossesse. Le risque étant de laisser le choix aux parents de décider de garder ou non l'enfant en fonction de son sexe… Tendance à l'eugénisme qui fait froid dans le dos.

Mais pour certains, pendant la grossesse c'est trop tôt. Ils préfèrent garder « la surprise » pour le jour J.

Pour ou contre ? Nous on pense qu'il n'y a pas de bonne ou de mauvaise décision. Ce qui importe c'est d'en parler entre vous avant l'échographie et de choisir ensemble si oui ou non vous voulez avoir cette information en avance. Voici tout de même un petit tableau qui liste les arguments pour ou contre que donnent les parents pour vous aider à vous décider...

TABLEAU **Pour ou contre demander à connaître le sexe à l'échographie**

POUR	CONTRE
C'est plus simple pour chercher un prénom.	On ne pourra choisir vraiment un prénom que quand on verra sa petite tête.
C'est pratique pour décorer la chambre et acheter des habits à l'avance.	Si on n'est pas bloqué sur le rose ou le bleu, ça ne change rien !
Vous avez besoin de concret pour vous préparer à la venue de votre enfant. Vous en avez déjà beaucoup des surprises depuis le début de la grossesse !	Plus c'est concret plus ça vous angoisse. Le jour J arrivera bien assez tôt !
Pendant la grossesse et l'accouchement vous pourrez déjà vous adresser à votre bébé personnellement.	Quelle surprise magique vous réserve votre bébé le jour de sa naissance !

? CERVEAU DE FILLE ET CERVEAU DE GARÇON

Les neurones ont-ils un sexe ? C'est la question à laquelle répond Lise Eliot, dans son ouvrage *Cerveau rose, cerveau bleu*, paru en 2011 chez Robert Laffont. Cette chercheuse américaine à l'université de Columbia a étudié les différences neurobiologiques entre les deux sexes. On y découvre que le cerveau ne comporte que peu de différences au départ entre les deux sexes. En revanche, le cerveau étant en fait très malléable dès la naissance il se façonne en fonction des stimulations. Si on apprend à jouer au tennis ou aux échecs, la zone du cerveau qui y aide se développera ! Entre biologie et culture, pour mieux se connaître, pour élever ses enfants ou aider ses élèves, Lise Eliot livre dans *Cerveau rose, cerveau bleu* plein de bonnes idées et pose les bonnes questions !

L'ADN FŒTAL LIBRE

L'ADN fœtal libre est le matériel génétique issu des cellules trophoblastiques, c'est-à-dire du placenta. Il circule dans le sang de la mère pendant la grossesse, selon un mécanisme encore inconnu. On sait qu'il augmente tout au long de la grossesse et qu'il n'est plus détectable 48 heures après l'accouchement.

Les informations contenues dans cet ADN sont capitales et alors que jusqu'à maintenant on ne pouvait déterminer le sexe du fœtus pendant le premier trimestre de la grossesse qu'à l'aide d'une biopsie des villosités choriales ou d'une amniocentèse, il est maintenant possible de le déterminer avec un prélèvement sanguin entre la 7e et la 8e semaine de grossesse.

Cependant, en France, pour des raisons évidentes d'éthique, ces recherches précoces (du sexe ou du groupe sanguin de l'enfant) ne doivent être motivées que par des raisons médicales comme la crainte d'une transmission de maladie génétique, etc.

Pour conclure, citons ici le Comité International d'Éthique dans son rapport d'octobre 2015 : « L'utilisation généralisée du dépistage génétique et en particulier du Dépistage Prénatal Non Invasif peut favoriser une culture de « perfectionnisme » ou de « zéro défaut », et même renouveler certaines tendances eugéniques. »

VOUS ÊTES DÉÇU ?

Vous fantasmiez sur le fait d'avoir une petite fille et voilà que c'est un petit gars qui gigote dans le ventre de votre chérie ?

Au contraire, vous rêviez d'apprendre à votre fils à jouer au foot et on vous annonce l'arrivée d'une crevette ?

C'est normal. Et le sexe n'est qu'une sorte de prétexte. Chacun, selon son histoire, a plus ou moins envie de recréer le modèle familial ou au contraire de s'en éloigner le plus possible. Ainsi se créent profondément des fantasmes à propos de ses futurs enfants. Certains ont peur d'avoir un fils parce que les relations avec leur père sont difficiles. D'autres ayant vécu entourés de femmes pensent naturellement qu'ils sauront mieux faire avec une fille... Peu importe finalement.

Ce qui arrive quand on apprend le sexe de son enfant, c'est que l'on est amené à faire le deuil de l'enfant idéalisé. Fille ou garçon, il devient plus réel. Si c'est un garçon, il « tue » par définition le fantasme de fille et inversement. Dites-vous que ce phénomène est commun à tous les parents, pères et mères. Et dites-vous surtout que le jour où votre bébé sera dans vos bras, vous aurez tout oublié de cette « déception ». Promis !

C'EST LE PÈRE QUI DONNE LE SEXE À L'ENFANT !

Vous avez ce pouvoir ! Chaque humain est en possession de 23 paires de chromosomes qui déterminent chacune certains critères physiques des individus : couleur des yeux, des cheveux, pilosité, taille... Une de ces paires détermine son sexe.

Or les hommes sont porteurs de deux chromosomes sexuels différents, X et Y, tandis que les femmes portent deux X identiques. Au moment de la procréation, chacun fournit un chromosome. Ainsi si c'est votre X qui sort s'alliant avec l'autre X de votre compagne, vous « fabriquez » une fille. Si c'est votre Y, vous « fabriquez » un garçon. Magique.

Le seul hic ? La fabrication des gènes est une sorte de loto et vous ne pouvez absolument pas prévoir si c'est votre X ou votre Y qui va s'exprimer.

Certaines rumeurs parlent de régimes, plus ou moins salés ou de positions pour faire l'amour plus ou moins acrobatiques qui permettraient d'avoir un peu d'influence sur le futur sexe du bébé. Bien entendu tout ceci ne serait valable qu'avant la procréation, puisque le sexe du bébé est inscrit dans ses gènes, donc déjà présent dans le noyau de la première cellule ! Et puis ça reste à prouver...

On peut aussi sur cette question se référer à l'ouvrage de Françoise Labro et du Dr François Papa (!) *Choisissez le sexe de votre enfant par la méthode du régime alimentaire*, JC Lattès, 1995.

Chapitre 7
La dernière ligne droite

DANS CE CHAPITRE :

- **Les derniers temps forts de la grossesse**
- **Quand partir à la maternité ?**
- **Quoi mettre dans votre valise ?**

Voilà déjà le troisième trimestre de la grossesse qui commence... Mais où est donc passé le fameux état de grâce dont nous parlions encore il y a quelques semaines ? La baleine avec qui vous partagez votre lit (quand elle ne vous jette pas dehors) a dû l'engloutir... ! C'est le signe que le jour J approche. À vos marques... Pas prêt ? C'est normal ! Ne partez pas tout de suite. Voici quelques clés pour la dernière ligne droite.

À la fin, c'est parfois pas marrant

Votre femme commence à accuser le coup

Ça pèse...

À sa décharge (si vous nous permettez l'expression, ah ah !), la pauvre se sent de plus en plus lourde. En été la chaleur n'arrange rien, et en hiver il lui faut s'engoncer dans des habits gênants. Certes, il faut veiller à ce qu'elle ne prenne pas trop de poids, mais si vous lui faites des remarques à ce sujet (du genre « chérie tu es sûre qu'un éclair au chocolat après chaque repas c'est raisonnable ?) » elle vous enverra paître et elle aura bien raison ! Laissez-la tranquillement profiter de son état. Si quelqu'un doit lui donner des conseils nutritionnels c'est plutôt le médecin qui la suit et qui vérifie sa courbe de prise de poids.

CHANGEMENTS DE TAILLE… DE TAILLE !

Toutes les femmes enceintes, à cause de leur prise de poids changent de taille, c'est normal. Leur poitrine prend deux voire trois bonnets, leurs pantalons n'en parlons pas. Mais le phénomène peut s'étendre au reste du corps !

» Les doigts : l'œdème provoqué par la surcharge hormonale la fait gonfler. Alors si elle retire son alliance, ne le prenez pas personnellement (on a vu des cas de disputes colossales à ce sujet !), c'est juste parce qu'elle est trop serrée ! Il vaut mieux le faire soi-même plutôt que devoir aller la faire scier chez le bijoutier (l'alliance, pas votre femme !).

» Les pieds : eh oui certaines femmes prennent une pointure ! En plus du gonflement lié à la rétention d'eau, comme elles sont plus lourdes, le pied « s'étale » plus dans la chaussure.

Mais si les doigts et les pieds gonflent pendant la grossesse, rassurez-vous, ils dégonflent ensuite et retrouvent leur taille normale. Elle la remettra son alliance !

COMBIEN DE KILOS ?

La prise de poids recommandée est bêtement d'un kilo par mois, en essayant de ne pas dépasser 12 kilos en tout.

Nombre de femmes ont pris 20 kilos au cours de leur grossesse sans qu'elle ni le bébé n'en souffrent.

Cela n'est valable que si la tension artérielle ne grimpe pas ou que l'albumine ou le sucre (diabète) n'apparaissent pas dans ses urines, auquel cas ce n'est plus une question de beauté mais de santé.

Avant tout, il est important que la prise de poids soit régulière. De toute façon, le médecin la surveillera de près. Une chute ou une prise de poids soudaine n'est pas normale. En aucun cas la maman ne doit prendre d'elle-même la décision de suivre un régime. Seul son médecin peut le faire et lui dira lequel suivre.

Et d'ailleurs, régime ou non, chaque femme aura au moment de sa grossesse la bonne surprise de découvrir ce que lui réserve son métabolisme !

Ça fatigue

Si elle travaille encore (quand tout va bien, le congé maternité ne commence que six semaines avant la date prévue d'accouchement), ça devient maintenant assez fatigant. Les transports, la position assise, contribuent à l'épuiser chaque jour un peu plus. Si elle a un poste à responsabilité s'ajoutent encore le stress et la culpabilité de bientôt abandonner l'équipe... Bref, ce n'est pas simple !

Pensez donc à être aimable avec votre femme le soir et ne la laissez pas tout faire dans la maison, ce sera déjà ça de reposant pour elle.

Ça empêche de dormir

Eh oui, une femme enceinte dort mal car son ventre la gêne pour trouver la bonne position. Sur le ventre, c'est impossible évidemment. Sur le dos, certaines sont sujettes à des malaises vagaux (en cas de compression du nerf vagal qui irrigue le cœur), parfois associés à une perte de connaissance.

« IL LA TROUVAIT TOUJOURS AUSSI REPOUSSANTE... »

« Un père est venu raconter au groupe pères qu'il trouvait sa femme de plus en plus abominable au fur et à mesure du déroulement de sa grossesse : grosses jambes, visage bouffi, traits tirés... Il était très inquiet, demandant aux autres si son attirance pour elle reviendrait. Tous l'ont rassuré ! Il est revenu après et a reconnu que tout cela était passé. Mais à la deuxième grossesse le phénomène recommence ! La différence c'est que cette fois, il la trouvait toujours aussi repoussante mais n'était plus inquiet !

Le parcours était donc simplement plus difficile pour lui... »

Et le compagnon d'une femme enceinte ? Il dort mal aussi ! Parce que les mouvements d'une femme enceinte qui se retourne dans tous les sens s'apparentent plus à ceux d'un éléphant qu'à ceux d'une danseuse étoile. La faute aussi au coussin de grossesse qui prend toute la place ! (voir chapitre 9).

Quand c'est pénible vous avez le droit d'aller finir la nuit dans le canapé. Ce sera toujours plus reposant. Et plus classe que de l'y envoyer, elle !

LES RÉGIMES « SPÉCIAL GROSSESSE »

Attention, on ne parle pas ici de régime minceur ! Ce n'est pas le moment du tout. De manière générale votre femme n'aura pas à adopter une alimentation particulière au long de sa grossesse, sauf dans quelques cas précis où sa santé et celle de votre progéniture en dépendent.

- Un méchant germe, la *listeria* peut mettre en danger la grossesse. Celui-ci se trouve dans les laitages crus, fromages compris. Veillez à ce que tout soit pasteurisé.
- Si votre douce n'est pas immunisée contre la toxoplasmose. Ça veut dire qu'elle ne l'a jamais eue et que si elle l'attrape, ça peut mettre en danger son bébé. La toxoplasmose passe inaperçue, il faut donc être vigilant. On l'attrape en mangeant des aliments crus (viande, poisson ou légumes et fruits). La solution : faire bien cuire (à cœur !) viandes et poissons et laver scrupuleusement fruits et légumes. Si on ne l'a pas fait soi-même (au restaurant bien sûr mais aussi chez des amis !), il vaut mieux s'abstenir de manger des crudités.

Le transmetteur principal de cette maladie est le chat. Donc si vous en avez un, ne laissez pas votre compagne s'en occuper, et vérifiez qu'il ne s'approche pas des aliments. À vous la litière pendant neuf mois !

Dans tous les cas, chat ou pas chat, il faut bien se laver les mains avant de passer à table.

Une prise de sang pratiquée chaque mois pour vérifier que votre femme n'a pas attrapé la maladie. Le cas échéant, un antibiotique sera prescrit.

- Si elle a du diabète, c'est qu'on a retrouvé trop de sucre dans ses urines ou dans son sang. Ça arrive en général quand il y a des antécédents familiaux ou quand la prise de poids est vraiment trop importante.

Mais ce diabète peut être simplement gestationnel, c'est-à-dire qu'il apparaît et disparaît avec la grossesse.

Dans les deux cas, un régime adapté sera institué avec le médecin et éventuellement le diabétologue. Si ça ne suffit pas, un traitement par insuline peut être préconisé jusqu'à l'accouchement.

LES RÉGIMES « SPÉCIAL GROSSESSE » *(suite)*

L'alcool est interdit au cours de la grossesse. Aujourd'hui, les professionnels de la santé ont compris ses dangers et le proscrivent absolument. Mais entre nous, si votre femme boit une ou deux coupes de champagne au cours de sa grossesse (9 mois tout de même), ce n'est pas bien grave.

Si toutefois, votre femme est une consommatrice régulière d'alcool ou de drogues plus dures il faut que vous en parliez tous deux impérativement à l'équipe médicale pour effectuer le sevrage le plus tôt possible afin d'éviter le syndrome de manque chez le bébé qui peut s'avérer gravissime.

... Mais ça peut le devenir (marrant) !

Il faut avouer quand même que ça peut être très attendrissant de voir la femme qu'on aime se retrouver transformée à ce point... et par nos soins en plus ! C'est elle mais c'est presque une autre, une inconnue qu'on connaît bien. Que demander de plus ?

Une nouvelle sexualité

Des rapports... heu... différents !

Votre sexualité a évolué au cours de la grossesse. Alors qu'il a pu y avoir une pause dans les premiers mois, généralement l'envie revient vers la fin. Vous avez donc des rapports plus fréquents. Parfois c'est plus marrant, parfois c'est carrément plus acrobatique vu la taille du ventre de votre chère et tendre. Heu... pour cette partie-là, on ne vous fait pas de schéma, vous cherchez tout seul, d'accord ?

Acrobatiques ou pas, en tout cas les rapports sont généralement plus doux. Certains pères disent qu'ils ont l'impression de faire l'amour « comme une femme ». La place laissée aux préliminaires est plus importante. La pénétration est moins une fin en soi et même si elle n'a pas lieu, la tendresse, l'amour et même le plaisir sont au rendez-vous.

Jusqu'à quand peut-on faire l'amour ?

Bonne nouvelle : si tout va bien, vous pouvez avoir des rapports sexuels jusqu'au bout ! La seule contre-indication peut être si votre femme risque un accouchement prématuré, et qu'elle est donc immobilisée.

Ne culpabilisez pas de vous demander si vous allez toucher la tête de l'enfant. Parfois vous serez gêné, vous aurez l'impression de faire l'amour en présence d'un tiers. Vous vous demandez ce que peut sentir ou ressentir votre bébé à ce moment-là ? Il doit sûrement être heureux si ses parents le sont, non ? La preuve, il bouge et c'est bon signe...

Lui choisir un prénom

Bon il n'y a pas que le sexe dans la vie ! Et si ce n'est pas déjà fait, c'est le moment de vous creuser les méninges pour participer au choix – cornélien – du prénom de votre rejeton.

Vous n'avez pas d'idées ?

C'est courant. Souvent les hommes ont plus de mal à se projeter et sèchent sur les idées de prénom. Essayez quand même de participer, de jouer le jeu, vous seriez triste au final de ne pas avoir été partie prenante de ce choix. Allez, n'ayez pas peur du ridicule, lancez-vous !

Vous n'êtes jamais d'accord ?

Restez zen, c'est normal ! Continuez à proposer des idées et vous finirez par trouver SON prénom, le seul et unique qui ne vous divise pas. Et il reste toujours les deuxième et troisième prénoms pour satisfaire les déceptions (« j'ai toujours rêvé que mon fils porterait le nom de mon oncle »).

Vous ne connaissez pas le sexe du bébé ?

C'est plus difficile en effet de se décider à cinquante pour cent pour un prénom de fille et cinquante autres pour cent pour un prénom de gars. Mais faites quand même une liste de trois ou quatre favoris de chaque genre et vous déciderez à la naissance !

ZOOM SUR LES PRÉNOMS

Vous n'avez pas d'idée ? Au contraire vous en avez trop et le consensus vous semble impossible ?

Plusieurs critères très importants rentrent en ligne de compte dans le choix du prénom : la sonorité, l'étymologie et sa connotation sociale, la mode, l'originalité...

Notre conseil ? Procurez-vous sans plus attendre *L'Officiel des prénoms* de Stéphanie Rapoport aux Éditions First.

Voici le top 20 des prénoms de filles et de garçons en 2016 :

1.	Louise	Léo
2.	Emma	Gabriel
3.	Chloé	Adam
4.	Lola	Timéo
5.	Inès/Ines	Raphaël
6.	Manon	Lucas
7.	Jade	Louis
8.	Alice	Arthur
9.	Lina	Nathan
10.	Léa	Hugo
11.	Camille	Nolan
12.	Juliette	Enzo
13.	Léna	Jules
14.	Sarah	Liam
15.	Lilou	Ethan
16.	Éva	Noah
17.	Zoé	Sacha
18.	Anna	Tom
19.	Adèle, Rose	Théo
20.	Mila	Gabin, Maël

Lui choisir un nom de famille

Eh oui ! Là aussi il va falloir choisir. La loi a changé récemment à ce sujet, maintenant c'est un point à propos duquel il faut réfléchir et se mettre d'accord en amont tout en gérant le poids de vos ancêtres (vivants ou non) respectifs qui vont parfois peser lourd !

LA QUESTION DU NOM DE FAMILLE

» La loi concerne les enfants nés après le 1er janvier 2005.

» Les parents peuvent choisir que leur premier enfant portera le nom du père, celui de la mère, ou leurs deux noms accolés dans l'ordre qu'ils souhaitent.

» Le choix se fait par déclaration écrite auprès de l'état civil du lieu de naissance de l'enfant. Il est irrévocable et s'impose par la suite aux autres enfants du couple. Ainsi des enfants issus des deux mêmes parents ne peuvent porter des noms différents.

» En l'absence de déclaration l'enfant portera le nom de la mère si le père n'a pas reconnu l'enfant à la naissance (ou avant sa naissance) ou le nom du père si les deux parents sont mariés ou ont reconnu l'enfant.

» Ensuite, si le père reconnaît plus tard l'enfant, les deux parents peuvent décider, tant que l'enfant est mineur, de substituer au nom de la mère celui du père ou bien d'y adjoindre le nom du père. Lorsque l'enfant a 13 ans son consentement est nécessaire.

» La réforme de 2005 créait le « double trait d'union » qui sert à accoler le nom de la mère et le nom du père, dans le cas où ceux-ci souhaitent que l'enfant porte les deux. Ce double trait d'union était ainsi différencié du trait d'union simple dans un nom composé. Mais il était parfois mal vécu par les familles, et en plus, la loi interdisait sa transmission à la génération suivante. Une vraie galère ! Début 2010, le Conseil d'État a donc supprimé cette complication administrative. Le trait d'union simple est conservé, et l'officier d'état civil note sur l'acte de naissance quel nom composé sera transmissible à la génération suivante.

» Si les parents reconnaissent ensemble l'enfant, mais qu'ils sont en désaccord, c'est le nom du père qui sera donné.

» Si les parents reconnaissent l'enfant séparément, l'enfant prend le nom choisi par le premier parent qui le déclare. Un recours : une seconde reconnaissance par déclaration devant l'officier d'état civil de la mairie du domicile de l'enfant. Le parent qui veut faire seul la demande de changement de nom doit obtenir l'autorisation du juge des tutelles avant de déposer le dossier à la mairie.

LA QUESTION DU NOM DE FAMILLE *(suite)*

- En cas d'adoption plénière par deux personnes mariées, la loi commune s'applique.
- Si l'enfant est adopté par un seul adulte, le nom de l'adoptant remplace le nom d'origine de l'enfant.
- En cas d'adoption simple, le nom de l'adoptant est accolé au nom d'origine de l'enfant adopté. Le parent peut demander devant le tribunal de grande instance que seul son nom à lui soit porté par l'enfant.
- En cas de double nom (nom composé), un seul des noms de l'adoptant peut être transmis à l'adopté, au choix du parent.
- Si un enfant dont l'un des parents au moins est français naît à l'étranger, les parents disposent de trois ans pour déclarer leur choix du nom de famille.
- Aujourd'hui, 95 % des familles continuent de donner le nom du père aux enfants.

La bonne nouvelle ? Plus besoin d'avoir un garçon pour que votre nom de famille soit perpétué comme c'était le cas avant. Comme le souligne Marcel Rufo dans *Chacun cherche un père* (Anne Carrière, 2009) : « Autrefois les hommes souhaitaient prioritairement avoir un garçon, seul susceptible de transmettre et de perpétuer leur nom. [...] à présent que les mères peuvent elles aussi transmettre leur nom [...] les futurs pères ont des préférences moins marquées. »

La mauvaise nouvelle ? Votre compagne aussi peut avoir envie de voir sa lignée perpétuée... (voir encadré)

Faire une place au bébé

Dans votre tête, ça commence à se faire. Mais dans la maison ? Il faudrait peut-être songer à lui préparer son nid à ce petit...

Bien sûr, votre compagne a déjà pensé à tout ! Mais vous maintenant que vous vous posez la question, qu'est-ce que vous préférez ? Discutez-en avant la naissance, même si c'est encore un peu abstrait. C'est aussi un moyen de garder sa place, dès le départ.

Dans quoi il va dormir ?

- Les premiers temps (deux ou trois mois), il peut dormir dans un berceau ou un couffin. Le lit à barreaux est un peu vaste pour le bébé qui sort du cocon confiné du ventre de sa maman. Vous verrez, ils se collent toujours contre les bords de leur berceau pour s'endormir, habitués qu'ils sont à être « contenus ». Le couffin peut très bien être la nacelle amovible de la poussette si vous n'avez pas envie (ou pas les moyens) d'investir dans un berceau.
- Plus tard, le bébé peut intégrer son « grand » lit à barreaux. Ce sera d'ailleurs peut-être celui dans lequel vous ou votre compagne a dormi bébé…

Où va-t-il dormir ?

Dans sa chambre

Si vous disposez d'une chambre pour l'enfant, c'est parfait. Il pourra l'inaugurer dès son arrivée à la maison. Votre femme mettra sans doute plus d'ardeur que vous à la décorer de petits lapins, nounours et autres petites babioles aussi mignonnes qu'inutiles. Et le bébé au début, c'est vrai, y sera certainement assez indifférent. Mais il y trouvera malgré tout assez vite des repères.

Dans votre chambre

Parfois on n'a pas le luxe de pouvoir offrir une chambre individuelle à son bébé… Certains choisissent alors de le faire dormir dans leur chambre. C'est souvent sa maman qui préférera le garder près d'elle au début. Et peut-être vous aussi en serez rassuré. Vous aurez un peu peur de ne pas l'entendre pleurer (voire respirer !).

Votre femme l'aura à portée de main pour ses repas nocturnes si elle l'allaite.

Certains lits à barreaux ont un montant amovible, ainsi le lit peut trouver sa place dans votre chambre pendant quelque temps (notamment en cas d'allaitement, comme nous l'avons dit plus haut).

Même si vous avez peu d'espace, aménagez quand même un petit coin « privé » dans votre chambre, isolé si possible par un paravent, un rideau ou une bibliothèque par exemple. Vous lui éviterez ainsi trop de stimulations, lui permettant de se laisser aller plus facilement au sommeil.

Où qu'il dorme, sachez qu'au début il n'a besoin ni du noir complet, ni de silence absolu, ni d'un babyphone pour qu'on l'entende (sauf si vous habitez dans un manoir et que votre salon est à un kilomètre de sa chambre !). Votre sérénité, votre calme et les bruits de la vie courante lui suffiront ! Alors suivez votre bon sens et vos intuitions...

Au fait quand faut-il aller à la maternité ?

Dans le cas d'une grossesse arrivée à terme (entre 37 et 41 semaines d'aménorrhée), c'est LA question que tous les futurs parents se posent et nous posent. Pour un premier bébé, la réponse est simple : pas trop tôt ! Si vous vous rendez avant ou dès le début du travail à la maternité, vous risquez d'être venus pour rien ou pire, d'y passer deux jours ! Lisez bien ces lignes, vous les oublierez le moment venu, mais notez le numéro de la page sur un Post-it sur le frigo et revenez faire un tour par ici pour être sûr que c'est le bon moment.

Néanmoins si le doute persiste, faites confiance à votre femme. Même si elle ne peut l'expliquer scientifiquement, elle saura par exemple s'il se passe quelque chose d'anormal ou si c'est le bon moment.

Pas tout de suite !

Si elle perd le bouchon muqueux

On a déjà parlé du col de l'utérus qui est normalement long et fermé tout au long de la grossesse. Il est par ailleurs fermé par un amas de petites sécrétions : c'est le bouchon muqueux (oui c'est vrai, ce n'est pas très glamour comme nom !). On dit qu'il peut s'évacuer jusqu'à un mois avant l'accouchement. Le perdre n'est donc pas un signe d'accouchement imminent. Conclusion : si votre compagne se rend compte qu'elle l'a perdu (parfois le phénomène passe inaperçu, parfois le bouchon reste en place jusqu'à l'accouchement), wait and see.

Si la poche des eaux se fissure

Si elle est fissurée, ça se traduit par une fuite de liquide amniotique. À ne pas confondre avec une fuite urinaire ! La différence ? Épatez votre femme en lui expliquant que la fuite de liquide amniotique doit être constante et incontrôlable et qu'en plus le liquide amniotique est incolore et n'a pas d'odeur… contrairement au pipi !

En cas de poche des eaux fissurée, inutile de courir à la maternité, ce n'est pas forcément le signe d'un accouchement imminent. En revanche, votre compagne doit se faire examiner car il existe un risque infectieux pour le fœtus.

Tout de suite !

Si la poche des eaux est rompue

Si elle est rompue, elle ne peut pas le rater ! C'est une grande quantité d'eau chaude qui se met à couler d'un coup et sans discontinuer pendant quelques minutes ! Pas de panique, mais c'est souvent le signe que l'accouchement se déclenche. Et même si ce n'est pas le cas, accompagnez-la tout de même à la maternité (tranquillement) où la sage-femme s'en chargera car cette fois le risque infectieux est grand, le bébé n'étant plus protégé dans le liquide amniotique. Au plus tard, on décidera de déclencher l'accouchement 48 heures après la rupture.

FAUSSE ALERTE !

En fin de grossesse, il arrive parfois que quelques jours avant le déclenchement réel de l'accouchement, une série de contractions intenses à intervalles réguliers laissent penser que le moment est arrivé. Vous foncez à la maternité, on ausculte votre femme, on l'installe en salle de naissance et là... Tout s'arrête ! Plus de contractions ! On attend que ça reparte, on surveille le rythme cardiaque du fœtus... Une heure passe, deux, puis trois, vous commencez sérieusement à vous ennuyer, ce que vous n'auriez jamais cru possible et le couperet tombe : fausse alerte !

C'est parfois décevant, on pensait que c'était enfin le moment de la rencontre avec son bébé et on repart bredouille à la maison, sa valise à la main, fatigués par une nuit blanche inutile. Comme si vous alliez à l'aéroport pour faire un grand voyage prévu depuis des mois et qu'on vous annonce après plusieurs heures d'attente que le vol est annulé...

Mais haut les cœurs ! Ce n'est pas plus mal d'avoir eu une répétition générale, le jour J, vous au moins, vous saurez à quoi vous attendre !

Les contractions

C'est l'élément déclencheur le plus fréquent. En réalité, des contractions ont lieu tout au long de la grossesse mais de variables et légères, elles vont devenir régulières, à intervalles de plus en plus courts et surtout beaucoup plus douloureuses. Ce qu'il faut donc prendre en compte c'est avant tout leur régularité. Votre femme risque de sentir une pression très forte, peut-être même une envie de pousser... Bref, il faut y aller !

Comment on y va à la maternité ?

Il y a différents moyens plus ou moins pratiques, plus ou moins chers aussi de se rendre à la maternité. En voici la liste. Vous saurez décider lequel est le plus approprié à votre situation personnelle, mais souvenez-vous, un premier accouchement dure en moyenne huit à douze heures à partir du moment où les contractions sont régulières... Conclusion, même si elle souffre : no rush !

PETIT MÉMO DÉPART À LA MATERNITÉ

- » Avant tout, ne paniquez pas ! Votre femme a peur, c'est normal, elle vit quelque chose de violent et de douloureux. À vous de jouer votre rôle de mec ! Et si vous avez vous aussi une trouille pas possible, cachez-le !
- » Organisez le départ de façon calme et posée. Vérifiez avec votre femme que c'est le bon moment et faites-lui confiance.
- » Choisissez le moyen de transport adéquat à la situation.
- » Ne traînez pas trois heures pour vous préparer au milieu de la nuit, vous vous raserez plus tard (dans un mois ?).
- » N'oubliez pas la valise de votre femme et celle du bébé (parfois c'est la même mais faites-le-vous confirmer !). Normalement elle est prête dans l'entrée depuis un petit moment (d'ailleurs vous avez shooté dedans au moins trois fois cette semaine !).
- » Soyez prudent si vous conduisez. Ne grillez pas de feux rouges sous prétexte que c'est l'occasion. Parce que justement ce n'est pas du tout l'occasion d'avoir un accident de voiture !

Avec sa voiture personnelle

C'est encore ce qu'il y a de plus simple si vous en avez une ! Attention quand même aux bouchons et au manque de place de parking éventuel en fonction de l'heure et du quartier où se trouve la maternité. Pensez aussi que vous risquez de ne pas être tout à fait dans votre état normal, donc... prudence !

En taxi

Dans les grandes villes, quand on n'a pas de voiture c'est parfois la solution qui paraît la meilleure, mais... il faut ruser ! Car si le chauffeur voit que votre femme est sur le point d'accoucher il risque (même s'il n'en a pas le droit) de vous refuser la course. Donc :

- » Commandez un taxi par téléphone plutôt que de le héler dans la rue.

- » À l'arrivée du chauffeur dites à votre chérie de rester discrète sur les douleurs qu'elle ressent peut-être déjà.
- » Indiquez au chauffeur l'adresse de la maternité sans préciser que c'en est une.
- » Pensez à lui demander une note que votre chérie pourra se faire rembourser par l'assurance maladie (accompagnée d'un certificat médical).

Avec le Samu

Pourquoi pas, si vous pensez que c'est vraiment une urgence. Rappelons quand même que pour un premier bébé la durée totale de l'accouchement dure en général minimum huit heures de la première contraction à la naissance proprement dite. Pensez au trou de la Sécu avant d'appeler le Samu (autour de 300 € remboursés seulement en cas d'urgence reconnue).

Avec une ambulance privée

Renseignez-vous, il y a sûrement près de chez vous une compagnie d'ambulances privées. Passez les voir, et informez-les que vous risquez de les contacter en précisant autour de quelle date. Le transfert là encore sera remboursé par l'assurance maladie si vous lui fournissez un certificat médical de la maternité.

Avec les pompiers

Contrairement aux idées reçues, ce n'est pas une bonne idée ! Les pompiers ne sont pas des chauffeurs et vous conduiront, comme c'est la loi, à la maternité la plus proche de votre domicile, donc pas forcément là où votre femme est censée accoucher. Non seulement c'est déstabilisant pour elle mais en plus, le temps de transférer son dossier médical et la pose de la péridurale ne sera peut-être plus possible…

De plus, en cas d'urgence, les pompiers n'ont pas la formation d'obstétriciens. Certes ils sauront faire naître et réanimer s'il le faut votre bébé mais ils risquent d'être moins précautionneux qu'une sage-femme (épisiotomie à tous les coups, etc.).

« IL APPELLE LES POMPIERS »

« Un étudiant en médecine est appelé dans la nuit dans une chambre de bonne de son immeuble où une voisine est en train d'accoucher. Il sort le bébé, coupe le cordon, et appelle les pompiers qui emmènent la mère et l'enfant à l'hôpital.

Le lendemain, il passe les voir pour prendre des nouvelles et se fait alpaguer par le médecin. Il lui demande si c'est lui qui a fait l'accouchement et lui reproche sa légèreté : un deuxième bébé est né dès son arrivée à l'hôpital ! C'était avant l'échographie… »

À pied !

Eh oui ! Pourquoi faire compliqué ? Si la maternité est à moins de 15 minutes à pied de votre domicile et que votre compagne n'est pas terrassée par les contractions, c'est encore la meilleure solution ! Elle risque de s'arrêter une ou deux fois en chemin et de vous coller la honte dans la rue en beuglant, mais bon… c'est pour la bonne cause !

COMMENT GÉRER LA DOULEUR PENDANT LE TRAJET ?

Elle risque fort de vous insulter à chaque contraction, c'est normal, ça fait mal ! Mettez dès le début votre orgueil de côté, ça ne fait que commencer…

- Parlez-lui, dites-lui que vous êtes bientôt arrivés, que tout va bien se passer.
- Proposez-lui de compter les intervalles entre les contractions, elle se sentira entourée et pourra se concentrer sur autre chose que sa montre.
- En voiture : si c'est vous qui êtes au volant, laissez votre douce devenir plus douce du tout sans vous rebeller et concentrez-vous sur le trajet, vous êtes là pour l'amener à bon port !
- À pied, elle aura besoin de s'arrêter souvent, marchez à son rythme et soutenez-la pour avancer.

Et si le bébé naît avant l'arrivée à la maternité ?

Pas d'affolement, sauf si l'accouchement est vraiment prématuré. Que ce soit à la maison ou pendant le transport, installez votre femme au mieux (pour elle). Ensuite, aidez-la comme elle vous le demande. Le bébé sort tout seul ! Déposez-le sur le ventre de votre compagne sans aucun geste intempestif, couvrez-les tous les deux et appelez le Samu qui fera le reste. Euh, on vous rassure quand même, c'est extrêmement rare et ça se passe toujours bien !

Si vous êtes loin de la maternité où votre femme est inscrite et que vous pressentez un accouchement en urgence, vous pouvez l'emmener dans une autre maternité. Mais seulement si l'urgence est justifiée.

LA LISTE DES CHOSES À AVOIR ACHETÉ AVANT DE PARTIR DE LA MATERNITÉ

- Un siège auto pour ramener le bébé à la maison
- Des couches (taille 0 ou 1 en fonction du poids du bébé), des lingettes, des produits de toilette
- Une poussette et/ou un porte-bébé
- Un berceau, les draps pour le garnir
- Des biberons
- Un chauffe-biberon
- Une turbulette
- Des pyjamas et des bodys

Le reste peut attendre quelques jours, vous verrez plus tard !

VOTRE VALISE À VOUS

Le bébé, la maman, tout le monde a ses petites affaires préparées avec amour depuis des semaines. Et vous ? Qui a pensé à vous ?

Nous !

Voilà une liste de ce que vous devriez penser à emporter à la maternité :

» Les papiers de votre femme, c'est le plus important : sa carte Vitale ET son attestation de Sécurité sociale (le papier original fourni par la Sécu qui prouve que ses droits sont ouverts), sa carte de mutuelle, sa carte de groupe sanguin, le livret de famille (si vous êtes mariés ou que vous avez déjà des enfants ensemble), et sa carte d'identité. Prenez-les avec vous, c'est vous qui les présenterez à l'accueil pour faire son admission.

» Des habits légers : dans les maternités il fait chaud, très chaud, trop chaud. C'est parfait pour accueillir les nouveau-nés mais ça frôle l'insupportable pour les humains de plus de 5 jours.

» Un maillot de bain et une serviette si la maternité propose des baignoires pour l'accouchement. En effet vous aurez peut-être envie d'y accompagner votre femme mais pas forcément d'être tout nu devant les sages-femmes (et elles non plus d'ailleurs).

» Une bouteille d'eau et un petit en-cas que vous cacherez discrètement et que vous pourrez consommer tout aussi discrètement dans le couloir. En effet, il se peut que l'accouchement dure douze heures ou plus. Pendant ce temps votre femme n'aura le droit ni de boire (d'où le fameux brumisateur d'eau !) ni de manger en cas d'anesthésie éventuelle. Elle aura certainement une perfusion de glucose qui l'aidera à tenir (sans compter qu'elle n'aura certainement pas vraiment faim !) mais vous, non. En revanche évitez de lui croquer votre sandwich sous le nez, ça pourrait la contrarier...

» Un appareil photo ou une caméra... et sa batterie rechargée ! Pensez tout de même à profiter des instants incroyables que vous allez vivre plutôt que de vous camoufler derrière vos talents d'artiste. Des photos de votre femme et de votre bambin, vous en ferez des millions plus tard (et vous fatiguerez votre monde avec), tandis que la naissance de votre enfant vous ne la vivrez pas deux fois ! Et puis êtes-vous certain que votre compagne aura envie de se voir (et d'être vue) décoiffée, rouge, suante, épuisée, à moitié nue, les jambes écartées devant un autre homme que vous ?

VOTRE VALISE À VOUS *(suite)*

» De la patience, du calme, et de l'amour car il vous en faudra pour supporter le marathon qui vous attend !

Un accouchement parfois ça se déclenche

Quand la « nature » ne fait pas bien les choses, il faut parfois lui donner un petit coup de pouce. C'est ainsi que la médecine a appris à déclencher un accouchement. Mais dans quels cas cette pratique est-elle utilisée ?

Le plus souvent, on déclenche pour des raisons médicales

En fin de grossesse, le placenta a vieilli et ne remplit plus si bien tous ses rôles d'échanges. Il y a alors des risques pour le fœtus (arrêt de croissance, défaut d'oxygénation) dont les conséquences peuvent être très graves. Il est important de surveiller de façon très attentive ces derniers jours de la gestation prolongée en pratiquant un examen du col ainsi que des enregistrements du cœur du bébé, des échographies et éventuellement d'autres examens. Cela permet soit de laisser évoluer la grossesse quelques jours de plus et d'attendre une mise en travail spontanée si tout semble normal, soit au contraire de proposer de déclencher l'accouchement sans tarder s'il y a des risques. Avant d'atteindre ce terme théorique de la grossesse, il est parfois nécessaire d'avoir recours à un déclenchement lorsque l'on constate un arrêt de la croissance du bébé, des signes de « mal-être fœtal » (absence de mouvements du bébé par exemple), une rupture des membranes sans mise en travail, ou une pathologie maternelle telle que l'hypertension de la grossesse.

Mais parfois ce sont des déclenchements « de convenance »

Sous cette appellation, on rassemble les déclenchements réalisés à la demande des parents qui souhaitent pouvoir choisir la date de la naissance et cela pour de multiples raisons : obligations professionnelles du conjoint, garde des autres enfants, fatigue maternelle. On y classe aussi les déclenchements décidés sur proposition de l'obstétricien qui peut préférer par exemple accoucher sa patiente avant une absence prévue, ou qui, pour des raisons d'organisation propre à la maternité, préfère programmer une part importante de ses accouchements. L'éloignement de la maternité ou des conditions géographiques particulières (les habitants des petites îles) sont des indications couramment retenues et peuvent à la limite entrer dans ce cadre.

Les techniques de déclenchement

Il existe globalement deux techniques permettant de déclencher un accouchement.

- » La première consiste à perfuser de l'ocytocine qui est l'hormone qui entraîne physiologiquement les contractions du travail. Il est habituel d'y associer une anesthésie péridurale pour aider à supporter les contractions qui sont souvent très fortes dans ces cas-là.
- » L'autre technique courante est l'utilisation de prostaglandines. Autrefois utilisées par voie veineuse, elles sont aujourd'hui disponibles sous forme de gels ou de comprimés mis en place dans le vagin. Ces prostaglandines peuvent parfois à elles seules suffire pour obtenir l'accouchement. Dans les autres cas, il faut avoir recours dans un deuxième temps à la perfusion d'ocytocine.
- » D'autres méthodes existent mais sont beaucoup moins utilisées. Ce peut être par exemple la mise en place d'un ballonnet gonflable dans le col afin de le dilater (éventuellement associé à un gel de prostaglandine).

Le choix entre ces différentes techniques est fonction de plusieurs paramètres : la nécessité ou non de faire naître l'enfant rapidement, l'état du col utérin, les éventuelles pathologies maternelles, mais également les habitudes et les préférences du médecin.

Les inconvénients du déclenchement

- » Le déclenchement peut être vécu comme un phénomène artificiel brisant le charme d'un travail spontané.
- » Le déclenchement semble entraîner une augmentation sensible du risque de césarienne. Dans ces conditions, une césarienne est due principalement à une absence d'ouverture du col ou une stagnation de la dilatation. Ces échecs sont d'autant plus mal vécus si l'indication du déclenchement est purement de « convenance ».

Décider de la date de la naissance d'un enfant est donc un idéal pour certains parents et obstétriciens et une aberration pour d'autres. Entre ces deux extrêmes, il n'existe certes pas de vérité établie mais une multitude de situations, dont... la vôtre !

FAIRE L'AMOUR POUR DÉCLENCHER L'ACCOUCHEMENT INFO OU INTOX ?

Ça marche ! Enfin, ça peut marcher !

- » Pour des raisons physiologiques d'abord car au cours de la pénétration, le col est « titillé », donc susceptible de se modifier.
- » Ensuite pour des raisons chimiques : une hormone appelée prostaglandine est présente dans le liquide prostatique et donc dans le sperme au moment de l'éjaculation. Or cette hormone est justement celle du déclenchement !

Mais ça ne marche pas à tous les coups, donc ne tirez pas de plans sur la comète et encore une fois, faites l'amour quand vous en avez envie !

3

Le jour J

DANS CETTE PARTIE . . .

Elle a des contractions, elle se tord de douleur, elle a perdu les eaux, elle vous broie la main, insulte la sage-femme… et pendant qu'elle a mal, vous, vous souffrez ! Bref, voilà, ça y est vous y êtes, c'est le grand jour ! Le grand marathon de la naissance qui a commencé.

Comment ça va se passer exactement ? Personne ne peut le prévoir, chaque naissance est si particulière. Autant physiquement qu'émotionnellement. Tout dépend de l'histoire de chacun, de ses attentes et de ses peurs. Tout dépend aussi de l'endroit où l'on accouche, et du bon déroulement des opérations…

Ce que nous pouvons faire nous, dans cette partie du livre, c'est d'essayer de vous donner les clés d'un accouchement serein (de votre point de vue !). Nous allons vous conseiller pour accompagner au mieux votre femme et accueillir ensemble votre enfant dans les meilleures conditions.

Suivez le guide !

Chapitre 8

Le marathon commence !

DANS CE CHAPITRE :

» **L'arrivée à la maternité**

» **Le début du travail : contractions, péridurale et autres trucs rigolos…**

L'ambulance est arrivée à temps ? Le taxi ne vous a pas jetés sur le trottoir en découvrant que votre femme accouchait ?

Vous avez trouvé une place pour vous garer ? Elle n'a pas accouché sur les sièges tout neufs de la voiture ?

Ouf…

Heu… en revanche ce n'est pas vraiment le moment de souffler parce que c'est maintenant que le marathon commence vraiment !

L'arrivée à la maternité

C'est toujours ouvert

Qu'il soit midi ou deux heures du matin (comme c'est souvent le cas), ne vous inquiétez pas, sachez que de jour comme de nuit, 24 heures sur 24, l'accueil de la maternité est ouvert. Le personnel est habitué à accueillir des couples paniqués, des femmes qui souffrent, des hommes inquiets… leur calme n'est pas un signe d'insouciance ou d'indifférence ! Faites-leur confiance, ils ont conscience de l'urgence relative du moment.

ON DIT QUE LES FEMMES ACCOUCHENT TOUJOURS AU MILIEU DE LA NUIT

Et c'est faux !

Les statistiques sont formelles, les sages-femmes et les obstétriciens aussi : il n'y a pas plus de naissances de jour que de nuit. Et pas plus non plus les nuits de pleine lune, de nouvelle lune ou de lune rousse...

Ce qui est vrai en revanche, c'est que la nuit tout prend des proportions différentes. La douleur est plus impressionnante pour la femme qui aura tendance à se rendre à la maternité plus rapidement. Il y a donc plus d'arrivées la nuit, mais pas plus de naissances.

D'abord, se débarrasser de l'administratif

Il y a une partie administrative à régler en arrivant mais vous pouvez laisser votre femme monter à l'étage des salles de naissance pendant que vous vous en chargez. Vous la rejoindrez quelques minutes plus tard avec sa valise.

- La personne à l'accueil va d'abord vous demander de présenter différents documents administratifs de votre compagne. Au préalable, il est bon qu'elle vous ait préparé ses papiers, voire qu'elle vous les ait confiés : carte Vitale et attestation (impératif pour la prise en charge !), carte d'identité, carte de mutuelle, livret de famille si vous en avez un, etc.
- Si votre femme souhaite bénéficier d'une chambre seule (voir encadré), c'est à ce moment-là qu'il faut en faire la demande. Attention toutefois dans certains établissements leur nombre est insuffisant, vous aurez donc une chambre individuelle en fonction des disponibilités.

Une fois ces questions abordées, en deux minutes tout est enregistré, votre femme était bien attendue ! Son dossier médical est déjà à la maternité, il va être transféré en salle de naissance.

UNE CHAMBRE INDIVIDUELLE : POUR OU CONTRE ?

Dans certains établissements hospitaliers les chambres individuelles ne sont pas majoritaires. Et certaines femmes en sont déçues. Mais nous voulons attirer votre attention sur les avantages de ces chambres à deux lits.

Quand vous serez parti vous coucher à la maison et que votre chérie sera seule avec son bébé hurlant, incapable de téter correctement, tandis qu'elle n'a pas dormi depuis trente-six heures, ce n'est pas sur vous qu'elle pourra compter pour s'épancher, demander un conseil ou pleurer un bon coup… En revanche, sa « copine de galère », celle qui partage sa chambre avec un autre bébé tout neuf aura une oreille attentive et compréhensive. Les échanges sont très forts, la transmission passe aussi par là, en observant l'autre dont le bébé a peut-être un jour de plus que le sien.

La complicité qui s'installe entre deux collègues de chambrée à la maternité, quoique de courte durée, est souvent d'un grand réconfort. Et c'est parfois le début d'une longue amitié !

Alors c'est vrai qu'au moment des visites, il est plus confortable d'être seuls dans sa chambre. C'est vrai que l'intimité est un peu mise à mal dans les douze mètres carrés de la chambre quand elle est partagée. C'est vrai aussi que les pleurs de l'autre bébé peuvent gêner le vôtre (et inversement !). Mais… la richesse de l'expérience de ces quelques jours peut en valoir la peine !

Quoi qu'il arrive, certains cas sont prioritaires pour les chambres individuelles : les accouchements difficiles ou par césarienne qui nécessitent plus de repos en font partie, les naissances gémellaires aussi.

Visite guidée de la maternité

Le bureau des sages-femmes

Au fond du couloir, vous entendez des voix ? Dans une petite pièce, deux ou trois femmes en pyjama de bloc et sabots (les blouses roses et les talons, c'est fini…) discutent… C'est là qu'elles écrivent leurs comptes rendus, qu'elles téléphonent et qu'elles prennent leurs pauses.

Vous n'osez pas entrer ? Vous avez raison, c'est un lieu réservé au personnel. Mais la porte est toujours ouverte... Alors frappez poliment et posez votre question, elles sont là pour y répondre.

La salle de naissance

On ne dit plus « salle de travail » comme autrefois, on préfère maintenant les appeler « salles de naissance », terme plus léger... Vous avez peut-être déjà visité la maternité au cours de préparation à l'accouchement et donc sans doute avez-vous pu jeter un œil à l'une des salles de naissance (en général il y en a plusieurs !).

Si c'est une découverte le jour J, ça ne fait rien. Et puis ce n'est pas si terrible, vous allez voir ! Les appareils qui vous font un peu peur là-bas au fond sont surtout destinés à la surveillance de l'anesthésie éventuelle. Il faut dans ce domaine avoir tout prévu.

Le docteur Veldmann, fondateur de l'haptonomie (voir encadré chapitre 6) conseille aux couples de s'installer confortablement en salle de naissance. Ensuite il préconise de s'approprier les lieux en se plongeant (par la pensée et la visualisation) dans tous les appareils, dans le lit sur lequel votre femme va s'installer, dans la chaise qui vous est réservée... Bref l'idée est de vous sentir au maximum chez vous dans ce lieu « amical » (et ce malgré les cris de votre chère et tendre qui tirent plutôt l'ambiance vers quelque chose de justement peu amical... !). N'oubliez pas que vous allez y rester un bon moment.

Le déguisement de Schtroumpf

Le temps des babas cool en jeans et espadrilles boueuses en salle de travail a vécu... Dans la plupart des maternités, on vous demandera pour d'évidentes raisons d'hygiène de vous vêtir des pieds à la tête d'un uniforme stérile bleu. Blouse, charlotte (sur la tête) et surchaussures seront du meilleur effet sur vous, n'ayez crainte. Et si vous prenez l'air concentré en vous baladant dans le couloir pour aller vous chercher un café (lâcheur !), on vous prendra peut-être pour un chirurgien sortant du bloc !

Pas de panique, si vous vous sentez mal à l'aise dans ces habits de Schtroumpf, on n'y est pas, justement, au bloc ! En fait l'essentiel et le moins contraignant c'est surtout de se laver souvent les mains. Alors faites-le quand on vous le demande !

Le défilé du personnel

L'équipe soignante qui va suivre le déroulement du travail va vous accueillir et se présenter à vous. C'est un moment important car si les horaires le permettent cette équipe risque d'être celle qui donnera naissance à votre enfant (les équipes changent à 20 heures et à 8 heures du matin).

Qui est qui ? Qui fait quoi ? C'est important de s'y retrouver dans le ballet du personnel soignant. Vous n'êtes pas au supermarché, concentrez-vous, prenez le temps de retenir le prénom et la fonction des gens qui vous entourent, ça humanise les rapports. Mais ne vous transformez pas pour autant en inspecteur du travail ! Inutile de demander la liste du personnel, de vérifier s'il y a un anesthésiste, un réanimateur ou un chirurgien ! Dans les hôpitaux, le risque est plutôt à la surmédicalisation. Les cliniques sont tout aussi bien équipées. Alors vous et votre femme ne manquerez de rien, soyez-en certain !

La sage-femme, mettez-la dans votre poche !

Peut-être avez-vous déjà rencontré la sage-femme à la préparation à l'accouchement (à laquelle vous êtes allé en suivant nos conseils, bien sûr !).

Mais peut-être pas. Elle a l'air très jeune ? Elle n'a sans doute jamais eu d'enfant... Comment va-t-elle pouvoir s'occuper correctement de votre femme ?

Elle est sèche ? Peu accueillante ? Moche ?

Du calme ! Les sages-femmes ont appris leur métier ! Elles ont fait des études ! Elles n'ont pas besoin d'avoir elles-mêmes enfanté pour savoir gérer un accouchement. Et celui de votre femme est loin d'être son premier !

Et puis la sage-femme n'est pas là pour vous plaire, à vous ! Inutile de la draguer ! Ce qui compte c'est que le courant passe avec votre femme. Ne créez donc pas de tensions inutiles qui ne feront que stresser votre épouse qui a déjà sa dose ! Ne la prenez pas en grippe à la moindre incompréhension. On vous rappelle que vous pourrez être amené à faire l'interface entre votre femme et elle (« Va la chercher, je veux la péridurаaaaaaaale maintenant ! »).

On parle toujours de sages-*femmes* parce qu'à l'origine ce métier était réservé aux femmes. De nos jours même si elles sont toujours plus généralement des femmes, il existe certains représentants de la gent masculine dans cette branche. On les appelle des *sages-femmes hommes* !

ON N'A TOUJOURS PAS VU LE MÉDECIN… C'EST NORMAL ?

Au cours de la plupart des accouchements dits « normaux », c'est-à-dire quand tout va bien, il est possible que la sage-femme soit seule en charge de le mener à bien. Le médecin ne sera appelé à la rescousse qu'en cas de doute, pour un deuxième avis, ou quand la nécessité d'un geste médical est avérée. C'est donc dans tous les cas, la sage-femme qui le fera venir. Pour information, les gestes médicaux que la sage-femme n'est pas habilitée à pratiquer sont :

- Les forceps, cuillères et autres ventouses
- La césarienne

Conclusion, la sage-femme, qui n'est pas un sous-médecin, on vous le rappelle, est formée et compétente pour tout le reste ! Si vous ne voyez pas l'ombre d'un obstétricien pendant l'accouchement, pas de stress, c'est plutôt bon signe !

L'aide-soignant(e) ou l'auxiliaire de puériculture

Vous risquez de voir l'une, l'autre ou les deux. Elles travaillent en cheville avec la sage-femme, tout au long de l'accouchement, comme une sorte d'assistante. Ce sont elles qui préparent la salle de naissance puis le berceau de votre bébé avec les affaires que vous lui aurez confiées… L'une d'entre elles sera peut-être la première personne qui prendra votre bébé dans ses bras. Juste après la naissance, elles lui feront ses premiers soins. Bref, quoique discrètes ce sont aussi des actrices importantes de cette aventure.

L'anesthésiste, dit « le sauveur » pour certaines

C'est lui qui pratiquera la pose de la fameuse péridurale si votre femme la demande (et s'il est temps de le faire). Vous ne le verrez donc que les quelques minutes que dure la pose… ou pas du tout si votre douce accouche sans anesthésie ! Mais elle l'aura forcément rencontré dans le dernier mois de sa grossesse, pour préparer l'éventualité d'une péridurale justement.

Si votre femme accouche dans la nuit, il viendra de se réveiller, ne vous étonnez donc pas de sa mine renfrognée et de son teint terreux, il dormait cinq minutes avant c'est tout !

Bon là on blague mais vous rigolerez moins le jour J ! Alors pour de vrai, milieu de la nuit ou pas, comme tous les membres du personnel soignant, il connaît parfaitement son métier, et même si la grosse aiguille qu'il va planter dans le dos de votre femme vous fait une peur bleue, encore une fois ne le montrez pas ! Ça ne ferait que stresser tout le monde… Si c'est trop pénible pour vous, sortez de la salle, et revenez quand c'est terminé. Il n'y a pas de honte. Et même on va vous dire une chose : à ce moment-là, tout le monde s'en fiche !

L'obstétricien, le grand manitou

Plus encore que l'anesthésiste, il est possible que vous ne voyiez jamais d'obstétricien le jour de la naissance de votre enfant.

Comme nous l'avons expliqué plus haut (voir encadré) si tout se passe bien, la sage-femme ne fera tout simplement pas appel à lui. Elle le fera intervenir uniquement si elle pense qu'un geste médical ou chirurgical est nécessaire. Néanmoins, dans certaines cliniques privées c'est bien le gynécologue-obstétricien habituel de votre femme qui va l'accoucher. Certaines s'en voient très rassurées.

LES ÉTUDIANTS DÉFILENT AUSSI PENDANT L'ACCOUCHEMENT

Figurez-vous que pour apprendre son métier, en obstétrique c'est comme dans toutes les branches, il faut faire des stages. Et ces stages ne sont évidemment pas théoriques mais bien pratiques. C'est ainsi qu'à l'accouchement de votre femme vous verrez peut-être une jeune apprentie sage-femme qui pourra être plus émue que vous ou un ou deux internes (si vous êtes dans un hôpital universitaire) qui risquent de tomber dans les pommes avant vous ! Pour ne pas avoir de mauvaises surprises, renseignez-vous avant sur les habitudes de votre maternité.

« MADAME, CE N'EST PAS COMME ÇA QUE L'ON POUSSE ! »

« Un de mes collègues, brillant obstétricien, entre dans la salle de naissance et s'approche d'une femme en train de pousser péniblement pour sortir son bébé. En la toisant un peu du haut de son expérience, il lui dit : "Madame, ce n'est pas comme ça que l'on pousse !"

Et elle bien culottée – même si elle ne l'était plus – lui rétorque en lui passant le bras autour du cou, menaçante : "Et toi tu as déjà poussé mon petit bonhomme ?"

Il m'a avoué après qu'il n'était plus jamais entré de la même façon dans une salle de naissance ! »

Elle a très mal (et vous, vous souffrez !)

Votre chérie a été examinée, le fameux col de l'utérus a commencé à se raccourcir. Il va maintenant « s'effacer » jusqu'à s'incorporer complètement à l'utérus avant de se dilater.

La première chose à faire au début de l'accouchement est de lui poser une voie d'abord veineuse. C'est en fait un petit embout qu'on lui pose dans une veine du bras, dans lequel pourrait facilement s'insérer une seringue ou une perfusion. Ainsi en cas d'urgence il n'y aurait plus à piquer.

Le monitoring

Ensuite, en général la sage-femme installe votre compagne pour le monitoring. Votre femme doit s'allonger sur le dos afin qu'on la branche à cet appareil, muni de deux capteurs que l'on pose sur son ventre, maintenus par une ceinture élastique et reliés à une sorte d'imprimante. Ça ressemble un peu à un sismographe, qui crache régulièrement ses longues feuilles de graphiques. Les deux capteurs, via les courbes, rendent compte de deux choses :

- D'une part, les battements du cœur du bébé. On peut ainsi entendre leur irrégularité, leur accélération ou leur ralentissement éventuels, ce qui pourrait être le signe qu'il supporte mal les contractions.
- D'autre part, les contractions. À chaque contraction, le ventre durcit et se tend. Ainsi le capteur est plus fortement appuyé dessus ce qui envoie un signal à la machine. C'est ainsi que l'équipe peut mesurer simplement la fréquence et la régularité des contractions et donc l'avancée du travail.

Vous pourrez suivre en temps réel chaque contraction en regardant la courbe qui s'imprime dessinant comme une montagne. Le sommet de la montagne étant bien entendu le pic de la contraction, donc de la douleur. Vous pourrez ainsi plus facilement accompagner votre femme et l'encourager. Vous pourrez la prévenir par exemple que la douleur commence à diminuer, alors qu'elle ne le sent peut-être pas encore.

Si tout va bien, le monitoring qui n'est qu'un outil de contrôle, n'a pas besoin d'être branché tout le temps. Il suffit d'une vingtaine de minutes toutes les heures. Le reste du temps – si tout va bien – votre douce sera libre de ses mouvements. Les femmes enceintes en général sont assez inconfortables sur le dos, la fin du monitoring sera donc a priori un soulagement.

MÉMO DES PHASES DE L'ACCOUCHEMENT

» La *dilatation* commence par l'effacement du col, c'est-à-dire qu'il devient de moins en moins long. Cela peut se produire plusieurs jours avant l'accouchement... Ensuite, le col va s'ouvrir pour permettre le passage de votre bébé. On mesure la dilatation en centimètres. À la fin de cette première phase, il sera dilaté à 10 centimètres. La durée de cette phase de dilatation est imprévisible. Mais elle est en moyenne, pour un premier bébé, de huit heures, le plus long étant le moment entre l'effacement et 3 centimètres. La dilatation s'accélère ensuite de plus en plus. En plus d'être la plus longue, c'est aussi la partie la plus douloureuse de l'accouchement.

» À dilatation complète (10 cm), vient le moment de l'*expulsion* qui se termine par la naissance de votre bébé ! Les contractions deviennent très intenses et très rapprochées. Si votre femme est sous péridurale, vous pourrez voir les tracés sur le monitoring (sinon, vous l'entendrez sans aucun doute !). Cette phase peut durer environ une heure pour un premier enfant (parfois plus).

» Votre femme a son bébé dans les bras, le cordon a été coupé, tout le monde souffle ! Vous croyez que c'est fini ? Pas encore. Il reste la *délivrance*. C'est la dernière phase de l'accouchement qui consiste en l'expulsion du placenta. Le médecin ou la sage-femme va appuyer sur le ventre de votre femme – qui ressentira à nouveau des contractions de moindre intensité – pour permettre au placenta de se décoller, se décrocher et sortir. La sage-femme l'examinera pour vérifier qu'il est bien complet.

En revanche, en cas de déclenchement et de péridurale, la surveillance se doit d'être accrue, le monitoring risque d'être branché en permanence, ce qui ne permettra pas à votre compagne de changer beaucoup de position. Néanmoins, les sages-femmes sont compréhensives la plupart du temps et le monitoring peut être un peu « aménagé » pour se mettre debout ou sur le côté.

Enfin, certaines personnes sont stressées par le bruit du monitoring qui n'est autre que celui des battements de cœur de votre bébé. Certaines femmes écoutent un peu trop attentivement et ne cessent de penser qu'il y a un problème, car le cœur n'est pas une machine et que forcément il y a des irrégularités dans les battements. Vous pouvez tout à fait demander à la sage-femme de couper le son, elle aura les informations voulues sur le graphique imprimé par la machine, elle n'a pas besoin du son en permanence.

Mais pourquoi a-t-elle si mal ?

Votre bébé pèse dans les 3 ou 4 kilos et il est bien serré dans l'utérus. Imaginez... Il ne peut pas sortir tout seul, il a besoin d'aide !

Pendant une contraction, les longs muscles de l'utérus se contractent, en commençant par le haut de l'utérus et en progressant jusqu'aux fesses. À la fin de la contraction, les muscles se relâchent mais demeurent plus courts qu'au début de la contraction. Cette traction tire le col de l'utérus par-dessus la tête du bébé.

Le but de chaque contraction est en fait de pousser le bébé vers le bas, puis de l'aider à sortir. Outre la dilatation des tissus, les contractions et la descente du bébé provoquent donc étirements, pressions et distensions sur les différentes parties internes du corps de sa maman (utérus, pubis, périnée, ligaments du bassin, de la vessie, coccyx, etc.).

La douleur ressentie d'une contraction est semblable à celle d'une très très forte crampe qui arrive, monte en intensité et redescend. Elles peuvent durer chacune une à deux minutes. L'intervalle qui sépare deux contractions varie en fonction de l'avancée du travail pour n'être que d'une minute à la fin. C'est long une minute de douleur qui ne cesse d'augmenter ! Et c'est court une minute pour récupérer...

Rappelez-vous votre dernière rage de dents, déplacez la douleur dans tout votre ventre (de sous la poitrine à tout en bas du pubis), rajoutez-y une poussée formidable genre tornade plus une bonne dose de trouille et vous allez pouvoir imaginer un peu ce que provoque une seule contraction...

C'est donc peu de dire que pendant ce temps du côté de votre chérie, ça s'agite... Elle a de plus en plus mal. Elle serre les dents ou votre main. Peut-être même se met-elle à crier éperdument à chaque contraction : « Mais fais quelque choooooooose ! »

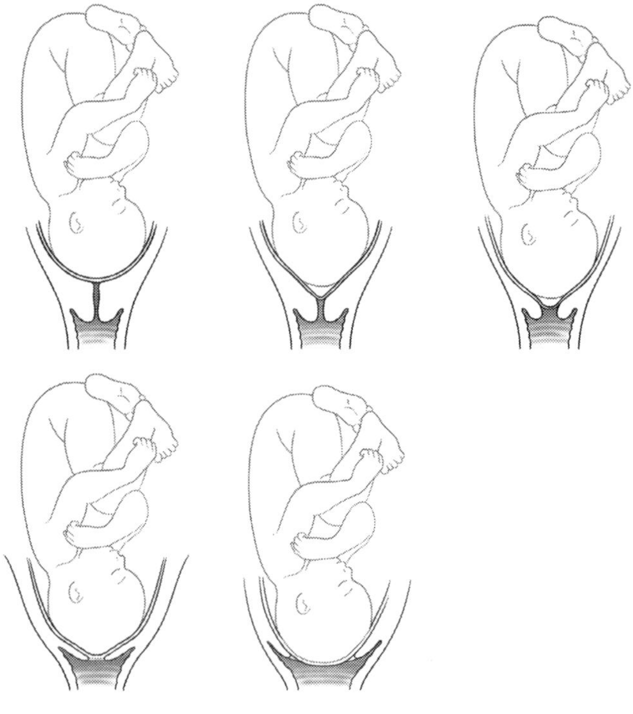

FIGURE 8-1 : Effacement du col

La douleur, c'est pas obligé !

Aux dires de certaines femmes, la douleur ressentie pendant le travail était si insupportable qu'elles ont cru mourir ! Dans notre société moderne et informatisée, la douleur est effacée au maximum. On n'arrache pas une dent sans anesthésie, on ne laisse plus souffrir les malades, on a compris que les nourrissons aussi étaient sensibles à la douleur. C'est vrai. On ne veut plus être obligé d'avoir mal.

Alors pourquoi laisser votre douce moitié s'exposer à cette intensité de désagrément ?

Mais la douleur, c'est personnel…

Pourquoi ? Parce que c'est plus compliqué que ça !

Tout comme vous le faites en la regardant avec stupéfaction (elle supporte !) ou horreur (elle ne supporte pas du tout !), votre femme découvre intimement sa capacité à supporter les contractions. Et si personne d'autre qu'elle-même ne peut connaître ses limites vis-à-vis de la douleur, personne non plus ne peut avoir mal à sa place.

Bye bye superman, rangez votre cape et vos collants, aujourd'hui c'est repos ! Eh oui, cette fois elle est seule maître à bord, et il faut vous y faire… !

Si elle demande une péridurale cinq minutes après votre arrivée alors qu'elle avait juré de ne pas y avoir recours, c'est son choix !

Si au contraire elle la refuse catégoriquement alors qu'elle hurle à chaque contraction, n'allez surtout pas en douce demander à la sage-femme d'appeler l'anesthésiste !

La douleur n'est pas forcément de la souffrance… C'est aussi un ressenti tout simplement. Une réalité de ce moment si intense qu'est l'accouchement. Et l'accouchement, au-delà de la douleur peut susciter d'autres sensations que certaines femmes veulent à tout prix ressentir, notamment celle de leur bébé qui chemine à travers leur corps ! Certaines femmes parlent même d'orgasmes fantastiques à la sortie de chaque enfant (celle que je connais en a eu trois et à chacun, le même phénomène !). Alors pourquoi les en priver ?

Dans tous les cas et aussi étrange que votre femme puisse vous paraître, vous ne devez en aucun cas intervenir dans ses décisions. Alors gardez pour vous les « Quelle idée d'avoir aussi mal quand une simple piqûre peut tout arrêter ? Tu aimes ça ou quoi ? » ou les « En fait avec la péridurale, ce n'est pas vraiment toi qui accouches, chérie ».

ELLE CRIE VRAIMENT TRÈS FORT !

Pendant l'accouchement les femmes traversent des vagues d'émotions et de sensations très violentes. Naturellement, pour évacuer cette violence, c'est un cri qui sort d'elles. Ce n'est ni du chiqué ni un drame.

Encore une fois, c'est elle qui vit cette naissance, dans son corps. Si pour vous c'est trop dur, vous pouvez sortir. Mais nous vous conseillons de surmonter votre angoisse et d'accompagner votre femme dans ce cheminement nouveau.

N'ayez pas peur de découvrir (si ce n'est pas déjà fait !) le côté bestial de votre femme dans ce moment si particulier qui ramène chacune à une certaine animalité.

La péridurale, justement parlons-en !

Si votre femme veut accoucher sous péridurale, c'est sans doute le bon moment de la lui poser (ni trop tôt, ce n'est pas la peine… ni trop tard, ça ne servirait à rien !). La péridurale n'est pas obligatoire, on est loin du commandement : « tu enfanteras dans la douleur » ! Il ne faut pas hésiter à la demander si les douleurs deviennent insupportables et même avant si votre femme est sûre qu'elle ne veut pas aller jusqu'à ce point de non-retour.

ELLE A DÉCIDÉ D'ACCOUCHER SANS PÉRIDURALE

Comme nous le disions plus haut, c'est SON choix. Ne vous laissez pas influencer par votre entourage qui pourrait critiquer ce choix (« ça sert à quoi d'avoir mal quand on n'est pas obligé ? » ou plus simplement « elle est folle ou quoi ? »). Certaines femmes ont besoin de sentir plus que d'autres ce qui se passe dans leur corps et seront plus angoissées à l'idée d'une anesthésie qu'à celle d'une grande douleur. Dans la génération actuelle, il y a un grand retour à ce choix de naissance « naturelle », qui permet aux femmes de ne plus être passives dans le vécu de cet événement unique. Si votre femme est dans ce cas et que ça vous fait peur, parlez-en avec elle, demandez-lui ce qu'elle attend de vous au moment de l'accouchement pour l'aider au mieux.

J'AI CRIÉ, MOI ?

N'étant pas de garde en salle de naissance, je faisais une visite auprès des mères hospitalisées. Nous avons entendu alors retentir dans la maternité des cris à glacer tout le monde d'effroi. Cela m'étonnait car je connaissais la femme qui accouchait dont ce n'était pas le 1er enfant et pour qui je pensais que tout se passerait bien.

Je finis tranquillement ma visite et monte la voir. Elle était radieuse, son bébé dans les bras.

Je lui demande : « Avez-vous beaucoup souffert ? Ça s'est si mal passé ? » afin de comprendre la raison de ces cris.

Et elle : « J'ai crié, moi ? Certainement pas, c'était super ! »

Est-ce cela le mal joli ?

Voilà comment ça se passe :

» C'est une piqûre. Elle est effectuée par un médecin anesthésiste à la demande de la femme qui accouche (rarement par la sage-femme sauf si elle pense que ça peut faciliter la naissance en raison de douleurs mal gérées).

TOUT SAVOIR SUR LA PÉRIDURALE

» La péridurale est une anesthésie locale qui consiste à endormir la zone de l'organisme concernée notamment par l'accouchement.

» On l'appelle aussi épidurale.

» Le produit n'est pas injecté directement dans la moelle épinière mais dans la méninge qui entoure la moelle épinière, la dure-mère. En latin *péri* : autour, *dura* : dure-mère.

» Ce n'est pas si douloureux car le médecin pique d'abord avec une petite aiguille pour anesthésier la peau et pouvoir ensuite enfoncer une plus grosse aiguille. Ce qui l'est c'est de devoir rester immobile, pliée en deux avec un gros ventre au milieu d'une contraction.

» Ce n'est pas dangereux ! Il y a très peu d'effets secondaires à la péridurale !

» L'avantage de cette anesthésie est qu'elle enlève la douleur mais pas les sensations.

» La péridurale peut être légèrement dosée et permettre à la femme de rester debout voire de marcher.

» Dans certains cas rares, la péridurale enlève toute sensation et empêche les femmes de pousser correctement ce qui oblige à avoir recours aux forceps.

» L'inconvénient de la péridurale est qu'elle peut ralentir voire stopper le travail et de fait rallonger la durée de l'accouchement. C'est pourquoi on met systématiquement une perfusion d'ocytocine, celle qui déclenche les accouchements, en cas de péridurale.

» La sage-femme prévient l'anesthésiste de garde qui va passer la voir.

» Normalement lui (ou son confrère) a fait pratiquer au préalable à votre douce un bilan sanguin complet en laboratoire. Ce bilan est toujours programmé dans le mois précédant la date prévue d'accouchement. Il est donc en possession, grâce au dossier médical de votre femme, de toutes les informations nécessaires pour doser les produits anesthésiants en fonction de son cas en particulier (tout le monde étant un cas particulier !).

» Il injecte un produit anesthésiant entre deux vertèbres dans le bas du dos. Peut-être le médecin vous sollicitera-t-il pour que vous preniez votre compagne dans vos bras pendant l'injection.

» Le produit anesthésiant agit en quelques minutes au cours desquelles votre chérie va vite se sentir soulagée !

» Si elle est légèrement dosée, votre femme pourra encore bénéficier d'une certaine mobilité. Sinon, elle sera condamnée à accoucher sur le dos !

Et vous, vous faites quoi ?

Aujourd'hui, 80 % des pères accompagnent leur femme dans la salle de naissance. Ceux qui ne le font pas ont des excuses légitimes : phobie des espaces médicaux, empêchement professionnel, culturel ou religieux. Dans tous les cas, ce qui compte c'est de ne pas être passif, même si vous n'êtes pas dans la salle ou si vous y êtes sans avoir l'impression de faire quoi que ce soit d'« utile ».

Soyez actif

Comme nous l'avons déjà dit plus haut, si vous ne savez pas mettre un enfant au monde c'est vrai que concrètement vous êtes inutile dans une salle de naissance ! Voire gênant !

Mais rassurez-vous, vous êtes pourtant INDISPENSABLE !

Alors contentez-vous de vivre cet instant tel qu'il se présente à vous, à vous deux, à vous trois. Et accueillez votre enfant ainsi dans les meilleures dispositions.

PETITS TRUCS À FAIRE (OU À NE PAS FAIRE) POUR LA SOULAGER

Pendant le travail, avant la pose éventuelle d'une péridurale, les contractions sont de plus en plus douloureuses pour votre pauvre femme qui commence à s'épuiser. Voici quelques petits gestes qui peuvent aider qu'elle n'aura peut-être pas l'idée de vous demander. Alors proposez-lui, sans l'imposer !

» Lui masser le bas du dos, en maintenant une pression constante et forte pendant la contraction peut se révéler très soulageant.

» La guider dans sa respiration. Si vous avez tout bien retenu aux cours, c'est un plus mais de toute façon, la sage-femme lui donnera des instructions que vous pourrez lui relayer tendrement à l'oreille.

» La soutenir sous les bras si elle est debout, ou vous allonger derrière elle si elle est sur un lit. La bercer, oui oui, la bercer, ça détend.

» Lui proposer de bouger, ça aide vraiment à supporter la douleur.

» Lui proposer votre main à broyer sans complexe ! Euh attention, elle va le faire…

» Vous taire si elle vous le demande (ça arrive !). Pour gérer sa douleur votre femme aura besoin de beaucoup de concentration et il se peut que le simple son de votre voix lui soit insupportable. C'est comme ça.

» De la même façon, si elle a besoin que vous ne la touchiez pas, ne la touchez pas !

» Et par pitié ne la « brumisez » pas à tout bout de champ d'eau minérale. On n'est pas dans un film ! Si elle a soif, elle vous le dira.

Essayez de ne pas gêner

C'est quand même dans une salle d'accouchement que tout ça se passe !

Prenez donc soin de ne pas poser vos affaires sur le monitoring, de ne pas laisser traîner vos chaussures au milieu du passage ou votre café sur un plateau stérile ! On ne sait jamais dans quel état de maladresse un jeune papa assistant à l'accouchement de sa femme peut se mettre… Mais personne n'a besoin d'un

Pierre Richard en salle de naissance. Ni le personnel soignant qui aura besoin de son espace et de son matériel pour travailler, ni votre femme qui aura d'autres chats à fouetter !

« ALLEZ-VOUS TENIR LE COUP ? »

« Lors de l'un de mes groupes pères, je parlais du cas où le placenta ne se décrocherait pas de lui-même et je décrivais le geste médical à réaliser, à savoir enfoncer son bras dans l'utérus pour aller le décrocher manuellement... Un père s'est levé, est sorti en trombe et l'on a entendu un grand fracas quelques secondes plus tard. Il s'était trouvé mal à cause de ma description ! Humilié, il n'est plus revenu à aucun groupe.

Je l'ai revu quelques mois plus tard avec sa compagne à mon cabinet. Elle avait eu une césarienne non prévue. On avait proposé au père de rester pendant l'intervention, il l'a fait sans aucune hésitation ! Et non seulement il a tenu le coup, mais il en était ravi !

J'ai coutume du dire qu'alors qu'assister à un accouchement peut être très impressionnant, accompagner la naissance de son propre enfant se fait tout naturellement... »

Donc si vous ne vous sentez pas à l'aise, restez tranquillement assis à côté de votre douce et ne bougez plus !

« JE N'AI RIEN FAIT DU TOUT ! »

« Dans les couloirs de la maternité, je croise un couple que j'ai suivi en consultation. Elle vient d'accoucher, je lui demande comment l'accouchement s'est passé. Elle me répond du tac au tac que c'était dur mais qu'elle a réussi grâce à son mari qui était avec elle. Le mari en question tout étonné me dit : "Mais non, justement je n'ai rien fait du tout !"

Il n'avait rien fait du tout à part être là, avec elle ! Et c'était l'essentiel. »

QUESTIONS/RÉPONSES : LES POSSIBLES RESSENTIS DU PÈRE AU MOMENT DE L'ACCOUCHEMENT/ COMMENT Y FAIRE FACE ?

» C'est insupportable de voir votre chérie souffrir, de l'entendre hurler, et de ne rien pouvoir faire ?

- Elle ne vous en veut pas ! Pour une fois, elle sait que vous ne pouvez pas l'aider… Mais ne rajoutez pas à sa souffrance le poids de votre culpabilité, elle n'a vraiment pas besoin de ça.

» Malgré toutes les préparations que vous avez pu faire ensemble, rien ne se passe comme vous l'aviez prévu (ni vous, ni elle d'ailleurs !) ?

- On a dû vous le dire lors de ces séances justement, c'est normal. Chaque accouchement est particulier. Il ne faut s'attendre à rien !

» C'est une furie ! Elle vous insulte dès que vous ouvrez la bouche et vous repousse si vous vous approchez pour la prendre dans vos bras ?

- Surtout ne le prenez pas personnellement ! Elle vous aime toujours, c'est juste que pour supporter la douleur elle a besoin d'être un peu tranquille.

» Vous vous sentez vraiment inutile ?

- Soyez sûr malgré tout que votre présence est capitale pour elle. Sans vous, pas de bébé et ce bébé qui va naître va devenir le vôtre autant que le sien dans quelques heures ou quelques minutes. Alors vous avez votre place auprès d'elle, même en silence.

« ALLEZ-Y, VOUS AVEZ TOUT LE TEMPS ! »

« Un couple arrive à la maternité, la femme est à terme. On les accueille, on les installe en salle de naissance. Je suis de garde ce jour-là. J'examine la femme qui ressent des contractions encore légères mais régulières. Le col est très peu ouvert, le travail commence à peine.

Une demi-heure plus tard, il est midi, le futur papa a faim. Il me demande s'il a le temps d'aller se chercher un sandwich au café d'en bas. Je lui réponds en toute tranquillité qu'il a tout son temps, que la naissance n'aura pas lieu avant quelques heures d'autant plus que c'est un premier bébé.

Le père embrasse sa femme et part s'acheter son casse-croûte. À peine a-t-il fermé la porte, que les contractions de sa femme s'intensifient. Elle se met à hurler, surprise par leur force. Je la réexamine, le col est à dilatation complète ! Le bébé montre le bout de son nez quelques minutes plus tard... La tête du papa quand il est rentré dans la salle, son sandwich rillettes à la main et qu'il a découvert son fils dans les bras de sa femme ! Trente ans plus tard, il m'en veut encore... »

Chapitre 9

Il va enfin naître ce divin enfant !

DANS CE CHAPITRE :

- **Enfin, on voit sa tête !**
- **La naissance proprement dite**
- **Comment se placer ?**
- **Les premiers soins**

Le travail a été plus ou moins long selon les cas, vous avez été plus ou moins courageux, plus ou moins insulté, frappé, mordu, battu... Et voilà que c'est bientôt le moment tant attendu ! Plus que quelques minutes et votre enfant va montrer sa bouille d'ange (ou de démon !) au monde, enfin d'abord à la sage-femme...

Comment vont se passer ces derniers instants, quand tout se précipite dans la salle de naissance ? Nous allons essayer de vous en décrire les étapes les plus courantes et de vous donner les meilleurs conseils pour profiter pleinement de la magie qui vous attend. Si si, la magie !

Elle va accoucher comment ?

Selon les maternités, divers matériels et positions sont proposés aux femmes pour accoucher. En voici un descriptif. Il ne s'agit pas ici de vous conseiller. Encore une fois une naissance est un moment imprévisible et particulier qui n'appartient qu'à votre femme et vous. Mais il est peut-être utile de connaître ce qui existe, pour mieux comprendre les propositions de l'équipe soignante et les choix de votre femme, le moment venu.

Sur les étriers comme tout le monde !

La femme est allongée sur le dos, les jambes pliées et relevées, les pieds posés sur des petites cales appelées étriers. Ces étriers sur lesquels les femmes s'appuient avec leurs pieds leur permettent de pousser parfois plus longtemps.

On dit souvent que c'est la position la plus pratique pour accoucher. Elle l'est surtout pour le personnel soignant qui a ainsi une bonne visibilité sur le périnée et l'arrivée du bébé.

En effet de plus en plus on préconise aux femmes de choisir la position qui leur convient le mieux pour accoucher. Ce qui est vrai, malgré tout c'est la position obligatoire en cas de forceps, par exemple, et/ou d'épisiotomie.

Variante : vous êtes assis derrière elle

Le docteur Veldmann (toujours lui !), le père de l'haptonomie propose au père de s'installer bien assis sur la table d'accouchement, sa compagne assise devant lui, le dos calé contre sa poitrine. Ainsi en plus d'être un support confortable (votre femme s'appuie littéralement sur vous), vous pouvez aussi être un soutien utile pour votre femme qui se servira de vos bras comme d'une barre de traction.

La sage-femme, en face de vous, accueille le bébé et peut ainsi vous le tendre dès sa sortie du ventre.

Allongée sur le côté

On dit aussi « à l'anglaise », parce que c'est la position le plus souvent proposée aux femmes au Royaume-Uni. La femme est allongée sur le côté (en général le gauche pour éviter que certains vaisseaux ne soient comprimés) et relève une jambe.

En France c'est plus rare même si c'est une position physiologiquement bonne. On la proposera à votre femme notamment si le bébé a un peu de mal à descendre.

Accroupie

Si on n'a pas demandé la péridurale, qui gênerait sa mobilité, c'est une autre position possible. Vous pourrez soutenir votre compagne en la tenant sous les bras ce qui favorisera sa poussée.

Ça paraît un peu folklorique ? Ça l'est un peu !

En tout cas c'est une position d'accouchement qu'il faut avoir préparée avant ! Et surtout il faut s'assurer encore une fois que la sage-femme est bien d'accord pour se mettre à quatre pattes !

Et maintenant quelques accessoires !

La baignoire

Si tout se passe bien (la plupart du temps) et dans certains endroits (de plus en plus), on propose aux femmes d'aller dans l'eau pendant la phase de dilatation (qui peut durer quelques heures, on vous le rappelle).

Comment ça se passe ?

Ne vous attendez pas à voir votre femme accoucher en nageant dans une piscine ou dans un aquarium géant ! En réalité, il s'agit d'une simple baignoire aux dimensions à peine plus grandes que celles de votre salle de bains !

Si la baignoire est libre (le personnel ne se lave pas dedans, ça veut juste dire qu'aucune autre femme n'est en train d'accoucher !), votre femme pourra donc s'y plonger et vous aussi si vous le souhaitez. D'où notre conseil d'emporter votre maillot de bain...

Pourquoi c'est bien ?

L'eau chaude a des vertus relaxantes, calmantes. S'immerger dans une baignoire soulage donc énormément les douleurs au niveau du dos. Pour les mêmes raisons, l'eau chaude permet souvent une accélération du travail. Plus détendu, le col s'ouvre plus rapidement.

Dans les maternités qui proposent des baignoires, une baisse des demandes de péridurale a d'ailleurs été constatée.

La baignoire est une bonne aide pour supporter le travail mais il est évidemment possible de rester dedans jusqu'au bout et même d'y mettre au monde son enfant ! Après tout il était dans l'eau pendant neuf mois...

Rassurez-vous, les équipes soignantes qui proposent ce genre d'équipements sont tout à fait formées à ces naissances dans l'eau. Ne vous attendez pas non plus à un attirail spectaculaire ou à une technique incroyable. Ce genre d'accouchement ne s'apparente en rien à un exercice de plongée sous-marine mais ressemble à s'y méprendre à... un accouchement ! Mais de nos jours, ces naissances sont assez rares, environ 2 % des maternités les pratiquent à cause de la surmédicalisation d'une part (on ne peut pas brancher de monitoring à une femme dans l'eau) et au souci de plus en plus grand d'éviter la moindre prise de risque d'autre part.

Le ballon

Vous vous souvenez des gros ballons sauteurs qu'il y avait souvent dans les maisons de campagne de votre enfance ? Enlevez les deux cornes qui servaient à s'y accrocher et vous aurez devant vous le fameux ballon des salles de naissance modernes. Rigolo, non ?

Le principe c'est tout simplement de s'appuyer dessus ou de s'y asseoir (pas vous hein, flemmasse !). De par sa souplesse et sa mobilité, le ballon s'adapte à l'anatomie de votre compagne. Elle peut ainsi bouger comme elle veut (en s'appuyant sur ses pieds par exemple ou contre vous debout derrière elle) quand les contractions s'intensifient.

Le ballon est plutôt un outil de détente, proposé au cours du travail. Pour la naissance proprement dite, il n'est pas plus utile qu'un vulgaire ballon de football.

La chaise hollandaise

La chaise hollandaise en revanche n'est qu'un outil destiné à la naissance. Si le nom semble barbare, la technique ne l'est pas. C'est l'équivalent d'un fauteuil dont ne subsisterait que le pourtour. Une chaise percée quoi !

La position verticale favorise la descente du bébé et aide la maman à l'accompagner vers la sortie. Elle peut donc s'installer confortablement et pousser pendant que la sage-femme, à genoux, accueille le bébé...

Ça vous tente ? Renseignez-vous, peu de maternités en ont en stock et les sages-femmes ont parfois mal aux genoux.

Ça ne vous tente pas ? Espérez juste que votre femme non plus... !

Surtout, ne faites pas de plans sur la comète. Ça se passera comme ça pourra. En fonction de votre compagne mais aussi de l'équipe. De toutes ces possibilités vous n'en choisirez certainement qu'une. Et encore cela risque plutôt de vous être imposé par votre femme et la sage-femme qui en parleront ensemble ! Mais ne le vivez pas comme une exclusion. Ce qui compte c'est que vous vous sentiez au maximum partie prenante dans cette aventure qu'est la naissance de votre enfant.

CACA OU PAS CACA ?

Comme votre compagne ne vous en parlera certainement pas, bien que ce soit souvent une grande inquiétude pour les femmes, on prend les devants (pour vous parler du derrière). Il arrive que lors de la poussée, la femme n'expulse pas que son bébé... Et c'est bien normal ! Les sages-femmes sont tout à fait habituées à ce phénomène qui est franchement le cadet de leurs soucis. Et elles savent le gérer avec discrétion. Quant à votre femme, elle risque de ne même pas s'en rendre compte. En tout cas, si vous ne cherchez pas à savoir, personne ne vous en parlera, et c'est peut-être mieux comme ça.

LA LONGUE VIE DU COUSSIN DE MATERNITÉ

Vous n'en pouvez plus ! Cet énorme coussin en forme de grosse banane que votre femme trimballe partout est devenu votre ennemi juré. En général les femmes enceintes y sont accros à partir du cinquième ou du sixième mois de grossesse. Elles en entendent parler par une copine, s'en font prêter un par une copine qui a un enfant plus grand ou le commandent simplement sur Internet. Et un jour, il débarque à la maison, vous pique votre fauteuil préféré et en moins de temps qu'il ne faut pour le dire, le voilà qui prend toute la place dans le lit ! Elle a même été très claire, s'il vous gêne, vous pouvez toujours aller dormir dans le canapé.

Vous le détestez ? Plus pour longtemps ! Patience…

Bientôt, après la naissance vous allez aussi faire connaissance avec lui ! Car il vous sera fort utile pour l'allaitement (au biberon autant qu'au sein, si, si !) : on se cale le dos avec, on cale le bébé dedans. Il devient alors parfois un réceptacle à vomi autant qu'un gros doudou. Pas de panique la housse se lave ! Il risque bien aussi d'être le théâtre des premières siestes à la maison pour votre nourrisson.

Vous ne pouvez plus vous en passer, quand votre bébé commence à s'asseoir, vers 6 mois, vous serez le premier à trouver que le coussin de maternité est quand même bien pratique pour l'empêcher de se fracasser la tête sur le parquet…

Et quand ça fera déjà autour d'un an que ce gros patapouf vous accompagne dans votre vie de parent, à peine vous en rendrez-vous compte, ingrat que vous êtes, qu'il a disparu comme par enchantement… Mais où ? À votre avis ? Votre femme l'a filé à une copine enceinte, bien sûr !

Et le bébé, il est dans quelle position, dedans ?

La tête en bas

C'est le cas le plus fréquent. Le fœtus s'est naturellement positionné la tête en bas quelques semaines avant le terme. Ce n'est pas parce qu'il est plus malin que les autres, c'est simplement une question de confort. L'utérus par sa forme en poire offre plus de place en haut qu'en bas, le bébé peut donc plus facilement bouger ses jambes et son dos s'il met sa tête en bas. Au moment de la naissance, c'est en poussant sa tête vers l'extérieur qu'il va s'aider à sortir.

En « siège »

Le bébé tourne dans tous les sens pendant la grossesse et puis à un moment entre le 7e et le 8e mois, il n'a plus la place. Et parfois au lieu de mettre sa tête en bas, il reste bien assis la tête en haut !

Le siège complet

C'est quand le bébé est assis en tailleur. Ce sont donc ses jambes qui sortiront en premier au moment de la naissance.

Le siège décompléte

C'est quand il a les jambes de chaque côté de la tête, la première chose qu'on découvrira alors de lui, ce sera… ses fesses !

LE MECONIUM

C'est une substance brun verdâtre produit par les cellules de l'intestin de l'enfant. Il est exprimé si celui-ci se contracte. En effet, l'organisme qui a pensé à tout privilégie l'oxygénation du cerveau s'il y a un problème (pendant la grossesse ou l'accouchement). Tout oxygène partant donc au cerveau, c'est l'intestin qui en manque et se contractant émet le meconium. En effet, celui-ci teinte alors le liquide amniotique. Pas de panique, d'autres moyens de surveillance existent (rythme cardiaque, voir électrocardiogramme fœtal).

À noter que si le bébé se présente par le siège une émission de meconium est tout fait naturelle. Après la naissance, il en émet très régulièrement. C'est brun noirâtre, gluant bref pas ragoûtant mais c'est nécessaire, car c'est le précurseur de vraies selles.

C'est un signe de ce que l'on appelle une souffrance fœtale le plus souvent passagère et sans conséquence mais qui amènera une surveillance plus pointue.

On peut essayer de le tourner manuellement avant l'accouchement mais ces « versions de manœuvre externe » ne marchent pas à tous les coups. Si ça ne marche pas, il faut impérativement pratiquer une scanopelvimétrie, c'est-à-dire une mesure du bassin par radio.

- Si celui-ci est assez grand, un accouchement par voie basse.
- Si le bassin au contraire semble trop petit, une césarienne sera programmée, quinze jours avant la date présumée de l'accouchement.

LA MORTALITÉ DES FEMMES ET DES ENFANTS À TRAVERS LES SIÈCLES

D'après l'Institut national d'études démographiques (INED)

- En 2008 dans le monde 358 000 femmes sont mortes pendant leur grossesse, pendant l'accouchement ou dans les jours qui ont suivi.
- 99 % de ces décès ont lieu dans les pays du Sud.
- Dans les pays développés le taux de mortalité maternelle est de 14 pour 100 000 naissances. Dans certains pays d'Afrique il est de 1 000 pour 100 000. Les causes en sont : le manque de suivi au cours de la grossesse et l'offre insuffisante de soins lors de l'accouchement.
- Au XVIIIe siècle, en France, un enfant sur trois mourait avant de fêter son premier anniversaire.
- En 1850, c'était un sur six.
- En 2009, on a compté moins de quatre (3,7) décès d'enfants de moins d'1 an pour mille naissances. Comme quoi c'était pas toujours « mieux avant »...

Certaines femmes, et c'est leur droit, demandent une césarienne quoi qu'il arrive. Sachez quand même que les accouchements par le siège ne sont pas plus difficiles ni plus douloureux à partir du moment où le bébé a la place de passer.

Il arrive, vous vous mettez où ?

En face

C'est évidemment la meilleure place pour voir arriver votre enfant…

Mais pour vous ? Vous vous posez la question.

Voir votre femme les jambes écartées, le vagin élargi pour laisser passer ce bébé qui sort quand même assez ensanglanté… Sans oublier les éventuelles pertes d'urine ou de matière fécale… Ne serez-vous pas dégoûté ? Allez-vous encore la désirer après ?

Nous pensons que si vous en avez envie, allez-y, regardez sans penser à cet éventuel traumatisme.

« POUR RIEN AU MONDE JE NE ME METTRAI AILLEURS LA DEUXIÈME FOIS ! »

« Un père pour la deuxième fois raconte aux autres futurs papas du groupe pères son vécu de la naissance de son premier bébé :

"Je m'étais mis en face au moment de la naissance proprement dite et tout à coup la vision de cette grosse tête de bébé sortant de la minuscule vulve de ma compagne m'a rempli d'émotion. Comment était-elle capable de faire ça ? J'ai été pris d'un élan de tendresse et d'admiration. Pour rien au monde je ne me mettrai ailleurs la deuxième fois !"

Ce qui est son vécu à lui ne sera pas forcément le vôtre mais quand même voici un joli témoignage… »

Vous n'allez pas assister à un accouchement, vous allez participer à la naissance de votre enfant avec la femme que vous aimez. Et ça change tout.

Plus tard, quand elle aura retrouvé son corps, son poids et son désir, vous ne penserez évidemment plus à ce moment précis de la naissance. Promis.

À côté

La sage-femme aura peut-être peur que vous tombiez dans les pommes à la vue de tout ce sang. Ne riez pas ça arrive à beaucoup d'hommes ! D'ailleurs avouez qu'à la simple lecture de ces lignes vous avez déjà des sueurs froides et des vertiges.

Ce sera peut-être de votre plein gré, voire naturellement que vous resterez aux côtés de votre compagne pour lui tenir la main, lui éponger le front ou soutenir ses épaules pendant l'effort.

FILMER, PRENDRE DES PHOTOS… OU PAS !

C'est un moment magique, vous le savez, vous ne vivrez pas dans votre vie d'homme beaucoup d'instants si intenses… C'est pour cela que votre réflexe est de l'immortaliser ! À l'ère du numérique, vous êtes bien aidé par la technologie : plus de film à recharger, plus de cassette à changer, les cartes mémoire peuvent se gonfler à bloc des images de votre bonheur et si vous trouvez votre bébé trop rouge (ou trop bleu) vous pourrez toujours faire des retouches ! Pensez à vos prédécesseurs qui n'avaient pas accès à tout ça…

Vous les plaigniez ? Peut-être avaient-ils de la chance ! Ils n'étaient pas obligés de fournir des images à la société, à leur famille. En revanche, ils avaient tout le loisir d'en imprimer des bien réelles dans leur tête et de se fabriquer de magnifiques souvenirs, parfois plus authentiques qu'un montage photo !

Sans aller jusqu'à l'extrême, car vous seriez triste de ne pas avoir d'images à montrer, n'oubliez pas qu'un œilleton de caméra n'est pas un œil humain. Pensez aussi à votre femme qui n'a peut-être pas très envie d'être prise en photo dans certaines positions ! Bref, profitez de l'instant présent. Des photos vous en ferez plus tard, jusqu'à ne plus savoir qu'en faire d'ailleurs !

Et même, au plus fort de la naissance, on vous demandera peut-être d'aider un peu plus. En tenant une jambe de votre femme, l'auxiliaire de puériculture tenant l'autre, la sage-femme en face de vous trois et tout le monde de pousser ensemble en s'en fichant bien de cette satanée place !

Et pourquoi pas dehors ?

On a tous vu les films ou lu les BD montrant un père faisant les cent pas dans un couloir de maternité, une cigarette à la main qu'on suppose ne pas être la première, attendant avec anxiété que les portes battantes s'ouvrent et qu'on lui annonce « C'est une fille ! » ou « C'est un garçon ! ».

Eh bien maintenant on ne fume plus dans les hôpitaux. Mais on peut toujours squatter les couloirs surtout (et c'est ELLE qui « décide » !) si elle préfère que vous ne soyez pas dans la salle pour la naissance. Elle préfère accoucher avec sa maman ? C'est son droit, mais vous avez votre mot à dire ! Alors parlez-en, ne restez pas sur la touche. Négociez !

« À LA PORTE, LE PÈRE QUI N'OSE DIRE UN MOT… »

« Je suis appelé en salle de travail pour un bébé qui n'arrive pas à sortir. Je trouve une femme au visage crispé sur la table d'accouchement, entourée de deux autres femmes, sa mère et sa sœur. La femme fait depuis quelques heures de vains efforts pour sortir son bébé.

Les deux autres femmes y vont de leurs conseils, abreuvant leur fille et sœur de plus en plus épuisée.

À la porte, le père qui n'ose dire un mot… La situation semble être inextricable, tout comme le bébé.

L'anesthésiste, une féministe militante, forte et convaincante, a soudain un coup de génie : elle demande aux deux femmes de sortir dans le couloir et fait entrer le père.

Quelques instants plus tard, le bébé naît !

À sa sortie de la maternité la femme est venue remercier l'équipe d'avoir permis cette double séparation, avec sa mère et avec son bébé. »

Et si c'est vous qui n'en avez pas envie ? Eh bien c'est la vie ! Expliquez-le tranquillement à votre femme, elle comprendra certainement ou réussira à vous convaincre de rester !

Nous n'avons jamais rencontré un seul homme qui ait regretté d'avoir participé à la naissance de son enfant. Aucun qui ait quitté sa femme parce qu'il n'avait plus eu de désir pour elle. Aucun qui n'ait pas aimé son enfant parce qu'il était rouge (ou bleu ou violet) à la naissance. Et c'est peut-être ça la seule chose à retenir !

Êtes-vous obligé de couper le cordon ?

Le bébé est là depuis quelques instants, on l'a posé sur le ventre de sa maman essoufflée, on l'a couvert de langes chauds, il respire tranquillement (il n'est pas obligé de crier, pas tout de suite...) et on l'a éventuellement même mis au sein.

C'est à ce moment-là qu'on vous proposera sûrement de couper le cordon (dont vous aurez oublié jusqu'à l'existence dans le feu de l'action qui vient d'avoir lieu sous vos yeux). En principe, pour une meilleure oxygénation du bébé, on ne coupe le cordon qu'une fois qu'il a cessé de battre (il est formé de deux artères, on vous le rappelle).

C'est très symbolique, c'est vous qui couperez le lien vital entre l'enfant et sa mère. En un mot, vous vous imposez entre ces deux-là (enfin !) et vous rentrez dans la boucle !

Contrairement à la place à prendre dans la salle de naissance, cette fois la décision de couper ou non le cordon ombilical ne tient qu'à vous.

Non !

Beurk ?

Ça palpite, c'est visqueux, on vous tend un grand ciseau de chirurgien... Cette symbolique de la séparation porte bien son nom, elle n'est que symbole. Donc si on ne le sent pas, on refuse sans culpabilité et sans honte. Si votre femme ne comprend pas, expliquez-lui, c'est très simple, ça tient en deux mots : « Je ne suis pas chirurgien ! » Bon d'accord, cinq mots.

LES ACCOUCHEMENTS BABAS COOL

Dans les années 1970-1980, tout le monde pouvait tout faire ! Les pères assistaient aux consultations, regardaient le col de l'utérus de leur femme. Le médecin leur expliquait comment faire un toucher vaginal pour sentir le raccourcissement du col et le cas échéant décider ou non du départ à la maternité. En salle de naissance, la sage-femme leur montrait comment sortir eux-mêmes leur bébé du ventre de leur femme (une photo existe prise par une femme en train d'accoucher, de son bébé à moitié sorti dans les mains de son père)...

Tout cela est bien fini ! Et ce n'est peut-être pas plus mal !

Il y a d'autres choses plus rigolotes à faire :

- » Accompagner l'aide-soignante à la nurserie pour les premiers soins et la pesée.
- » L'habiller avec le petit pyjama que VOUS aurez choisi.
- » Lui donner un bain, son premier bain.

Les premiers soins

Voilà, il est né. Une fois que le bébé a respiré, on a coupé le cordon ombilical, ce qui va devenir son nombril. On pose délicatement le bébé sur le ventre de sa maman, enveloppé dans une couverture chaude. Puis on note son score d'Apgar (voir encadré) à 1 minute puis à 5 minutes.

Ensuite, pendant la délivrance, le personnel va emmener le bébé pour lui faire quelques soins et une petite toilette. Vous avez le droit d'y assister, et même de refuser certains gestes, même si l'aide-soignante est bourrue ! Voici la liste des soins pratiqués après la naissance :

- » L'aspiration : si le bébé a les bronches encombrées de mucus et de liquide amniotique, il aura besoin d'un peu d'aide pour se dégager les bronches. C'est impressionnant mais rapide et peu douloureux. Certaines maternités pratiquent cette aspiration systématiquement, d'autres en fonction des besoins réels du bébé.

» On lui passera ensuite une petite sonde dans l'œsophage pour vérifier que tout fonctionne.

» Il est d'usage de mettre, dans les yeux de l'enfant, deux gouttes de nitrate d'argent à 1 %. Certains préfèrent utiliser un collyre antibiotique. Ce geste est préventif, afin d'empêcher votre nouveau-né qui n'a pas encore de défenses immunitaires d'attraper une infection à l'œil.

» On donne ensuite quelques gouttes de vitamine K à boire à l'enfant (on évite les piqûres pour ne pas risquer l'hémorragie).

» On vous assistera certainement pour lui donner un premier bain, assez chaud et assez rapide pour ne pas que le bébé prenne froid (la température dans le ventre était à 37 °C, on vous le rappelle). Dans certaines maternités, la mode n'est plus au bain dès la naissance. Il a été démontré que les odeurs avaient une grande importance dans la reconnaissance du nourrisson. Si on les diminue, le petit risque de se sentir perdu…

POURQUOI MET-ON UN BONNET AUX NOUVEAU-NÉS ?

Le bébé en naissant a subi une grande différence de température. S'il fait chaud dans les maternités (pour cette raison d'ailleurs) il ne fait pas 37 °C comme dans le ventre de sa maman ! La température corporelle du nouveau-né doit être maintenue suffisamment haute mais pas trop. C'est la raison pour laquelle il doit être habillé chaudement (pyjama avec pieds et gilet) en ayant soin de bien couvrir sa tête. En effet, la tête du nouveau-né est susceptible de faire perdre un grand nombre de calories (donc beaucoup de chaleur) car sa surface est relativement importante. C'est la raison pour laquelle le bébé, durant un certain temps, portera un bonnet lui permettant de ne pas se refroidir.

Vous pouvez assister à ces soins, en refuser certains, mais réfléchissez bien de façon à ne pas regretter ensuite. Renseignez-vous sur les pratiques de la maternité où vous êtes, discutez-en avant avec votre femme et évaluez les risques ! Bienvenue dans le monde des parents !

COMMENT ÇA SE PASSAIT AVANT ?

La mère devait accoucher dans la douleur et le père attendait dans le couloir. Et le bébé ? C'était une chose. On le sortait sans ménagement, tant pis si les lumières l'éblouissaient. Et s'il ne criait pas tout de suite, on le pendait par les pieds et on le claquait !

Et encore on ne vous parle pas des opérations sans anesthésie et autres atrocités pratiquées sur les nouveau-nés dont on disait qu'ils n'avaient pas de terminaisons nerveuses !

Dans son plaidoyer *Pour une naissance sans violence* (Points, 1974), le docteur Frédéric Leboyer est le premier obstétricien à envisager la naissance du point de vue de l'enfant. Cette charte, appliquée par la plupart des maternités en salle de naissance aujourd'hui, implique que :

» Les lumières soient tamisées et les sons doux.

» L'atmosphère générale soit réconfortante.

» Si l'enfant est rose c'est qu'il va bien, on attend qu'il crie de lui-même.

» On laisse l'enfant se reposer du stress de la naissance sur le ventre de sa mère.

» On clampe le cordon avec une pince et on ne le coupe qu'une fois qu'il a cessé de battre.

» Bref, maintenant on le sait, le bébé est une personne.

LE TEST D'APGAR

Une anesthésiste américaine, Virginia Apgar, a mis au point un système pour évaluer l'état de santé des nouveau-nés à la première minute de vie.

Le score d'Apgar permet, aussitôt après la naissance, mais également après 3, 5, et 10 minutes, de juger l'état de santé du bébé qui vient de naître.

Cette cotation est constituée de cinq éléments, notés sur le carnet de santé du bébé :

- » La fréquence cardiaque, qui ne doit pas descendre au-dessous de 80, se situe normalement au-dessus de 100 battements par minute.
- » Les mouvements respiratoires, dont l'efficacité se traduit par un cri vigoureux, et une respiration régulière.
- » La coloration de la peau qui doit être totalement rose.
- » Le tonus musculaire qui doit être bon : il se traduit par une flexion convenable des membres.
- » Les réactions à la stimulation : l'enfant doit pleurer ou crier à la naissance.

Chaque élément est noté de 0 à 2. Le score d'Apgar convenable se situe généralement entre 8 et 10.

Les naissances plus compliquées

L'épisiotomie

Ce n'est pas un geste vraiment compliqué, c'est une incision qui consiste, si c'est indispensable, à agrandir l'orifice vulvaire d'un petit coup de ciseau. Ce n'est pas douloureux quand c'est pratiqué à bon escient.

Elles étaient, il y a quelques années, pratiquement systématiques, car on pensait que l'épisiotomie éviterait à la femme une déchirure qui pourrait être plus importante et plus inesthétique à la cicatrisation. Mais aujourd'hui elles sont de moins en moins pratiquées, car leur cicatrisation douloureuse a poussé les médecins à évaluer les cas au plus juste.

Vous n'êtes pas obligé de regarder, ni quand elle est pratiquée, ni quand on la recoud (surtout que c'est un peu long).

Les forceps

À lui seul, le mot fait peur !

C'est quoi ? Deux grands chausse-pieds que l'on glisse de chaque côté de la tête du bébé quand il tarde un peu à s'extraire et commence à se fatiguer ou à fatiguer sa maman.

Si vous avez l'occasion d'en voir avant, c'est bien, comme ça vous ne ferez pas une tête de dix mètres de long si votre femme en a besoin le jour J. Vous pouvez demander à la sage-femme au cours de préparation de vous en montrer par exemple.

Leur mauvaise réputation vient du fait qu'au siècle dernier quand la césarienne n'existait pas encore, c'était le seul moyen de sauver l'enfant et qu'ils étaient donc souvent utilisés dans des conditions acrobatiques et parfois assez catastrophiques. C'était le seul moyen de sortir le bébé en laissant la mère vivante !

Par ailleurs, on extrayait le bébé depuis très haut dans le bassin, les lésions oculaires et cérébrales étaient donc fréquentes. De nos jours, quand le bébé ne descend pas, on pratique une césarienne. Tous les forceps pratiqués de nos jours sont vécus comme un soulagement !

Pour plus de sécurité, on risque de pratiquer une épisiotomie préventive à votre femme en cas de forceps. Il en va de même pour ses cousines, les ventouses et les spatules (voir encadré) auxquelles les obstétriciens ont parfois recours pour aider un bébé à naître.

Ensuite, sous péridurale ou anesthésie locale, le médecin repère bien la tête du bébé, afin de l'orienter si besoin est, il place les forceps de chaque côté et il tire doucement le bébé vers l'extérieur.

Peut-être que vous sortirez ou qu'on vous demandera de le faire mais souvenez-vous : l'imagination est bien pire que la réalité !

FORCEPS, SPATULES ET AUTRES VENTOUSES

- Le forceps Tarnier qui est constitué de deux grands chausse-pieds articulés en métal et son homologue à branches parallèles, le Suzor, sont les plus courants.
- Les spatules : c'est exactement la même chose, mais les deux parties de l'outil sont indépendantes.
- La ventouse enfin (qui a eu longtemps la mauvaise réputation de faire des hématomes), si elle est correctement utilisée par un professionnel (les sages-femmes ne sont pas habilitées à faire ce geste), permet de terminer l'accouchement vite et bien.

Chaque obstétricien choisit en fait le modèle avec lequel il est le plus expérimenté et donc le plus à l'aise.

La césarienne

On ne sait précisément d'où vient le nom... de Jules César qui serait né comme ça ? Probablement pas. Plutôt du mot latin *cesar* qui veut dire couper.

Si l'on en propose une à votre femme c'est qu'on ne peut pas faire autrement.

Parfois elle sera prévue d'avance :

- Dans le cas d'une présentation par le siège et d'un bassin un peu trop étroit.
- Dans le cas d'une pathologie nécessitant une extraction urgente (par exemple une grande prématurité avec difficulté respiratoire prévisible de l'enfant).

Mais le plus souvent elle est décidée sur le moment quand :

- Le travail n'avance pas, ou trop lentement.
- Le bébé se fatigue, son rythme cardiaque est inquiétant.
- La maman montre aussi des signes de fatigue (elle aura du mal à pousser).

À ce moment-là, direction le bloc opératoire car la césarienne est une intervention chirurgicale. En principe vous serez exclu de cette intervention.

Vous n'êtes d'aucune aide au bloc opératoire mais vous avez un grand rôle à jouer auprès de votre femme qui risque de ne pas très bien vivre votre décision. Rassurez-la, déculpabilisez-la et dites-lui qu'elle est la meilleure ! Dites-lui aussi qu'il vaut mieux avoir un bébé en bonne santé par césarienne, que mal en point après une expulsion laborieuse.

Seules quelques maternités en France permettent la présence du père lors d'une césarienne, renseignez-vous. Dans ces endroits-là, vous pourrez ainsi, dans une tenue stérile, rester à côté de l'anesthésiste près du visage de votre femme et prendre votre bébé dès sa sortie.

L'opération se pratique généralement sous péridurale et dure environ une demi-heure. On ouvre la peau, le muscle puis l'utérus, on sort le bébé et on recoud ! Rapide, non ?

COMMENT UN OBSTÉTRICIEN A DÉCOUVERT L'ASEPSIE

C'est le docteur Semelweiss, un Autrichien, qui a découvert une méthode préventive pour prévenir les infections : l'asepsie. Il avait constaté que les accouchées avaient des problèmes après avoir été accouchées par un médecin, mais jamais si c'était une sage-femme qui les avait prises en charge. À l'époque, les médecins n'avaient pas tout à fait les mêmes règles d'hygiène, dirons-nous. Et le bon docteur s'est aperçu que les médecins pratiquaient des autopsies parfois juste avant d'accoucher les femmes, sans se laver les mains... Les femmes avaient donc beaucoup d'infections. Il en a fait part à la Faculté de médecine, qui lui a ri au nez. Il en est mort après être devenu fou !

Conclusion : dans une salle de naissance, plus que la blouse ou les surchaussures, ce qui est le plus important c'est de se laver les mains !

« UN PAPA BRICOLEUR »

« J'ai vu un jour un papa bricoleur qui avait construit un petit miroir orientable qu'il avait apporté en salle d'opération pour permettre à sa femme d'assister à la sortie de son bébé ! Ce n'était plus une opération césarienne mais une naissance par césarienne... »

La délivrance artificielle

Le placenta a l'allure d'un gâteau sanguinolent (il est formé d'un amas de veines et d'artères) accolé à la paroi utérine. Il permet les échanges d'oxygène, de vitamines, d'anticorps et de déchets entre la mère et l'enfant via le cordon ombilical.

Il sort normalement dans le quart d'heure qui suit la naissance, grâce à quelques contractions, et c'est la fameuse délivrance.

Si jamais il ne sort pas, il faut aller le chercher car sinon l'utérus ne peut pas se rétracter et le saignement ne s'arrêterait pas.

Nous vous avons conseillé la plupart du temps de rester auprès de votre femme, de l'épauler et de la soutenir. Mais là, nous vous conseillons vivement d'aller plutôt prendre l'air ! Mais nous ne boudons pas notre plaisir à vous raconter ce que vous allez rater... : le médecin enfile un joli gant de soirée en latex et va chercher au fond de l'utérus (au fond de votre femme donc) ce bon gros placenta.

Alors qu'elle ne sentira rien sous l'effet de l'anesthésie, vous risquez, vous, d'être vraiment dégoûté par cette vision. On a vu des pères se trouver carrément mal !

Cela dit, cela ne dure que quelques minutes au cours desquelles il sera tout à fait à propos de vous occuper des habits de votre bébé, que nous espérons que vous n'avez pas oubliés dans la précipitation !

Les naissances gémellaires

Ces naissances sont souvent programmées, et ce avant les 41 semaines fatidiques car les jumeaux sont mûrs plus précocement. On convoquera donc votre femme vers 38/39 semaines pour déclencher l'accouchement. Cela se produira dans la maternité que vous aurez choisie et tout le monde sera là : sage-femme, obstétricien, anesthésiste et vous bien sûr.

Les faux jumeaux nés de deux ovules différents sont chacun dans un sac amniotique séparé et les naissances se succèdent plus ou moins rapidement comme une naissance unique.

Un bémol. Si des vrais jumeaux se présentent tête-bêche et face à face dans un seul sac (l'un devra naître par le siège et l'autre par la tête), une césarienne sera décidée pour éviter un accrochage des mentons.

Si vous êtes roi apprenez que c'est le deuxième à naître qui héritera de la couronne et pas le premier ! On considère que c'est celui qui naît en deuxième qui est le plus anciennement conçu (à quelques instants près).

Vous restez seuls tous les trois

C'est un des meilleurs moments de la nouvelle vie des jeunes parents !

La douleur est derrière vous, enfin derrière elle. La partie médicale est réglée. L'enfant et sa maman vont bien, vous aussi. Vous êtes tous les deux si amoureux, si fiers d'avoir fabriqué cet enfant ensemble, de l'avoir mis au monde. Vous trouvez votre femme magnifique, apaisée et votre enfant est le plus beau du monde.

On reprend ses esprits, on fait connaissance, on s'émerveille. Il n'est pas rare que les larmes viennent... L'émotion n'est pas loin.

À quoi il ressemble ce bébé ?

Les nourrissons ont une physionomie assez semblable : énorme tête, grand buste, minuscules bras et jambes.

Certains ont la tête un peu déformée par l'accouchement (le passage est fin, la tête s'allonge pour prendre moins de place). La forme du crâne souple du bébé redeviendra vite normale et bien ronde.

Il est moche, rouge, jaune, poilu, chevelu, velu, brun, chauve ? Ne soyez pas inquiet si vous le trouvez un peu vilain… Ça va évoluer. Dans une heure, dans deux jours, dans un mois, il n'aura pas la même tête !

Prendre son enfant et le montrer à la société

Encore un geste symbolique : prendre SON enfant dans ses bras ! Elle, il est sorti de son ventre, on sait que c'est le sien… mais vous ?

Un phénomène assez étrange se produit à ce moment-là. En général, c'est la maman qui garde son bébé contre elle tandis que le papa peut l'observer à loisir. La maman sent mais ne voit pas, le papa voit mais ne sent pas… Pensez à inverser les rôles. Prenez gentiment et sans complexe le bébé des bras de votre compagne et montrez-le-lui ! Si ce geste ne vient pas d'elle, ça ne veut pas dire qu'il lui est désagréable. Au contraire, elle a fait de vous un papa et elle aimera beaucoup voir votre enfant dans vos bras.

Le peau à peau

Depuis quelques années, on a constaté que cette méthode qui consiste à mettre l'enfant nu sur la poitrine nue du papa (ou de la maman) permet de favoriser le lien père-enfant. Le toucher est essentiel dans les premiers mois de la vie de bébé, et encore plus les premiers jours. Le toucher stimule la prise de poids, permet à l'enfant de réduire son angoisse puisqu'il n'est plus contenu et se retrouve dans le vide, dans un monde froid. Ce *peau à peau* favorise le développement du capital confiance, tant pour le bébé que pour son papa. Et c'est là aussi une sacrée source d'émotions !

S'il est sur sa maman, vous verrez que grâce à un réflexe de fouissement, il peut carrément ramper jusqu'à son sein et parvenir à téter !

FIGURE 9-1 : Peau à peau

L'appeler par son prénom

Si vous avez déjà décidé de son prénom c'est le moment de le lui dire ! Si ce n'est pas encore le cas, c'est un bon moment pour en parler tranquillement. Mais pas d'urgence, vous avez trois jours pour déclarer la naissance de votre enfant !

Dans les grands hôpitaux, c'est un employé de la mairie qui viendra à vous pour recueillir votre déclaration de naissance, dans les plus petits établissements vous devrez vous rendre à la mairie.

Il vous faudra aussi décider quel nom de famille vous allez lui donner (voir chapitre 7).

Annoncer la bonne nouvelle

Malgré les interdictions, c'est pour beaucoup le moment d'envoyer le fameux SMS qui annonce à vos proches la naissance du bébé.

Peut-être avez-vous déjà réfléchi avec votre compagne au texte qu'il contiendra. Peut-être pas. Consultez-la dans ce cas avant d'appuyer sur le bouton OK ! C'est votre première communication en tant que parents, ne la loupez pas.

Un peu comme un rôti, les gens adorent comparer au gramme près votre bébé avec les autres. Ils ont coutume de vouloir connaître diverses informations concernant le nouveau-né :

» Sa taille

» Son poids

» L'heure très précise de sa naissance

» L'état de sa maman

Vous pouvez rajouter une blague ou un bon mot, et grâce aux techniques actuelles, une photo. Mais si vous ne faites pas figurer les informations capitales que nous venons de citer, attendez-vous à une déferlante de coups de fil qui n'auront d'autre objet que de connaître la taille ou le poids du bébé.

Si vous avez envie de garder encore un peu la nouvelle pour vous et que personne ne vous sait à la maternité, libre à vous ! Il sera toujours temps d'envoyer un mail, plus tard.

Chapitre 10

Le séjour à la maternité

DANS CE CHAPITRE :

- **Comment gérer les visiteurs plus ou moins bienvenus**
- **Une vague d'émotion vous transporte et la maison est vide**
- **Si vous avez un prématuré**

C'est une parenthèse, une aventure intermédiaire que ce séjour à la maternité ! Plus tout à fait la grossesse mais pas tout à fait le retour à la maison.

Vous allez passer du temps là-bas, mais pas autant que votre femme et son bébé (oui son bébé avec lequel elle ne forme encore qu'un !). Vous ne vivrez donc pas les mêmes choses. Mais vous aurez une place à part.

Vous n'êtes ni l'accouchée (qui a mal, qui saigne...) ni le médecin bienveillant ou la sage-femme attentionnée qui restent malgré tout extérieurs au phénomène. Vous êtes à cette place extraordinaire, une pierre angulaire.

Si tout va bien votre compagne restera trois, quatre, maximum cinq jours à la maternité. Une semaine si elle a eu une césarienne ou si le bébé a une jaunisse à surveiller... C'est court, mais les journées sont longues !

Les visites : à li-mi-ter !

Visites ou pas visites ? Telle est la question ! Évidemment vous n'avez qu'une envie c'est de montrer votre merveille à la terre entière, au moindre cousin, à la moindre Tatie ! Évidemment tout votre entourage bout d'impatience à l'idée de venir embrasser votre bébé tout neuf et de le couvrir de cadeaux !

Mais… si vous ne faites pas un minimum attention, toutes ces belles intentions peuvent très vite se transformer en un véritable cauchemar, surtout pour votre femme ! C'est vous qui pouvez sentir cela…

Le bébé est vraiment petit

Eh oui même le vôtre, cet être parfait, ce beau bébé… Un nourrisson qui vient de naître est fatigué, il a besoin de calme et de repos. Il a besoin aussi de rencontrer ses parents, tranquillement. De plus, il n'a encore aucune défense immunitaire, même s'il est allaité ! Il n'a pas besoin dès les premières heures de sa vie de se faire pincer les joues par les copines hystériques de votre femme ni de rencontrer immédiatement son petit cousin de 6 ans qui a tout le temps le nez plein de morve. D'ailleurs les visites sont interdites aux enfants de moins de 15 ans (sauf fratrie) dans la plupart des maternités françaises.

Votre femme est fatiguée

N'oubliez pas que c'est elle qui est en pyjama dans un lit d'hôpital, qu'elle est très fatiguée puisque c'est elle qui – en plus d'avoir accouché – ne dort pas depuis la naissance, et éventuellement allaite (avec les difficultés et les douleurs que ça peut comporter au début).

Par ailleurs, il vous faut savoir qu'une femme qui vient d'accoucher saigne beaucoup, ce qui n'est ni agréable, ni élégant, ni reposant ; et qu'une femme qui vient d'accoucher a une brutale baisse d'hormones quelques jours après, ce qui peut lui procurer un joli baby blues (voir chapitre 11). Bref, ambiance « ragnagnagna » multiplié par mille… Donc allez-y mollo sur les visites !

Et si elle a eu une césarienne, c'est encore pire.

Comment gérer toutes les demandes ?

Attention, gérer les visites c'est un travail à plein-temps dans certaines grandes familles !

Demandez d'abord à votre épouse ce qui lui convient. C'est une grande fille, elle est capable de dire qui elle a envie de recevoir, quand elle veut se reposer ou ce qu'elle a envie (ou besoin) qu'on lui apporte, etc.

Si vous sentez qu'elle en fait trop, calmez le jeu ! Forcez-la à se ménager. Il n'y a que vous qui pourrez le sentir et agir en conséquence.

Pour éviter des coups de fil à n'en plus finir, n'oubliez pas de préciser aux futurs visiteurs le numéro de la chambre et éventuellement de leur indiquer le chemin (certains hôpitaux sont de véritables labyrinthes). Vous pouvez aussi écrire un SMS type avec toutes ces informations que vous enverrez à la demande.

Et surtout surtout n'ayez aucune gêne à être directif avec les visiteurs, même avec sa mère ! Indiquez-leur à quelle heure ils sont les bienvenus et combien de temps. Ils ne le prendront pas mal. Et pour ceux que votre épouse n'a pas envie de voir, ou pas tout de suite, il sera toujours temps, plus tard, à la maison, de leur présenter le petit. D'ici là envoyez-leur une photo, ils seront ravis !

Les cadeaux de naissance

Les gens vont vous demander parfois ce dont vous avez envie et/ou besoin pour l'enfant. Parlez-en avant à votre compagne (parfois elle aura une meilleure vision d'ensemble !) et décidez ensemble de la réponse à donner. Nous vous rappelons que dans la plupart des maternités les fleurs sont interdites pour des raisons d'hygiène. Les gens ne le savent pas forcément, dites-le. Et pour ce qui est des habits de bébé, pensez à suggérer à ceux qui voudraient en offrir à votre bébé de ne pas acheter des tailles naissance ou 1 mois qui seront rapidement trop petites. Les bébés grandissent vite et tout le monde va se ruer sur les petites tailles ! Du 3 mois ou du 6 mois sera plus judicieux (du coup il faut faire attention à la saison !).

LE TRADITIONNEL CADEAU DE NAISSANCE À LA MAMAN

C'est la coutume ! Le papa offre à la maman un cadeau à la naissance. Une bague avec une petite pierre est le cadeau de naissance de circonstance. Le papa remercie la maman d'avoir porté durant neuf mois le plus beau cadeau de la vie. À chaque naissance, on remet ça : un nouveau cadeau de naissance vient agrémenter le présentoir à bijoux de maman. Pour fêter comme il se doit chaque bel événement, le papa prendra soin de faire graver à l'intérieur de l'anneau le prénom et la date de naissance de bébé. Il lui remettra ce symbolique cadeau de naissance à la sortie de la maternité.

Bon mais en vrai vous n'êtes pas obligé. Vous pouvez aussi lui offrir autre chose ou rien du tout. Pensez juste qu'elle attend peut-être un petit quelque chose, même inconsciemment...

Conclusion, on réserve les visites aux proches, aux très proches. On leur demande de se laver les mains avant de toucher le bébé, qu'on ne passe pas de bras en bras et on les vire au bout d'un quart d'heure !

Dormir là-bas ou pas

C'est possible

Mais pas dans le même lit !

Dans certains établissements, plutôt privés, il est possible que le papa puisse à sa demande passer une ou deux nuits (et même plus) auprès de sa femme et de son bébé. Dans le cas d'une césarienne, l'équipe pourra même le proposer.

Attention toutefois au confort, parfois votre « lit » risque d'être juste le fauteuil des visiteurs qui se trouve dans la chambre.

Un tarif particulier sera appliqué à votre séjour, demandez-en les conditions.

Ce qu'on en pense

Pour vous, c'est une bonne chose de pouvoir se rendre compte dès le début de ce que sont les nuits d'un nouveau-né ! Votre femme se sentira sans doute plus sereine de vous savoir à ses côtés pour les premiers temps. Si elle a eu une césarienne, elle aura vraiment besoin d'aide au début parce qu'elle aura du mal à se lever pour aller chercher le bébé. Et si votre bébé est né à trois heures du matin, on comprend que vous ayez envie de rester. Mais...

Ce n'est pas la vraie vie ! La vraie vie, ce n'est pas d'être tous les deux, les yeux rivés sur votre bébé à vous demander s'il a faim ou soif ou froid ou sommeil. La vraie vie pour la maman, c'est, si elle allaite, d'apprendre à connaître empiriquement son bébé, donc de se faire confiance et d'être autonome. La vraie vie pour vous, c'est que demain, après-demain quand vous allez repartir travailler, vous aurez besoin de dormir la nuit et c'est elle qui se lèvera de toute façon !

Donc autant se mettre tout de suite en condition ! Rien ne vous empêche en revanche de passer la journée avec eux, ce qui vous permettra de donner le bain, d'apprendre ensemble à faire les soins du cordon ou à changer une couche avec les auxiliaires de puériculture de la maternité, et de vous occuper tout seul de votre bébé pendant que votre femme se reposera.

C'est vous l'intendant en chef

Vous allez vite vous rendre compte qu'une grande partie de votre temps pendant le séjour à la maternité de votre femme consiste à gérer l'intendance ! En plus des visites à organiser, à coups de téléphone et de SMS à tire-larigot, votre femme, par la force des choses, va vous charger de différentes tâches, à un rythme assez soutenu. À peu près une par minute. Ça peut facilement ressembler à ça dès le matin (après une soirée bien arrosée avec les copains la veille, il fallait bien fêter ça !) :

» **08 h 30** : Votre femme vous appelle en panique : le petit a régurgité partout, il n'a plus un body propre. Il faut que vous lui apportiez des bodys (ou des pyjamas, ou des langes...) dare-dare à la maternité. Vous demandez si c'est urgent car vous n'avez pas encore bu votre café, elle vous répond en hurlant bien sûr que oui ! Votre instinct vous dicte de ne pas lui parler de votre gueule de bois.

» **08 h 35** : Elle vous rappelle et vous demande de lui acheter des gâteaux, la nourriture de l'hôpital est vraiment trop mauvaise ! Vous demandez lesquels, elle vous répond que vous savez ceux qu'elle aime. Vous n'osez pas lui dire que non justement vous ne savez plus trop.

» **08 h 52** : Elle rappelle pendant que vous êtes sous la douche. Trois fois. Elle finit par laisser un message, elle veut savoir quand vous comptez arriver.

» **09 h 14** : Vous partez de chez vous et la rappelez en route pour la rassurer. Elle vous donne de nouvelles instructions.

» **09 h 20** : En chemin, vous passez à la pharmacie pour lui trouver une crème pour les mamelons qui ne soit pas toxique pour le bébé, elle a oublié la marque, mais vous demandez à la pharmacienne, tout rouge... Elle vous déleste de 20 euros au passage !

» **09 h 26** : En sortant de la pharmacie, vous réalisez que vous avez oublié de lancer une machine des affaires sales du bébé pour en avoir des propres rapidement. Vous hésitez à retourner chez vous mais après avoir vu l'heure vous vous dites qu'il est trop tard.

» **09 h 44** : Vous sortez du supermarché avec plusieurs paquets de gâteaux différents, elle vous rappelle. Elle a oublié de vous demander de prendre de l'eau minérale.

» **09 h 46** : Vous retournez au supermarché prendre de l'eau.

» **10 h 02** : Vous arrivez enfin à la maternité, chargé comme un baudet, mais il n'y a personne dans la chambre. Une aide-soignante vous informe que votre bébé et sa maman sont certainement à la nurserie pour le bain. Elle vous y accompagne.

» **10 h 06** : Vous retrouvez votre femme, fatiguée mais magnifique en train de baigner votre enfant, encore plus beau que la veille au soir. Vous avez les larmes aux yeux. Elle vous voit et vous demande si vous avez été à la mairie… La mairie ? Merde la mairie, c'est vrai qu'il faut déclarer la naissance à la mairie. Vous réalisez avec effroi que vous avez oublié tous les papiers sur la table de la salle à manger. Il faut que vous repassiez chez vous. Ce n'est pas grave, vous en profiterez pour mettre la machine à laver en route !

Glamour hein ? Eh oui, c'est aussi ça la vie d'un jeune papa ! Allez, une aspirine et c'est reparti…

Vous rentrez chez vous tout seul

Maison froide, frigo vide

C'est un moment particulier que le séjour de votre femme à la maternité. Après avoir vécu avec elle et votre enfant des moments si forts, des journées si intenses, vous voilà le soir tout seul, sans femme et sans bébé dans un appartement tout vide.

Hé vous n'êtes pas puni ! On ne vous conseille pas de chercher le numéro d'une ex dans votre carnet d'adresses mais tout de même ! Sortez, allez boire des coups avec vos copains si vous en avez envie. Ils sont là aussi pour partager avec vous cette somme d'émotions.

Le frigo est vide ? Commandez une pizza ou des sushis ! Lâchez-vous ! Dans deux jours, elle revient avec le bébé et ce sera le branle-bas de combat… Soufflez, c'est le moment.

Vous pleurez : papa blues

On ne le dit pas assez, mais nous on le sait : émotionnellement c'est aussi dur pour vous ! Si vous cherchez à rester seul le moins possible c'est aussi parce que vous avez le blues. Ce n'est pas de la tristesse, c'est juste une sorte de mélancolie qui vous étreint. Parfois même vous avez envie de pleurer, oui vous ! Ça vous déroute justement au moment où vous devenez père de vous sentir comme un bébé au bord des larmes ? Pourtant, c'est normal et ce n'est pas grave. Laissez-vous aller, parlez-en sans honte si vous en avez envie. Retournez au groupe pères pourquoi pas. Mais ne vous inquiétez pas, devenir papa, c'est un vrai bouleversement, il est donc normal que vous le sentiez en vous.

Accordez-vous le droit pendant quelques heures de redevenir un petit garçon et d'aller vous faire chouchouter par vos parents. Le temps d'un repas, le temps d'une soirée, vous ne serez pas encore ce papa plein de responsabilités et de devoirs (et d'amour ne l'oublions pas !).

Si votre bébé est né trop tôt

Pour une raison ou pour une autre votre bébé est né trop tôt. Vous n'êtes pas prêt, lui non plus. Il est si petit qu'il fait un peu peur, que vous n'osez même pas le toucher. Vous ne savez pas s'il va survivre…

Il faut lui transmettre le lait de sa maman

Il est parti, juste après la naissance, loin de sa mère dans un centre spécialisé.

Ces centres de plus en plus nombreux en France, situés au sein de grands hôpitaux sont des services de néonatalité. Les équipes y sont formées spécifiquement à l'accueil et au soin des bébés nés trop tôt… et de leurs parents, inquiets, tristes, désarçonnés.

On vous conseille d'aller le voir, de lui apporter le lait de sa mère, qu'elle aura tiré. C'est vital pour lui ! Alors faites-le.

Les visites à la couveuse

On comprend votre difficulté, votre solitude dans ces instants. Mais rassurez-vous, le personnel de ces centres est vraiment très bien formé. Ils savent que c'est dur et feront tout pour vous aider : accueil chaleureux, nouvelles régulières, conseils, aide à mettre la tenue stérile de rigueur. Ils vont vous accompagner pas à pas pour vous apprendre à toucher cette petite crevette toute rouge avec des tuyaux partout et qui semble si fragile.

Une relation privilégiée

Faites-lui confiance à votre bébé prématuré, il n'est pas si fragile qu'il en a l'air. Dans le ventre de sa mère, il entendait votre voix, parlez-lui, chantez-lui des chansons – mais si, vous allez bien vous souvenir de quelque chose ! –, caressez-le... Bientôt vous pourrez le prendre dans vos bras, il ouvrira les yeux et vous regardera. On sait aujourd'hui que les bébés prématurés (comme nous tous !) sont extrêmement sensibles à l'amour et à l'affection qu'on leur porte et que c'est cela qui les aide à s'en sortir.

Son séjour dans le centre ira de quelques jours à quelques mois. C'est parfois long, mais ne vous découragez pas, il va faire des progrès très rapides et vous serez de plus en plus impatients de le recevoir à la maison. Où tout sera prêt cette fois !

« UNE ÉPOUVANTABLE CHANSON DE SALLE DE GARDE »

« Un couple d'amis médecins a donné naissance à des jumeaux prématurés : un garçon et une fille. Les bébés vont bien mais, n'étant pas nés à terme, ils sont trop petits. Ils sont donc transférés dès la naissance dans un centre pour prématurés. Le papa va voir ses enfants et le personnel lui conseille de leur chanter doucement des chansons. Mais le père reste silencieux. Embarrassé et timide, il avoue se trouver dans l'incapacité de se souvenir de la moindre chanson. Encouragé par le personnel, après quelques minutes de concentration, il finit enfin par entonner l'air d'une épouvantable chanson de salle de garde, vulgaire à souhait... que les enfants ont beaucoup appréciée ! »

La circoncision

LA CIRCONCISION À TRAVERS LES CULTURES

» Chez les juifs, la circoncision signifie un pacte d'alliance avec Dieu, elle est obligatoire et doit être impérativement pratiquée le 8e jour après la naissance du petit garçon. Le prépuce doit être enlevé dans sa totalité par un rabbin, sans anesthésie.

» Chez les musulmans, c'est un acte religieux mais elle n'est pas mentionnée dans le Coran, s'apparentant plutôt à une mesure d'hygiène. Elle peut être pratiquée par n'importe qui et à n'importe quel âge de la naissance à la puberté.

» Chez les chrétiens, elle existait aussi mais la circoncision a été abandonnée pour faciliter la conversion des Grecs au christianisme. La circoncision représentait une purification par le sang. Elle a été remplacée par une purification par l'eau : le baptême.

» Pour des raisons hygiéniques, certaines cultures préfèrent faire circoncire leurs petits garçons, c'est le cas en Amérique. Dans ce cas la circoncision se fait à l'hôpital, sous anesthésie.

Vous êtes juif ou musulman et votre compagne ne l'est pas ? Pour vous il est évident que votre enfant pour s'inscrire dans la lignée familiale doit être circoncis ? Évident aussi que votre fils doit avoir le même sexe que vous ? Or pour votre femme, il est hors de question qu'on « mutile » son petit ?

Elle est juive ou musulmane et vous ne l'êtes pas ? Elle n'imagine pas que son fils n'ait pas le même aspect que les hommes de sa famille ? Pour elle il serait comme un étranger…

Discutez-en, avant la naissance de préférence. La chambre à la maternité avec les deux belles-mères qui se regardent en chiens de faïence n'est pas le meilleur lieu pour en débattre.

Surtout, résistez à la pression familiale, prenez votre décision à deux. Vos familles finiront bien par comprendre votre choix. Et souvenez-vous : il n'y a que les imbéciles qui ne changent pas d'avis !

« VOUS ÊTES FOUS, IL FAUT QU'IL SOIT COMME SON FRÈRE ! »

« Je reçois un couple, lui juif et elle catholique, qui viennent d'avoir leur premier garçon. Ils veulent me poser des questions sur la circoncision. Après en avoir discuté longuement, dans un souci d'œcuménisme et de tolérance, ils décident de faire circoncire le bébé par un chirurgien, sans cérémonie religieuse et de le faire baptiser à l'église.

Quelques années plus tard, naît un deuxième garçon. Se repose naturellement la question de la circoncision et du baptême catholique. Les deux parents ayant pris confiance en eux et n'étant eux-mêmes pas croyants décident cette fois de ne rien faire ! Mais un psychanalyste de leur entourage le leur reproche violemment : "Vous êtes fous, il faut qu'il soit comme son père et comme son frère !" C'est comme si une autre religion venait d'entrer en ligne de compte ! Malgré tout, la décision du couple fut inébranlable. Depuis, personne n'est devenu fou, et tout le monde va très bien ! »

4

De la naissance à 1 an, le bébé est là… et bien là !

DANS CETTE PARTIE . . .

Tout ça est bien réel. Vous n'êtes pas dans une pièce de théâtre ! Votre femme n'est plus enceinte. Et c'est bien vous qui la conduisez avec votre enfant à la maison à leur sortie de la maternité. Tout le monde est en bonne santé, épuisé mais heureux ! Et vous voilà trois pour franchir le seuil de chez vous que vous aviez quitté à deux seulement quelques jours auparavant.

Ce sont vos premiers moments de papa dans la « vraie vie » ! À savourer sans modération. Vous prendrez peut-être votre congé paternité à ce moment-là, pour pouvoir épauler votre compagne dans ces premiers jours à la maison.

Nuits courtes, pleurs, horaires décalés, listes de courses à n'en plus finir, biberons, tétines et tout ce qui fait le quotidien de votre bébé dans les premiers jours, c'est ça votre nouvelle vie !

Chapitre 11

N'oubliez pas les fleurs, ou le retour à la maison

DANS CE CHAPITRE :

- **Ça s'organise !**
- **Il n'y a pas que l'intendance…**
- **Vous avez juste sommeil**

Après quelques jours passés dans l'ambiance surchauffée et protectrice de la maternité, votre femme et votre bébé vont débarquer en fin de matinée à la maison. Vous allez les chercher, bourrer le coffre de la voiture avec les valises et le couffin, tester le siège auto et ses galères d'installation, avoir la peur de votre vie en conduisant cette si précieuse cargaison et vous retrouver en un rien de temps en bas de chez vous, avec votre famille toute neuve. *Welcome home !*

Le père magasinier

Vous avez tout prévu pour le retour à la maison de votre compagne et du bébé (voir encadré « La liste des choses à avoir acheté », chapitre 7), il faut dire que vous avez eu des instructions de la maternité ! Les placards sont pleins de conserves, de pâtes, de riz. Vous avez même poussé jusqu'à acheter des légumes et des fruits frais ! Vous allez pouvoir mener un véritable siège…

Pour le petit il y a des couches (attention de ne pas en acheter trop à l'avance, au début ils grossissent et grandissent vite). Vous avez rangé les petits habits dans l'armoire et en voilà encore plein la valise de votre femme qui revient de la maternité, vive les cadeaux !

Avez-vous pensé à un biberon ? On ne sait jamais, même si elle allaite, ça peut toujours être utile. En cas d'engorgement par exemple, si le sein est « bouché » ou de crevasses (si le mamelon est très irrité et douloureux), votre compagne pourra tirer son lait à l'aide d'un tire-lait et le donner dans un biberon.

Vous avez briqué la maison, viré vos vieux caleçons et vos chaussettes de la semaine où vous étiez tout seul (peinard ?) à la maison. Et bien sûr, un bouquet de fleurs trône sur la table !

Bon, on a peut-être un peu exagéré, mais franchement, pensez à tout ça si vous pouvez. Votre chérie va revenir épuisée de la maternité, en plein baby blues, en pleine montée de lait et elle attendra beaucoup de vous qui soi-disant n'avez rien fait de la semaine. C'est oublier que vous avez sans doute travaillé, terminé la chambre du bébé, fait cent mille allers-retours entre la pharmacie et la maternité. Et puis vous aussi vous avez eu un bébé, et mine de rien, ça crève !

La soulager des tâches ménagères

Ce n'est pas parce que vous avez accueilli votre nouvelle petite famille dans une maison parfaite qu'elle va le rester toute seule... Et un des trucs les plus fatigants quand on vient d'avoir un bébé c'est quand même d'entretenir une maison ! En plus quand on a un bébé accroché au sein toute la journée (et toute la nuit...), se balader au supermarché n'est pas vraiment des plus pratique. Passer l'aspirateur non plus d'ailleurs. Donc vous allez devoir soulager votre compagne et lui alléger la tâche. Parce que même si elle le voulait, elle ne pourrait pas tout faire. Déjà prendre une douche, ça va lui être compliqué. Si si, vous verrez !

Prendre des initiatives

Règle numéro un : n'attendez pas les ordres ! N'ayez pas peur de prendre des initiatives. Au contraire. Votre compagne vous sera reconnaissante de prendre le bébé pour le changer sans avoir à vous le demander.

Oui, vous pouvez, vous devez vous occuper aussi de votre bébé. Le laver, le changer. Même si vous ne le nourrissez pas. Votre enfant a autant besoin de contact, de jeu, de paroles que de lait. On entend souvent dire que les hommes ne sauraient pas y faire avec les bébés, qu'ils ne seraient pas « formatés » pour ça. Certes, ils savent défendre le foyer et rapporter l'argent du ménage mais ils se sentent patauds avec un petit bout de chou dans leurs grosses mains… C'est vite dit.

Faites mentir les clichés ! Foncez, essayez, les femmes n'ont pas plus que vous le mode d'emploi. Elles ont juste plus confiance en elles sur ce terrain !

Gardez à l'esprit que prendre des initiatives ce n'est pas forcément faire du zèle… Vérifier que le bac à linge sale ne déborde pas, que le frigo ne crie pas famine ou proposer à votre femme d'inviter votre belle-mère (elle n'ose peut-être pas vous l'imposer…), tout ça n'est pas superflu. Alors prenez les devants !

NE PAS OUBLIER LES PETITES ATTENTIONS

On le répète, votre chérie traverse une période difficile sur tous les plans, émotionnel et physique. Faites-lui plaisir ! Voilà quelques petites idées pour y parvenir. Ça prend deux secondes et ça ne coûte pas plus cher de :

- Lui apporter le petit déjeuner au lit.
- Lui acheter quelques journaux (plutôt des trucs légers à lire, ses neurones sont au ralenti !) en rentrant le soir du travail.
- Lui acheter des fleurs.
- Lui dire qu'elle est jolie.
- La prendre dans vos bras.
- Lui demander ce qui lui ferait plaisir pour le dîner… et faire le dîner !
- Encore mieux, faire le dîner sans rien lui demander !

Toutefois, certaines femmes trouvent, au contraire, agaçantes (on a même entendu que ce n'était pas « bandant » !) toutes ces attentions qui sortent de l'ordinaire et s'en sentent presque diminuées. Alors toute règle ayant ses exceptions, essayez surtout de sentir subtilement ce qu'elle désire et surtout ne faites pas la « maman ».

Marcel Rufo dans son livre *Chacun cherche son père* (op. cit.) nous explique pourquoi : « Pour ma part je persiste à penser que pour faire et élever un enfant on n'a encore rien trouvé de mieux qu'un père et une mère ou plus exactement, une personne qui exerce la fonction maternelle et une autre la fonction paternelle, ces deux fonctions ne pouvant se confondre. La première apporte les soins de base, la proximité, la continuité, quelque chose qui a à voir avec la contenance et la spatialité ; la seconde, plus intermittente, plus à distance, apporte davantage la notion du temps. C'est dans la complémentarité de ces deux fonctions que l'enfant va puiser les repères qui lui permettront de se trouver lui-même. »

Survivre la nuit

Ah les nuits... Vous les redoutez ? C'est même, avouez-le, ce qui vous a freiné si longtemps l'envie pour avoir un bébé ?

Vous avez bien raison ! Dans les premières semaines, les nuits SONT redoutables ! mais cela ne dure normalement que deux ou trois mois.

Si elle allaite

Pendant environ les deux premiers mois, le bébé aura besoin d'une tétée la nuit car il aura faim toutes les trois ou quatre heures. Mais si le bébé est nourri au sein, ça peut être plus irrégulier, ou plus fréquent. Et il ne faut pas le faire attendre, surtout s'il est prématuré. C'est si facile de le calmer avec un repas. Il se rendormira aussitôt après (mais peut-être pas vous).

Il est probable que votre douce très fatiguée ne soit plus douce du tout quoi que vous lui apportiez comme réconfort et que quelques récriminations se mettent à fuser à la moindre contrariété. Si vraiment c'est trop dur pour elle de vous regarder dormir, vous pourrez l'aider en allant chercher le bébé et en le changeant avant ou après son repas.

Mais, miraculeusement, il s'avère que bien des papas n'entendent pas les pleurs de leur bébé la nuit... Mystère... Profitez-en lâchement ! Si votre femme allaite, de toute façon vous ne pouvez pas faire grand-chose. Vous travaillez demain matin, votre femme va devoir se réveiller pour donner le sein quoi qu'il arrive. À quoi ça sert d'être deux sur le pont ?

Dans les deux cas, le week-end, si vous avez dormi toute la semaine comme un loir, essayez de soulager votre compagne en vous occupant du bébé au maximum et en ne le lui apportant que pour les tétées proprement dites, au cours desquelles elle pourra rester dans un demi-sommeil.

Si elle n'allaite pas

Si votre enfant est nourri au biberon, vous pouvez cette fois être d'un grand secours. Pensez à vous organiser afin de ne pas avoir trop de choses à faire au beau milieu de la nuit, un bébé hurlant dans les bras. Par exemple, préparez plusieurs biberons remplis de la bonne quantité d'eau. Dans un deuxième temps, remplissez un doseur de la quantité de lait en poudre correspondante. Ainsi à 2 heures du matin, vous n'aurez plus qu'à verser la poudre dans l'eau, remuer et faire tiédir le biberon.

Et là, dans l'intimité de la nuit noire, vous pourrez donner tranquillement son biberon à votre bébé, loin des regards critiques et vous pourrez vous délecter de ce tendre moment. Les yeux dans les yeux de votre petit qui vous attrapera le pouce, vous jouirez de cet instant. Vous constaterez comme il est facile de répondre à son besoin et de le rendre heureux. Et vous saurez alors que vous êtes un père formidable !

« SES SEINS SONT DES OBJETS DE PLAISIR »

« Au groupe pères où tout le monde vantait les joies de l'allaitement au sein, un père a bousculé les idées préconçues en disant : "Ma femme n'allaitera pas au sein ! Elle pense que ses seins sont des objets de plaisir et qu'il n'y a aucune raison qu'elle devienne de la nourriture !" Pourquoi pas ! Il faut lui laisser le choix. Je connais des femmes qui auraient envie d'allaiter mais qui ne le font pas pour laisser la place à leur compagnon de participer à l'alimentation de leur bébé. Là aussi pourquoi pas ! »

L'ALLAITEMENT EN QUESTION

Ce n'est pas bien de le faire ou mal de ne pas le faire. Il y a de bonnes raisons dans tous les cas ! Et surtout c'est à votre compagne de décider ce qu'elle fait de ses seins… Voici quelques-uns des arguments pour et contre que vous risquez d'entendre ici ou là.

- » Quand le bébé est de petit poids, l'alimentation maternelle est recommandée. Mais les laits maternisés sont maintenant excellents du point de vue de la nutrition.

- » Les anticorps (voir ci-dessous) présents dans le sang de la mère passent dans le lait et renforcent l'immunité du bébé. Mais ils passaient aussi dans le placenta tout au long de la grossesse.

- » L'allaitement est fatigant pour la maman. Mais elle est en congé maternité, donc elle peut se reposer.

- » L'allaitement au sein exclut le père de toute intervention. Mais la maman peut aussi de temps en temps tirer son lait et permettre ainsi à son compagnon de donner un biberon à son bébé pendant qu'elle va au cinéma. Ou encore laisser le biberon et le bébé à une baby-sitter pour aller au cinéma à deux !

L'allaitement au sein ne doit pas être une souffrance, ni l'allaitement au biberon une culpabilité. Et quoi que vous ayez décidé ensemble avant la naissance, il est toujours possible de changer d'avis au moment où le bébé est là.

LES ANTICORPS

Les anticorps sont des substances que nous produisons tout au long de notre vie quand survient un élément extérieur (virus, greffe…). Ces substances restent ensuite en nous et pourront ainsi attaquer à nouveau le virus s'il se représente. C'est le principe de la vaccination : on injecte le virus inactivé afin qu'il nous amène artificiellement à fabriquer des anticorps.

Quand une femme est enceinte, ses anticorps passent dans le sang du bébé via le cordon ombilical, immunisant ainsi le bébé contre toutes les maladies qu'elle a rencontrées avant sa grossesse. Cette immunité passive ne dure que quelques mois avant que le bébé ne synthétise ses propres anticorps soit spontanément (à la rencontre d'un virus) soit en étant vacciné.

« LE BÉBÉ AUSSI A UN AVIS À DONNER »

« Un père vient parler au groupe pères de l'allaitement de sa première fille alors qu'il attend son deuxième enfant. Il raconte qu'alors que sa femme l'allaitait la journée, il s'occupait de sa fille la nuit. Il lui donnait son biberon et la gardait dans ses bras jusqu'à ce qu'elle s'endorme en jouant avec sa barbe ou les poils de sa poitrine. Bref le bonheur. Tout le monde buvait ses paroles.

Quelque temps plus tard il est revenu parler du deuxième allaitement. Patatras, tout était différent ! Sa deuxième fille ne voulait ni de ses biberons ni de sa barbe !

Morale de l'histoire : dans ce choix d'allaitement ou non, le bébé aussi a un avis à donner ! »

Et l'allaitement mixte ?

Qu'est-ce que ça veut dire ? Que votre enfant est allaité à la fois au sein et au biberon. C'est un mode d'alimentation qui peut s'avérer très pratique mais un peu compliqué à mettre en place. Car avant de remettre en cause l'allaitement au sein, il faut d'abord l'avoir bien installé. Et ça prend quelques semaines pendant lesquelles il faut favoriser l'allaitement exclusif au sein. Mais après vous aurez le choix de l'organisation !

- Certaines mamans trouvent plus confortable de donner le sein la nuit. Ça ne devrait pas trop vous contrarier !
- Au contraire, il peut être préférable de donner les biberons plutôt la nuit pour que vous puissiez justement le faire.

LE MATERNAGE

Au nom du bien-être de l'enfant, une mouvance, le *maternage*, prône quelques principes de base pour permettre aux enfants de *grandir autrement* :

- On commence par la *naissance naturelle*, sans péridurale, parfois à domicile (voir chapitre 5).
- Le *portage*, on garde son enfant contre soi au maximum, dans une écharpe, dès sa naissance et le plus tard possible. En lui proposant un contact physique on évite ainsi le stress de la séparation, on le rassure en permanence. Ce type de portage favoriserait le développement harmonieux du corps et du comportement de l'enfant ainsi que de ses relations affectives et émotionnelles.
- L'allaitement maternel *exclusif*, le plus longtemps possible aussi. Le sevrage se fait en fonction des envies et des besoins du bébé (qui peut avoir 2 ans !).
- Le *co-dodo* ou *co-sleeping* qui consiste tout simplement à faire lit commun (ou chambre commune) avec son enfant ! Certains fabricants de lits proposent même des berceaux de bébés qui s'accrochent au lit parental, pour le transformer en lit *familial*. Le but du co-dodo ? S'harmoniser, se synchroniser les uns aux autres (bébé et parents) afin que les rythmes de chacun soient respectés. Ainsi on laisse le moins souvent possible l'enfant seul.

De toute façon, il faut en discuter ! Vous allez cafouiller, et ce que vous aurez décidé un jour sera caduc le lendemain ! Nous y sommes tous passés et quand vous parlerez plus tard avec d'autres parents, ça vous fera aussi sourire. Parce que la bonne nouvelle dans tout ça, c'est que ça ne dure pas toute la vie !

Et même on peut dire que c'est très court comme période ces quelques mois où vous allez vous lever la nuit, relativement à votre vie de parent.

Mais pourquoi il pleure ?

Oui c'est vrai ça, pourquoi il pleure ce bébé ? Quel parent n'a pas posé cette question dix fois par jour les premiers temps de la vie de son bébé ?

Le bébé, ne l'oublions pas, n'a aucun autre moyen de s'exprimer que les cris et les pleurs. C'est donc tout autant l'inconfort que la fatigue, la faim ou la soif qui peut le faire pleurer. Au début vous aurez l'impression de ne pas comprendre ses pleurs. Et ils risquent de vous inquiéter sans raison. Néanmoins vous allez rapidement apprendre à décoder les cris de votre enfant et devenir un interprète hors pair de son langage corporel. En tout cas voici une liste des réponses les plus courantes à la question : Pourquoi il pleure ?

Il a faim

Si le bébé n'a pas tété depuis un moment (qui peut aller de quatre heures à dix minutes !) c'est peut-être qu'il a faim ! Rappelons que son estomac est tout petit et que le lait maternel se digère rapidement (voir encadré).

Ce serait bien qu'il boive toutes les trois ou quatre heures dans la journée en s'arrêtant par exemple à 22 heures et en se réveillant à 8 heures... Mais voilà, pendant neuf mois, il a vécu dans l'obscurité, nourri en permanence par le cordon sans sensation de faim (du moins on le présume). Alors vous voudriez qu'à la naissance il comprenne que le jour et la nuit ce n'est pas la même chose ? Et que vous êtes plus disponible à 10 heures du matin qu'au milieu de la nuit ?

Il le comprendra un jour, faites-nous confiance, mais donnez-lui le temps ! Et surtout donnez-lui à manger quand il a faim ! Un bébé de deux semaines ne fait pas « un caprice » quand il se réveille en hurlant au milieu de la nuit. Il a juste faim.

Les stakhanovistes de l'allaitement maternel proscrivent tout apport de lait industriel mais un bon biberon de lait maternisé quand on a tout essayé calme bien souvent les choses !

LES DÉBUTS DE L'ALLAITEMENT MATERNEL

- Dès la naissance et pendant quelques jours (3 ou 4 selon les femmes), les seins vont fabriquer un premier lait qui n'en est pas vraiment. Plus nourrissant, plus épais et plus gras, souvent de couleur jaune, c'est le colostrum. Il est produit en petite quantité en fonction des justes besoins de l'enfant. Très nourrissant, il est bourré de sucre. Très protecteur, il contient les anticorps de la maman en grande quantité.
- Au bout de ces trois ou quatre jours, va avoir lieu la « montée de lait ». La production de lait va brusquement augmenter, rendant les seins chauds et douloureux, tendus.
- Le lait ne sera mature qu'après deux à trois semaines. Une femme en produit en moyenne 750 ml par 24 heures, ce qui correspond aux besoins de l'enfant qui boira à peu près 180 ml par tétée.
- Pour que la mise en place de l'allaitement soit efficace il faut allaiter « à la demande » de l'enfant. Les tétées fréquentes et efficaces sont recommandées. C'est donc l'enfant qui décide, pas l'horloge !
- Dans les sociétés modernes les femmes sont peu ou mal conseillées à propos de l'allaitement car les personnels de santé ne sont pas formés sur le sujet. Or il est important de pouvoir répondre à certaines questions. Le site de la Leche League, www.lllfrance.org, est une mine d'informations et d'articles scientifiques que nous vous invitons à consulter. Certaines sages-femmes sont consultantes en lactation et peuvent rendre visite à domicile en cas de problème.

LE BÉBÉ A UN PETIT ESTOMAC

Les premiers jours de sa vie il contient environ 5 à 7 ml, c'est-à-dire qu'il a la taille d'une bille.

Ensuite et jusque vers 6 mois, il peut contenir environ 50 à 60 ml, c'est-à-dire qu'il a la taille d'une balle de golf.

On comprend mieux qu'il ait faim souvent et qu'il régurgite après chaque repas un trop-plein de lait.

Il a mal

Si le bébé n'a pas de fièvre, grossit bien (donc mange bien), on peut écarter la maladie.

C'est peut-être une colique

Sans être malades, les bébés sont souvent sujets aux fameuses « coliques du nourrisson » (voir encadré). C'est déstabilisant, épuisant, inquiétant. Mais ce n'est pas grave et surtout ça passe. Dites-vous qu'après trois mois plus aucun bébé ne souffre de coliques, et prenez votre mal en patience.

Si en effet, il s'agit de coliques (ce que le médecin qui a examiné votre enfant a confirmé), il ne s'agit pas d'une maladie (bonne nouvelle !), il n'y a donc pas de véritable traitement (mauvaise nouvelle !).

Mais vous pouvez néanmoins avoir recours à quelques astuces pour le calmer :

- Le prendre dans vos bras. Ça ne le fera pas taire mais au moins il n'est pas seul.
- Le bercer le ventre contre votre bras. La pression peut avoir un effet calmant.
- Lui masser le ventre (dans le sens des aiguilles d'une montre, sens de la digestion).

» Lui donner une tétine à sucer (le fait de téter le calme mais évitez de trop lui donner à boire : il ne refusera pas le biberon ou le sein car il aura besoin de succion mais c'est justement la digestion qui lui fait mal).

» Lui faire écouter de la musique, qui adoucit les mœurs c'est bien connu.

» Ou encore lui faire faire un tour de poussette ou carrément de voiture !

TOUR D'HORIZON DES COLIQUES DU NOURRISSON

» Ce sont des syndromes mais pas une maladie !

» Les coliques sont définies par des pleurs inconsolables (voire des hurlements stridents), parfois des gaz (des prouts quoi !), une agitation (le bébé se tortille dans vos bras).

» Ces symptômes apparaissent en général entre la 2e et la 6e semaine de vie pour disparaître vers l'âge de 3 mois.

» Les causes en sont inconnues. On pense qu'elles sont multifactorielles : digestives (motricité intestinale, maturation de l'organisme, assimilation des sucres...), et non digestives (comportement de la famille, sensibilité et caractère du bébé...).

» N'oubliez pas que le lait n'est pas à mettre en cause qu'il soit maternel ou industriel, le bébé y est habitué (et son tube digestif aussi). Ne le lui changez pas tous les jours juste « pour voir ».

Quel papa n'a pas passé des heures à marcher dans l'appartement, toutes lumières éteintes, son bébé hurlant dans les bras et se tortillant dans tous les sens ? Eh oui, c'est aussi ça les coliques, des tête-à-tête inoubliables !

Mais pas forcément !

Non le bébé qui pleure n'a pas forcément mal. Parfois il *est* mal. Inquiet, angoissé d'être séparé du corps chaud et odorant qui l'a porté. On donne souvent aux enfants hospitalisés (donc séparés de leurs parents) un linge porté par leur mère afin qu'ils retrouvent son odeur et que ça les calme. Il ne faut pas oublier que l'odorat est notre sens le plus primitif. Pourquoi ne pas faire pareil à la maison et poser le bébé dans son berceau sur un linge qui sent sa maman plutôt que sur un drap qui sort de la machine ?

Dans tous les cas, si on est inquiet sur l'état de santé de son enfant, on demande l'avis du médecin. Mais parfois, le simple point de vue d'un autre parent expérimenté (votre meilleur ami ? celle de votre femme ?) calmera la situation.

Il a trop froid ou trop chaud

À tous les coups c'est trop chaud ! Une légende ordonne aux parents d'habiller son enfant comme soi mais avec une couche de plus.

Ce précepte n'est valable que les premiers jours de sa naissance où il est projeté brutalement d'un cocon à 37 °C à un univers plus froid (20 °C en moyenne). Car son véritable problème c'est la *thermorégulation*. Il aura du mal s'il a trop chaud à faire baisser sa température. Un enfant trop couvert aura tendance à avoir de la fièvre ! Les bébés ont souvent les mains froides, leur sang circule mal, du fait de leur position allongée.

Donc on l'habille normalement et on surveille qu'il n'ait ni trop chaud (on enlève une couche), ni trop froid (on rajoute un pull). Et on tient tête à sa maman qui aura toujours peur qu'il ait froid !

Il faut le changer

Les premières fois

Souvent à la maternité, les auxiliaires de puériculture vous montreront comment déshabiller, changer et rhabiller votre nouveau-né. Si elles ne le font pas et que vous vous sentez mal à l'aise, n'hésitez pas à le leur demander.

Si bien qu'à la maison vous pourrez vous dire – avec fierté ! – que vous vous débrouillez aussi bien que votre femme !

Ce n'est pas sorcier

Vous verrez c'est même totalement à votre portée !

Bien sûr c'est un peu dégoûtant quand on y pense tout ce caca à nettoyer, mais ça l'est déjà beaucoup moins quand c'est celui de son propre enfant. Bien sûr parfois vous allez vous faire faire pipi dessus... Mais ils sont tellement mignons quand ils se sentent délivrés de leur fardeau et qu'ils battent des quatre membres en souriant !

Beaucoup de papas appréhendent malgré tout ce fameux moment du change. Grâce à nos conseils, il ne sera pas dit que vous vous dégonflez à cause d'un petit caca de bébé !

- » Pour commencer, préparez la couche propre.
- » Ayez aussi à portée de main quelques carrés de coton légèrement mouillés.
- » Enfin si votre enfant a les fesses irritées, gardez la crème pour le change près de vous.
- » Il n'est pas inutile non plus d'avoir préparé body et chaussettes propres, au cas où...
- » Installez-vous sur une table à langer ou sur une serviette posée sur un lit (à la longue ça fait mal au dos...).
- » Déshabillez l'enfant (le bas seulement !).

- Enlevez les plus grosses parties de la grosse commission avec les parties encore propres de la couche.
- Continuez ensuite à nettoyer les fesses de l'enfant avec le coton humide (ou des lingettes). Allez bien partout dans les plis, replis et coins pour éviter les irritations (des heures dans le pipi et le caca, ça peut irriter…). Pour ce faire, tenez bien les jambes de votre enfant en l'air, sinon ses pieds vont tremper à tous les coups dans la couche sale. Et vous devrez alors changer de chaussettes (pas les vôtres).
- Pour une fille, nettoyez bien les replis de la petite vulve, très doucement (c'est sensible), en écartant un peu les grandes lèvres. Attention ici le lait de toilette comme le savon peuvent piquer.
- Rabattez ensuite hermétiquement les côtés de la couche sale.
- Si les fesses sont rouges, appliquez un peu de crème sur les endroits concernés.
- Enfin, remettez une couche propre. Pas trop serrée (ça ferait mal au ventre), pas trop lâche (risque de fuites !).
- Placez enfin correctement les élastiques sur les côtés sinon ça fait effet string. Et voilà !
- Le plus important : on ne laisse JAMAIS un enfant seul sur sa table à langer, il pourrait tomber et se faire vraiment mal.

Ceci est valable pour un enfant dès la naissance et jusqu'à ce qu'il soit « propre ».

FIGURE 11-1 : Changer la couche

LES COUCHES LAVABLES

Depuis quelques années, le courant écolo-bio prenant de l'essor, sont proposées dans le commerce des couches lavables. Qu'est-ce que c'est exactement ?

Ce sont de grands carrés de tissu de coton (bio) à plier sur l'enfant et à maintenir par une culotte imperméable à scratchs ou à pressions. Certains modèles proposent en plus des papiers jetables à mettre dans le fond pour recueillir les selles.

Inconvénients (nos grands-mères qui se sont usé les mains au lavoir se retourneraient dans leur tombe si elles savaient qu'on se pose même la question !) :

- Il faut 6 à 8 couches par jour. À nettoyer à la main au moins pour enlever le gros du caca, puis à rincer, puis à faire tremper et enfin à laver et à faire sécher. Il faut du temps et de la place !
- L'hygiène et le stockage des couches sales sont à discuter...
- Les fesses de l'enfant sont maintenues humides en permanence. Résultat : des érythèmes fessiers énormes comme on n'en voyait plus.
- L'odeur : le bébé dans son bain de pipi ne sent pas très bon.

Avantages :

- C'est moins cher à l'usage.
- On préserve les arbres qui auraient servi à fabriquer les couches jetables.
- Les couches jetables mettent 450 ans à se détruire...

Notre conclusion : certes les couches jetables représentent un réel pro-blème écologique, mais elles sont aussi une énorme libération notamment pour les femmes... Qui va gérer tout ça chez vous ? À méditer...

Il a sommeil

Un enfant théoriquement ça dort et ça dort beaucoup. Alors pourquoi pas la nuit ? On l'a dit, il ne connaissait pas dans la vie utérine de différence entre le jour et la nuit.

Mais faut-il pour autant être debout au garde-à-vous pour le bercer dès qu'il pleure ? Souvent votre compagne ne peut s'en empêcher même s'il sort à peine de ses bras.

Vous avez éliminé toutes les autres causes potentielles des pleurs ? Peut-être qu'alors c'est à vous d'intervenir, de lui parler (au bébé), de lui expliquer qu'il a bien mangé, qu'il a été changé, qu'il a eu une chanson, que maintenant c'est l'heure de dormir et que d'ailleurs ses parents aussi vont dormir ! Ces limites, même de courte durée au début, sont nécessaires. À tout le monde ! Même si vous avez l'impression d'être le « méchant » alors que votre femme est là pour donner de l'amour, un enfant a besoin qu'on lui dise non, même au début de sa vie. Et c'est souvent vous, le père qui pouvez le faire.

Vous vous y prenez mal ?

Non ! Vous apprenez, c'est tout ! Vous n'avez pas eu de petits frère ou sœur, OK. Vous avez moins joué à la poupée que d'autres, certes. Mais oubliez vos complexes de virilité idiots qui vous coupent de votre relation à votre enfant plutôt que de faire avancer le schmilblick.

Dans les couples gays, les hommes se débrouillent aussi bien que les femmes, sans femme ! Mais vous n'avez pas besoin d'en passer par là ni de virer votre femme de la maison pour vous prouver que vous en êtes capable. Faites-vous simplement confiance, croyez en vous. Vous allez y arriver à changer cette couche, à endormir ce bébé ou à tout simplement le rassurer. Vous êtes SON papa, pas celui du bébé d'à côté. Alors prenez cette affaire à bras-le-corps et entrez dans la danse.

La tétine

Ah la tétine ! Elle n'a pas fini de faire parler d'elle.

Le principe de tétine existe depuis très longtemps (vers 1560 apparaissent les premiers biberons). On peut en voir déjà sur certains tableaux de Breughel à cette époque. Avant l'invention du caoutchouc, on proposait aux enfants une corne de vache entourée d'un tampon de tissu, imbibé d'eau sucrée.

POUR OU CONTRE LA TÉTINE ?

Il y a autant d'arguments dans un sens que dans l'autre. En voici les principaux, lisez et faites votre choix, ou laissez votre enfant faire le choix !

Pour

» L'effet apaisant est immédiat. L'enfant qui tète est tranquillisé, il peut s'endormir.

» C'est plus facile à proposer que le pouce que les nouveau-nés ne « trouvent » pas toujours au début.

» Il serait démontré que la tétine déforme moins le palais que le pouce.

» Supprimer la tétine à un enfant est plus facile que de lui supprimer son pouce.

Contre

» C'est cher. Une tétine doit être changée régulièrement. Régulièrement aussi elle sera perdue. Votre pharmacien va vous aimer.

» C'est moche. Sur toutes les photos de votre bébé sa bouche est obstruée par un objet en plastique rose ou bleu qui lui mange le visage.

» Ce n'est pas « naturel ». Pourquoi ne pas laisser votre enfant apprendre seul à s'endormir, à se rassurer ? Il est armé pour le faire, soyez patients, il n'y a aucune raison qu'il n'y parvienne pas.

» Ça réveille la nuit. Les enfants qui perdent leur tétine ne savent très souvent pas la retrouver dans le noir. Ils appellent donc leurs parents qui doivent se lever plusieurs fois par nuit pour la leur recoller dans le bec. Fatigant.

Aujourd'hui on en dit beaucoup de mal : succédané du sein, tromperie, altération de la dentition, source de persistance du stade oral...

Le problème que pose la tétine est qu'elle propose une réponse unique à des problèmes pourtant multiples. L'enfant pleure de faim, de froid, de peur, de fatigue, d'énervement, etc. En bref, il s'exprime par le seul moyen en sa possession : les cris et les pleurs. Or quand on lui donne une tétine, l'effet calmant est garanti. Ainsi les parents induisent une réponse systématique et faussée à tous les coups à laquelle l'enfant s'habituera mais qui ne lui apprendra pas à gérer ses émotions, ni ses besoins.

SI VOUS AVEZ DES JUMEAUX

Deux d'un coup, waouh quelle puissance ! Mais vous n'en aviez pas demandé tant… Inutile d'envoyer votre lettre de réclamation au gynécologue ou à la maternité, c'est trop tard.

On a parlé de votre cas si vous avez un enfant, eh bien si vous en avez deux, vous ne serez pas utile, vous serez indispensable ! Car vous allez devoir jouer les Superman : plus de couches à changer, moins de sommeil, plus de biberons à préparer, moins de moments à deux avec votre compagne… en plus, on ne sait pas pourquoi mais il y en a toujours un sur le pont pendant que l'autre dort.

L'avantage c'est que vous n'aurez pas de complexes à demander de l'aide. Vous y avez droit, en plus ! aide ménagère, sage-femme à domicile, etc. Demandez conseil à une assistante sociale pour connaître vos droits et entreprendre des démarches. Contactez aussi les associations de parents de jumeaux qui peuvent vous être de bon conseil.

Et puis cela ne va pas durer ! Ils vont grandir vos jumeaux et vous vous baladerez avec fierté poussant dans la poussette double ces deux petites bouilles qui se ressemblent tant sous les regards et les questions attendris des passants. Il faut bien avouer que comme le tailleur de Charles Perrault vous êtes fier d'en avoir fait deux (ou plus) d'un coup !

En plus vous, vous arriverez à les reconnaître !

Mais, si la tétine répond à un seul de ces besoins (s'endormir par exemple), pourquoi pas ? Dans ce cas, elle est réservée à la nuit et ne sort jamais du lit.

Par ailleurs, en dernier recours, quand on a tout essayé et que tout a échoué, l'usage provisoire de la tétine peut permettre une chose formidable à tout le monde : dormir !

Certains bébés recrachent systématiquement la tétine, il est donc inutile d'insister. Ils trouveront certainement leur pouce (ou une autre façon de s'endormir) un jour ou l'autre. Patience… En attendant, si votre bébé a un grand besoin de téter et pour soulager les seins de votre femme, vous pouvez lui proposer votre petit doigt (propre !). C'est en général un succès.

Dans tous les cas, faites comme vous le sentez et laissez parler les personnes extérieures qui ne passent pas les nuits avec vous !

Et si vous lui donniez son bain ?

Dans de nombreuses maternités, le père est convié à la toilette du nouveau-né et les puéricultrices lui apprennent alors comment donner le bain. Allez-y si vous pouvez ! Ça rassure beaucoup et vous, et votre compagne.

Dans le bain, comme quand on change la couche, on insiste dans les plis : cou, aisselles, cuisses et fesses. C'est là que viendront se nicher les saletés, là aussi que certains germes et champignons peuvent se plaire beaucoup.

Mais on ne frotte pas comme une brute ! Les petits ont la peau délicate. Parfois de l'eczéma qui vous obligera à utiliser un savon et une crème particuliers.

JAMAIS SANS SURVEILLANCE DANS LE BAIN !

Cet encadré est là pour vous coller la trouille de votre vie ! Et on préfère que vous l'ayez en lisant ces lignes plutôt qu'en vrai.

La noyade est la deuxième cause de mortalité chez les enfants de moins de 14 ans.

NE LAISSEZ JAMAIS VOTRE ENFANT SEUL DANS LA BAIGNOIRE NI SOUS LA SURVEILLANCE D'UN AUTRE ENFANT !

Un enfant même grand (5/6 ans), peut se noyer dans 20 cm d'eau en quelques minutes. Pris de panique par le manque d'air, ils n'ont pas le réflexe de se relever.

Conclusion : avant de donner le bain, pensez à avoir près de vous les affaires de votre bébé nécessaires à sa toilette. Allez aux toilettes avant, ne mettez pas les steaks à cuire et ayez le téléphone dans la pièce, au cas où il sonnerait... Bref, ne laissez en aucun cas votre bébé sans surveillance, même dans un siège de bain dont il pourrait glisser ou s'extraire en un instant.

Cette vigilance est bien entendu à appliquer près de tous les points d'eau : mare, rivière, piscine privée et publique, lac, mer...

Vous savonnez le cuir chevelu comme le reste du corps et vous rincez avec la main qui ne sert pas à soutenir le bébé dans l'eau. En général, avoir de l'eau dans le visage ne le dérange pas...

Enfin, quand il est petit, vous pouvez tout à fait prendre le bain avec votre bébé, assis sur votre ventre face à vous, le dos appuyé sur vos cuisses relevées. Le bain se passera très bien, il va adorer et vous aussi !

Après le bain

Après le bain, pour l'essuyer, tamponnez la peau plutôt que de frotter avec la serviette-éponge. Ensuite, vous pouvez appliquer une crème hydratante à votre bébé et en profiter pour le masser. Certains enfants adorent ces moments tant ils sont détendus après le bain, d'autres détestent, si c'est le cas, abrégez ! Pas la peine d'oindre de force ou de masser un petit qui n'aime pas ça. S'il a la peau sèche, utilisez simplement un savon adéquat suivant les conseils du pédiatre ou du dermatologue si c'est plus grave.

ON DÉCALOTTE ?

Le tout petit garçon n'a pas besoin d'être décalotté, d'ailleurs ce n'est souvent pas possible car leur prépuce est comme collé à leur verge. Si vous forciez, vous lui feriez mal et risqueriez des lésions sur le prépuce fragile. Donc n'insistez pas, vous verrez ça plus tard, avec le pédiatre, vers 2/3 ans. Cette histoire de prépuce, c'est souvent source d'inquiétude pour les papas (les mères n'y avaient jamais pensé avant !). Certains ont de mauvais souvenirs d'opérations pour régler un problème appelé *phimosis* (quand le prépuce trop étroit à l'orifice ne permet pas le décalottage). Autrefois on s'acharnait à décalotter les bébés très tôt, dans le bain et même dans les cabinets médicaux, aujourd'hui on a compris que cela se ferait naturellement vers 2 ans sans douleur et crainte inutile autour de leur « zizi ».

Le baby blues de la mère

Pourquoi ?

Il s'agit d'un état que l'on peut qualifier de dépressif survenant après la venue du bébé, alors qu'on s'attendait à un moment d'euphorie sans limites. Comme on n'en connaît pas les raisons, on en a échafaudé plusieurs suivant la place où se trouve le chercheur.

Du point de vue hormonal

De son point de vue c'est la chute brutale d'une hormone qui est la cause de ce phénomène. Les œstrogènes produits par le placenta et le bébé sont une hormone réputée excitante. D'où une baisse de régime à la naissance quand la production s'arrête.

De notre point de vue

C'est comme après un examen où l'on a tout donné pour l'épreuve. Ensuite, le passage à vide est fréquent. Là c'est pareil. Après ces neuf mois, votre femme peut se sentir comme une coquille vide. Le phénomène est accru par le fait que chaque personne qui vient la voir s'extasie sur le bébé sans la regarder, elle, qui était pourtant, la veille encore, l'objet de toutes les attentions. Alors vous, n'oubliez pas de lui montrer qu'elle vous intéresse encore plus !

Le baby blues vient aussi de l'accumulation de la fatigue physique. La femme a souvent travaillé jusqu'au bout, l'accouchement est une sacrée épreuve sportive, et s'ajoutent à tout ça des nuits sans sommeil. Il y a de quoi être à bout !

Attention à ce que vous dites ! Le moindre mot peut déclencher une crise de larmes. C'est le moment de pratiquer l'« asepsie verbale ». Par exemple on évite les mots genre le petit « monstre » en parlant du bébé (au risque de s'entendre dire : « Comment ça le petit monstre ? » et hop crise de larmes).

Du point de vue de la psychanalyse

D'après Freud et Lacan, le désir de bébé est un désir de phallus. Or malgré la naissance, il n'y a toujours pas de phallus. Et ce serait ce manque qui serait le facteur déclenchant de cette dépression post-partum. On entend d'ici les féministes...

Ça peut lui prendre quand ?

À n'importe quel moment ! La survenue du baby blues est variable. Ça peut aller du premier jour à la maternité jusqu'à plusieurs semaines, voire plusieurs mois après la sortie. Même la maman ne le sent pas forcément venir. C'est brutal pour tout le monde.

Combien de temps ça dure ?

L'intensité du phénomène varie aussi en fonction de plusieurs facteurs et notamment la fragilité de chacun des protagonistes, dont vous. Ça pourra aller de la simple crise de larmes sans suite jusqu'à la vraie dépression qui pourra entraîner un traitement par antidépresseurs voire une hospitalisation dans les cas les plus graves. Il y a même des unités mère-enfant imaginées pour ce genre de cas (on évite de séparer la maman et son bébé).

Que pouvez-vous faire pour elle ?

Il n'y a pas trente-six solutions. Votre première arme, c'est la patience. Encouragez-la, assurez-lui de votre confiance en elle. Restez présent sans l'étouffer. Si vous sentez que c'est grave, vraiment grave, accompagnez-la chez un médecin.

Pour conclure, le baby blues comme la dépression est un état assez flou, délicat à gérer pour l'entourage d'une jeune maman. Mais il ne faut pas oublier que dans de très nombreux cas, il n'y a pas de baby blues ! On ne s'en désolera pas.

Et vous là-dedans ?

Prendre sa part de tendresse avec l'enfant sans rien demander à personne

On vous le redit, vous n'êtes pas obligé de passer par la maman pour ce qui concerne le bébé. On vous le redit aussi, vous êtes débutants tous les deux ! Vous avez donc le droit de prendre des initiatives, de jouer avec lui, de le changer, de le baigner. Vous n'avez pas de permission à demander.

Bon, il n'est pas question de s'arracher le bébé des bras mais de prendre sa part de soins. De pouvoir exprimer son amour même si votre sein n'est pas le bienvenu.

LE SYNDROME DU BÉBÉ SECOUÉ

Il est très dangereux de lancer fort son bébé en l'air, même s'il rigole comme un fou. Sa tête, trop lourde pour les muscles de son cou, et son cerveau encore petit dans la boîte crânienne risquent de ballotter trop rudement ce qui causerait des lésions hémorragiques irréversibles dans ses méninges et son cerveau.

Et s'il vous énerve trop – vous n'êtes pas de bois – à pleurer ou à crier sans arrêt, sans raison, ne le secouez pas comme un prunier, pour les mêmes raisons : danger ! Posez-le, sortez et attendez que tout le monde se calme, y compris vous.

Quand prendre son congé paternité ?

Saine (et récente) institution : le congé paternité !

La durée du congé paternité est de 11 jours pour la naissance d'un enfant, et de 18 jours en cas de naissance multiple. Cette durée est fixée par le code du travail et peut être rallongée en fonction des différentes conventions collectives. Il s'ajoute aux trois jours d'absence accordés par l'employeur pour une naissance et peut être pris séparément de ces trois jours, dans les quatre mois suivant la naissance de l'enfant.

Il est ouvert à tous les salariés, quel que soit son contrat de travail (CDD, CDI...) et quelle que soit la situation de la famille (pacs, mariage, divorce...) que ce soit en France ou à l'étranger.

Au total les papas peuvent donc disposer d'environ deux semaines de congé avec les week-ends ! Youpi !

Il faut prévenir votre employeur au moins un mois à l'avance afin qu'il puisse lui aussi s'organiser surtout que la date exacte de la naissance est rarement connue (sauf si un déclenchement a été programmé ou une date de césarienne arrêtée).

D'après notre expérience, c'est certainement la période du retour à la maison qui est la meilleure. Bien sûr vous pourrez aller tous les soirs à la maternité et retrouver femme et enfant le soir en rentrant du travail, mais là-bas entre les visites et les soins, elle est tellement occupée que votre présence importe moins. Sauf si vous avez décidé de ne pas les quitter d'une semelle, auquel cas votre présence peut carrément la déranger !

En revanche, à la maison il n'y aura plus que vous trois. C'est donc le moment idéal pour rencontrer votre bébé, s'occuper de votre femme et on l'a déjà dit, de la maison.

La bonne nouvelle ? On parle de mettre en place un congé paternité d'un mois !

Si ça ne vous suffit pas, vous pourrez aux 3 mois de l'enfant débuter un congé parental (voir chapitre 12).

LE TOUR DU MONDE DES CONGÉS PATERNITÉ

Les durées des congés paternité sont très disparates !

- En Autriche, Allemagne et Irlande, ou encore au Mexique, le père n'a aucun jour de congé paternité prévu par la loi.
- En Grèce et en Hollande, les jeunes papas ont droit à trois petits jours.
- Au Danemark, c'est 15 jours.
- En Pologne, c'est variable en fonction de ce que prend la maman, mais le congé paternité peut aller jusqu'à 4 semaines pour un premier enfant !
- Aux États-Unis, cela dépend des États.
- En Suède en revanche, le congé est d'un an maximum à partager entre les deux parents comme ils le désirent.
- Si vous êtes français, même expatrié, a priori c'est la loi française qui sera appliquée.

Chapitre 12

Et vous deux dans tout ça ?

Tout devrait être magique – et ça l'est très souvent – mais à certains moments, vous ne pouvez vous empêcher de ressentir une certaine frustration. Vis-à-vis de votre bébé que sa maman prend systématiquement dans ses bras dès qu'il émet le moindre son, voire juste avant. Mais vis-à-vis aussi de votre compagne qui ayant ce bébé dans les bras à longueur de temps ne vous accorde qu'une piètre attention.

C'est donc LE moment de prendre votre place, de vous la fabriquer, entre ces deux-là, inséparables et de les détacher, petit à petit.

Marcel Rufo définit ainsi très clairement le rôle du père dans *Chacun cherche son père* (*op. cit.*) : « [...] Et le père est bien essentiel en tant que tiers qui vient s'interposer dans la relation fusionnelle : c'est grâce à lui que l'enfant prend conscience qu'il est différent de sa mère et que celle-ci va réussir à sortir de cette "préoccupation maternelle primaire" [...] durant laquelle son psychisme est entièrement accaparé par le souci du bien-être de "son bébé". »

Biberon ou sein, la mère et l'enfant fusionnent encore

Si votre compagne allaite exclusivement au sein, votre place n'est pas induite. Il s'agit alors de la trouver. Chaque fois que le bébé pleure, elle le prend dans ses bras et annonce qu'il a certainement faim. Elle le met au sein, même pas la peine d'essayer de s'interposer ! Comme le bébé a quelque chose dans la bouche, il tète. Et vous entendez l'habituel : « Tu vois je te l'avais bien dit ! »

C'est comme si votre compagne n'avait pas encore accouché, qu'elle formait encore un œuf avec ce bébé qu'elle nourrit de son propre corps. Les femmes n'ont jamais été aussi mammifères qu'à ce moment-là ! C'est difficile de s'immiscer, mais ne lâchez pas prise, et prenez votre place comme vous pouvez.

Quand le bébé est nourri au biberon, c'est un peu plus facile, mais là aussi la fusion dure en général quelques semaines après l'accouchement. C'est normal, et ça passe.

Rappelez-vous :

- » Votre enfant ne sera pas toujours un nourrisson, relativement à sa longue vie, ça va même passer assez vite.
- » Il n'y a pas que manger dans la vie !

Elle est comblée

Non seulement il vous est difficile d'approcher votre bébé mais il l'est peut-être encore plus d'approcher votre femme ! Le bébé est toujours collé contre son flan, sur sa poitrine, jusque dans son lit !

Et elle ? Elle est comblée ! Elle n'a vraiment pas besoin de vous et vous le fait savoir gentiment. Sauf pour faire les courses et le ménage !

Mais ça reviendra, c'est passager. Soyez là, pas loin et ayez confiance en votre couple. Bientôt le monde extérieur existera à nouveau aux yeux de votre chérie, et vous avec !

« JE VEUX ÊTRE SEULE AVEC MON BÉBÉ »

« Quand j'animais un groupe sur l'allaitement, une femme a pris un jour la parole à ce sujet : "Quand j'allaite, je m'enferme. Je veux être seule avec mon bébé. C'est tellement bon, j'ai l'impression de tromper mon mari !" Ne dit-on pas d'ailleurs que le premier orgasme du bébé serait quand il s'endort après avoir tété, une goutte de lait sur les lèvres ? »

Entrez dans la danse

Le bébé vous prive de l'attention de sa maman et si elle l'allaite de ses si jolis seins en plus !

Vous vous sentez exclu de son alimentation, donc de ce rapport si doux, de ce corps à corps qu'elle entretient avec lui.

Mais qui vous empêche d'en faire autant ? On l'a dit, il n'y a pas que l'alimentation. Il y a les histoires que vous lui raconterez sur ce que vous avez vu dans la rue, pensé au travail, imaginé dans le métro alors que lui était collé à sa maman. Il y a les jeux, le bain et les gouzi-gouzi sur la table à langer. Et puis très vite, le lait ne suffit plus et il ne vous reste plus qu'à apprendre à faire les meilleures purées du monde ou à devenir plus calé que le chef du rayon petits pots du supermarché. Vous voilà père nourricier vous aussi !

Reprendre la vie sexuelle

Vous en rêvez. Mais ce n'est pas si simple...

C'est vrai, la jument n'a pas besoin de l'étalon pendant cette période. Et à cela s'ajoutent : la fatigue, une éventuelle épisiotomie, les cris du bébé, la crainte de vous voir approcher son sexe qui a quelques jours auparavant laissé sortir une grosse tête de bébé. Tout ça franchement rend les rapports pas vraiment souhaités. Que les causes de la baisse de libido de votre compagne soient physiologiques ou psychologiques, ce n'est pas perdu. Ça reviendra, tranquillement, naturellement. C'est comme le vélo, ça ne s'oublie pas !

Et la tendresse bordel ?

La sexualité, ce n'est pas juste un pénis dans une vulve ! C'est le moment, comme à la fin de la grossesse, de se comporter de manière un peu moins « macho » (ce que vous n'êtes pas, n'est-ce pas ?). En plus si elle allaite, vous n'avez pas non plus accès à ses seins, ça commence à devenir compliqué...

Donc prenez votre mal en patience, ça ne durera pas toute la vie ! Montrez-lui votre désir, rusez un peu, allongez les préliminaires et surtout laissez faire le temps.

Si c'est trop long, vraiment trop long – certaines femmes allaitent des années –, il faut que vous puissiez en parler quitte à mettre le holà et à proposer de passer à autre chose... Par exemple : « Ce serait pas mal de laisser le bébé à ta mère et de se faire un petit week-end rien que nous deux, non ? » Elle mettra peut-être un peu de temps à réagir, mais insistez et elle finira par accepter d'essayer. Peut-être d'abord une soirée, ou deux, puis une nuit entière, puis un week-end. Et soyez sûr que dès qu'elle se retrouvera seule avec vous, vous existerez à nouveau, comme avant !

Vous vous engueulez !

Vous vous engueulez un peu

Si c'était déjà le cas avant l'arrivée de votre enfant, ce n'est certainement pas maintenant que ça va s'arranger !

Vous arrivez chacun d'univers, de culture et d'éducation différents, c'est d'ailleurs ça qui fait le charme du couple. Votre amour vous a conduits à trouver un *modus vivendi*, un équilibre. Et la naissance de votre petit bouscule tout.

Cette naissance, sans que vous y ayez pensé à l'avance vous fait changer de génération, de jeune homme vous devenez père. Et c'est déboussolant. Alors dans votre désarroi et votre envie de bien faire, vous vous raccrochez aux branches (et votre compagne fait pareil !) que vous connaissez :

- « Ma mère a toujours fait comme ça. »
- Ou au contraire : « Je ne veux surtout pas que nous fassions comme faisait ma mère. »

Pourquoi ?

Se trouver à son tour dans le rôle de parents peut réactiver des conflits et des souffrances anciens que chacun des parents (vous !) a pu connaître dans son enfance (souvenez-vous). Avez-vous été bien aimé ? Assez aimé ?

Vous créez quelque chose de nouveau, une famille et vous le faites à deux. Vous jouez en équipe, il faut passer le ballon, certes mais aussi avoir une vision d'ensemble du jeu : il n'y a pas une seule bonne façon de faire.

Si l'amour vous unit et que vous jouez ensemble, vous ferez sans doute des erreurs – on en fait tous ! – mais vous allez petit à petit trouver vos solutions, à tous les deux.

Que faire ?

Repérer les points de conflits : ça chauffe toujours sur les mêmes sujets.

Les premières semaines, par exemple, c'est le maternage qui est en cause :

- **La nourriture**

  Elle : Il a faim !

  Vous : Mais non il vient de manger, tu lui donnes sans arrêt à manger, c'est normal ?

  Elle : Il a encore vomi c'est inquiétant, c'est pas normal !

  Vous : Tu t'inquiètes pour un rien...

» **Le sommeil**

Vous : Il se réveille toutes les dix minutes, c'est normal ?

Elle : Il dort tout le temps, c'est pas normal !

Vous : Tu t'inquiètes pour un rien...

» **Les pleurs**

Vous : Il pleure tout le temps, c'est normal ?

Elle : Il doit avoir mal, c'est pas normal !

Vous : Tu t'inquiètes pour un rien...

» **Le caca**

Vous : Oh c'est tout jaune, c'est normal ?

Elle : C'est trop liquide, c'est la troisième fois... ou il n'a pas fait caca depuis cinq jours... c'est pas normal !

Vous : Tu t'inquiètes pour un rien...

Le spécialiste de la normalité, c'est le pédiatre. On vous avait bien dit qu'il deviendrait votre meilleur ami ! En l'occurrence malgré lui, il fait aussi thérapie de couple ! Allez donc lui raconter vos inquiétudes, respectives, il fera le tri et vous rassurera. Vous n'avez pas l'habitude ? Lui si.

Plus tard et en vrac, d'autres sujets viendront vous empoisonner : les colères, le repas, le coucher, les vêtements, les courses, le ménage...

Cherchez ce qui est vraiment important pour vous et qui mérite d'être débattu, discuté, défendu. Parlez-en le plus calmement possible et essayez d'expliquer à votre compagne pourquoi c'est important pour vous.

Ensuite, passez sur les détails. Faites des concessions. On peut (on doit) en faire car qu'est-ce qui est plus important, au fond, que le fait que vous vous aimiez tous les trois ?

Vous vous engueulez devant l'enfant

Si les conflits éclatent devant l'enfant, essayez quand même de calmer le jeu et de lui montrer un front parental uni. Il n'y a rien de plus angoissant pour un enfant que les cris et les disputes. Il a l'impression que son monde s'écroule. Mais on peut lui expliquer, même très jeune, pourquoi on a besoin qu'il aille se coucher ou jouer dans sa chambre. Si vous adoptez cette attitude, il y a fort à parier que votre compagne fera front avec vous.

Vous vous engueulez beaucoup

Les deux premiers mois sont durs pour tout le monde (mais ça va passer) ! Vous êtes tous les deux épuisés.

La maman

Vous ne la reconnaissez pas. Elle est moche, grosse, elle coule de partout : les seins (le lait, toutes les deux ou trois heures), le vagin (le sang, pendant quelques semaines) et les yeux (les larmes, pour un oui pour un non).

Elle n'a pas du tout envie de vous.

Elle vous saoule de reproches, d'attentes, de revendications et de critiques.

Le bébé

Il vous casse les oreilles. Il ne semble même pas vous reconnaître. Il ne veut que sa mère et son fameux lait. C'est faux ! Il est en train de faire votre connaissance, autrement qu'en tétant les seins de sa maman. Il apprend à reconnaître votre odeur, votre voix... il a besoin de ses deux parents pour se construire.

Le papa

Vous êtes frustré. Vous aussi vous attendiez ce bébé depuis des mois et rien ne se passe comme vous l'aviez imaginé.

Cherchez la petite étincelle de fierté et de tendresse quand vous le regardez... Si elle ne vient pas, souvenez-vous que parfois on recrée ce qu'on a vécu. Les parents maltraitants ont souvent été des enfants maltraités. Et si c'était votre cas ?

Si vous sentez que ça monte, si ça va vraiment mal : HELP !

À l'aide !

On peut user d'aides matérielles d'abord :

- Employer quelqu'un pour le ménage, une baby-sitter (oui même pour un bébé de 2 mois !).
- Embaucher les amis, la famille, les grands-parents.
- Prendre son congé de paternité.
- Se faire un petit restaurant avec sa douce.
- Une sortie entre potes.
- Partir quelques jours en vacances (sans le bébé !).

Ensuite il existe des aides psychologiques :

- Votre médecin est votre allié, vous pouvez lui confier vos problèmes. Le pédiatre, votre généraliste, celui de la PMI, peu importe, ils connaissent par cœur la phase difficile que vous traversez.
- Même si ce n'est pas votre tasse de thé, et on ne parle pas d'entamer une analyse au long cours, il vous aiguillera peut-être vers un psychologue qui vous procurera une aide immédiate. Il y en a par ailleurs dans toutes les maternités, renseignez-vous.

L'arrivée de votre enfant dans votre vie est un bouleversement qui peut vous déstabiliser profondément. C'est normal, c'est pareil pour tout le monde. Mais restez vigilant, et si ça chauffe trop, ne cassez ni votre couple ni votre bébé (voir « Syndrome du bébé secoué », chapitre 11), contentez-vous à la rigueur de quelques assiettes (et encore...).

Vous vous engueulez à la folie

Déjà que ça n'allait pas fort... Elle et vous – surtout elle ! – avez cru qu'un enfant peut-être cimenterait à nouveau votre couple. Qui sait ?

En fait, ça ne marche jamais. C'est même un facteur d'explosion. Si vous n'êtes plus d'accord que sur un seul point, la rupture (comme disait Georges Brassens), alors vous savez ce que vous avez à faire. Ce n'est pas à nous de vous influencer.

Dans ces cas-là il est nécessaire que vous vous fassiez aider (par un psychologue ou un psychothérapeute). D'une part parce que vous souffrez. Il s'agit peut-être de problèmes anciens, mal réglés, mis à vif par votre nouvelle paternité. C'est pour ça que seul un spécialiste pourra vous aider à les mettre en lumière, pour moins souffrir et aller de l'avant. D'autre part parce que les conflits permanents entre les parents peuvent causer de gros dégâts chez l'enfant.

Et elle ? C'est à elle de voir...

En tout cas quitter la mère ne signifie pas quitter l'enfant. Nous en parlons au chapitre 18.

Vous ne vous engueulez pas du tout

Alors là, c'est louche !

On aurait compris que vous soyez à bout de forces et de patience, somnolent, affamé de repas à heure fixe, de sorties et de pots entre amis.

Et pourtant, si on vous demande, « tout va bien ». Vous ne vous plaignez de rien, vous êtes d'accord sur tout avec votre compagne. Vous la laissez gérer l'enfant à sa guise, votre belle-mère habite pratiquement chez vous. Les femmes prennent toute la place...

Vous ne seriez pas en train de nous faire une déprime ?

Souvenez-vous que cet enfant vous l'avez fait à deux. Souvenez-vous que ce petit vous attend comme père et que personne ne peut vous prendre cette place auprès de lui. C'est votre rôle. Donc pas de démission !

Mais vous avez le droit d'être déprimé avec tout ce qui vous tombe dessus, et même sans bien comprendre pourquoi ! Alors SOS, ne restez pas seul avec ça.

Ou bien c'est votre compagne qui se déprime et plonge sans goût ni intérêt pour ce qui se passe maintenant et qui n'a même plus l'énergie de vous contrarier.

Les mères peuvent faire de graves dépressions après l'accouchement, beaucoup plus graves que le simple baby blues (voir chapitre 11). Les maternités ou les PMI sauraient repérer les troubles mais les séjours sont si courts que c'est souvent plus tard, après la sortie que ça se manifeste.

Si votre femme vous inquiète, accompagnez-la chez un médecin ou parlez-en au psy de la maternité (ou un autre de votre choix).

Les plus graves (et les plus rares) troubles sont les psychoses puerpérales qui doivent être prises en charge en milieu hospitalier. Ce sont de graves maladies que vous ne pouvez en aucun cas gérer dans votre coin.

L'oxygène : en prendre au travail, en donner à la maison

Si vous vous contentez de votre congé paternité, une fois quelques jours passés ensemble dans le cocon familial, vous allez voir que c'est pas mal aussi de retourner au boulot ! Pas mal aussi de quitter l'atmosphère un peu étouffante de l'espèce de gynécée qu'est devenu votre quotidien. En deux mots, parler d'autre chose que de bébé, de couches, de caca et de rot, avec d'autres personnes que des mères, ça fait de l'air !

Vous allez rapporter des nouvelles de l'extérieur, certes pas toujours drôles, mais qui changeront aussi votre femme de son quotidien trépidant (seins, couches, dodo).

D'autre part le fait de prendre un peu de distance vous rend plus clairvoyant sur les petits problèmes que votre compagne affronte et qui finissent par occuper tout l'espace. Vous allez les relativiser grâce justement à ces moments d'absence et de retrait (tout aussi relatifs, on s'entend).

Et puis il est bon de partir pour revenir ! Qu'on reconnaisse votre pas dans l'escalier, qu'on vous sourie quand vous ouvrez la porte, quel pied !

Le cocon c'est (déjà) bientôt fini !

Voilà que les premiers mois vont passer (très très vite !) et que votre petit bébé ne sera déjà plus un nourrisson. Fini le temps du cocooning, enfermés tous les trois à la maison avec vos couches et vos biberons. Votre bébé dormira la nuit, il aura des horaires de sommeil et de repas prévisibles dans la journée et votre femme va reprendre sous peu son travail.

C'est une nouvelle ère qui va commencer. Une ère où votre enfant va passer plus de temps sans vous qu'avec vous dans la journée et dans la semaine. Attention, c'est parfois un peu dur au début (surtout pour la maman !)... Et surtout ça ne s'improvise pas.

Et qui va le garder ?

Maintenant vous vous connaissez bien. Il vous reconnaît, vous sourit. Vous vous y retrouvez dans ses expressions : joie, surprise, contrariété, inquiétude... Il gazouille, vous savez le faire rire, il paraît qu'il vous ressemble ! Vous savez vous occuper de lui. Il est mignon comme tout et vous êtes fier d'avoir un enfant. Bref, ça roule ! Mais sa maman va retourner travailler dans peu de temps. Qui va prendre soin toute la journée de votre cher enfant ? Ce n'était déjà pas vous, il n'y a pas de raison que ça change ! La question reste entière...

Cette période va être difficile pour la maman, à vous de l'épauler dans le choix du mode de garde.

Les différents modes de garde

Déjà pendant la grossesse vous avez dû être amenés à réfléchir au futur mode de garde de votre enfant. Ce ne sont pas des décisions à prendre à la légère, ni au dernier moment. Il en existe plusieurs : nounou, crèche, baby-sitter, grands-parents… Nous vous les détaillons au chapitre 24.

ET SI VOUS PRENIEZ CARRÉMENT UN CONGÉ PARENTAL ?

En clair : et si vous deveniez père au foyer ?

Vous avez votre femme ou vous la possibilité de prendre un congé parental, financé par la Caisse d'allocations familiales qui vous permet de ne pas travailler tout en conservant votre poste jusqu'aux 3 ans de votre plus jeune enfant (donc ça peut se cumuler si vous avez plusieurs enfants de moins de trois ans d'écart). Génial non ? Le hic, c'est que l'allocation varie entre 380 € et 560 €. Visiblement les femmes renoncent plus facilement à leur salaire que les hommes ! Pour preuve, les statistiques du congé parental en France : 96 mamans pour 4 papas.

Un rapport de juin 2011 préconise une période plus courte mais mieux rémunérée pour le congé parental : 1 an maximum mais 60 % du salaire maintenu… à suivre, messieurs !

Chapitre 13

Comment ça se nourrit un bébé ? (Le chien, vous savez !)

DANS CE CHAPITRE :

- **L'alimentation de votre bébé de A à Z**
- **Comment préparer un biberon**
- **Comment faire faire un rot (à un mineur de moins de 2 ans)**
- **Tout savoir sur le lait en poudre**

Votre bébé est né et maintenant il a faim !!! Après dormir, manger est sa principale activité.

Sa maman lui a donné des nutriments et des vitamines en continu dans le placenta via le cordon ombilical pendant neuf mois. Peut-être va-t-elle l'allaiter au sein et maintenir quelques mois encore cette fusion avec lui. Peut-être que l'allaitement au biberon vous laissera une petite place. Dans tous les cas, vous allez voir que ces histoires de nourriture sont un enjeu de taille pour la mère. Et ça dure... longtemps ! Où vous situerez-vous ? Comment ferez-vous votre place ? Avant toute chose, comprenez de quoi elle parle quand elle emploie les mots : lactation, tire-lait, tétines, puis protéines et purées.

Le sein, mode d'emploi

La voilà la grande question qu'on va immédiatement vous poser dès que vous annoncerez la naissance : « Est-ce qu'elle le nourrit au sein ? »

Votre compagne avait bien sûr abordé la question avec vous pendant la grossesse mais c'était tellement abstrait... Et vous, vous disiez « Bof, c'est le plus naturel et puis c'est bon pour les anticorps, etc. ».

Maintenant voilà, tétant les seins de votre femme, un individu minuscule, un étranger, dont vous ne connaissez au juste que le prénom (bon OK c'est vous qui l'avez choisi ce prénom, mais quand même !). Une pointe de jalousie peut-être ?

Et pourtant quelle fierté de la voir, rayonnante, nourrir ce petit que vous avez fait ensemble !

Les débuts

C'est souvent difficile pour la mère au moment de la « mise en place » de l'allaitement. Ça fait mal, avant, pendant et après la tétée si le bébé ne sait pas bien prendre le sein (crevasses). Le lait coule entre les tétées, elle doit porter des coussinets d'allaitement très élégants. Elle n'est jamais sûre que le bébé a bien bu, suffisamment. Bref, elle pleure et se décourage, étourdie par les conseils souvent contradictoires de son entourage (sages-femmes, amies, mère et belle-mère...). Mère et enfant ne sont pas des machines, tout ça va se caler, se roder en rentrant à la maison et chacun trouvera sa façon de faire.

Voici tout de même quelques conseils pour les aider à cette mise en route :

» Ce que vous avez de mieux à faire, c'est de garder votre calme. Le stress de la maman est amplement suffisant !

» Aidez-les à s'installer confortablement : dos bien calé, le bébé reposant sur son bras, soutenu par un coussin (d'allaitement ou autre). Il doit être bien positionné afin qu'il saisisse l'aréole dans son entier et pas seulement le mamelon dont la peau trop fragile pourrait gercer à la longue (les fameuses crevasses très douloureuses). On peut aussi allaiter au lit, allongée sur le côté, le bébé posé le long de son buste.

» Apportez-lui à boire, de l'eau, beaucoup d'eau, car l'allaitement donne très soif (elle se vide de liquide !).

Sachez-le, la vie va être impérieusement réglée par les tétées, et votre femme, toute à sa plénitude ne sera pas très disponible pour vous ! Vous risquez fort d'être sur la touche au début.

Bientôt vers deux mois et demi, trois mois, les horaires des repas seront plus fixes (4 par 24 heures et non pas 24 par heure !) et l'allaitement marchera tout seul. Il sera alors plus facile de se déplacer, de prévoir des choses. Et vous serez certainement très attendri et ému par ce spectacle de votre compagne si contente d'allaiter votre enfant, lui aussi visiblement bien content.

LES SEINS ÇA SE PRÉPARE

Elle en a parlé pendant sa grossesse au gynécologue ou à une sage-femme qui a examiné ses seins. Si ses mamelons ne sont pas bien sortis ou ombiliqués, on lui conseillera de les masser régulièrement avec un corps gras. Il faut commencer par l'aréole qu'on masse en tournant autour du mamelon qu'on masse aussi par la suite très délicatement entre le pouce et l'index. Elle peut le faire une minute chaque soir le dernier mois de la grossesse ou vous demander de le faire. Ce ne sont pas des travaux pratiques très difficiles qui peuvent vous mener parfois à d'autres approches.

Vous en avez marre !

Vous vous demandez combien de temps ça va encore durer ? Vous sentez qu'elle a du mal à décider d'arrêter, au comble qu'elle est de son bonheur et de sa fierté ? On a vu des femmes allaiter des années, au point que leur enfant après avoir tété était en mesure de leur dire : « Maman, ton lait a un drôle de goût, qu'est-ce que tu as mangé ? » (véridique).

Si cela vous fait peur ou si cela vous pèse pour toutes sortes de raisons, dites-le et redites-le ! Il faut établir un autre équilibre dans le couple. Il vous faut prendre votre place auprès de votre enfant en donnant aussi des biberons.

COMMENT TIRER SON LAIT ?

Avec un tire-lait ! C'est une sorte de pompe qui se pose sur le mamelon pour en exprimer le lait. Il existe plusieurs sortes de tire-lait :

- *Manuel*, plusieurs marques en font. Petits et légers, ils sont parfaits pour un usage occasionnel. Malheureusement il n'y en a pas un mieux que les autres et il vaut souvent mieux essayer pour savoir lequel convient le mieux. La solution ? S'en faire prêter un. Penser aussi aux sites de vente sur Internet type eBay ou Le Bon Coin qui proposent de bonnes occasions. Pour ce genre de matériel ça peut valoir la peine, les équipements sont souvent presque neufs après seulement quelques mois d'utilisation.
- *Semi-électrique*, plus cher mais très pratique. Après avoir commencé et trouvé la bonne cadence, c'est l'appareil qui continue tout seul. Moins fatigant et surtout plus efficace grâce à la régularité. Là aussi s'en faire prêter ou en acheter un d'occasion est une solution économique.
- *Électrique*, c'est carrément du matériel professionnel, conseillé dans les cas où il faut tirer son lait plusieurs fois par jour, par exemple en cas de séparation mère-enfant. Ce sont de petites machines, un peu encombrantes qui permettent de tirer le lait des deux seins en même temps. En général on les loue en pharmacie pour quelques mois.

On peut conserver le lait maternel dans de petits récipients qui peuvent s'adapter aux tétines (et parfois avec les tire-lait, parfois non, à étudier dans le choix du tire-lait et des biberons) :

- Au réfrigérateur, maximum 48 heures (pas dans la porte qui ne reste pas assez froide à cause des ouvertures et fermetures incessantes).
- Au congélateur, jusqu'à plusieurs mois.

Congélateur ou réfrigérateur, attention à bien dater les récipients car le lait du premier mois n'est pas le même que celui du deuxième (il est de plus en plus riche et gras) et ainsi de suite.

Elle peut tirer son lait

C'est un moyen de ne pas interrompre l'allaitement tout en donnant des biberons. Vous pouvez par exemple vous réserver la tétée de la nuit le week-end, ou celle du soir en rentrant du travail si votre chérie est d'accord pour tirer son lait (voir encadré).

Si votre sensibilité est heurtée par ces histoires de tire-lait, vous n'êtes pas obligé d'assister aux séances, d'ailleurs la pudeur de votre femme la poussera peut-être à s'isoler pour exprimer son lait. Mais ne vous méprenez pas, votre femme n'est pas une vache ! Ce n'est pas dégradant de tirer son lait. Et ça peut rendre de grands services sans remettre en cause l'exclusivité de l'allaitement. Encore une fois, c'est un choix qui regarde votre compagne en premier lieu, même s'il est préférable d'en parler ensemble.

L'allaitement mixte, une autre alternative

C'est une solution intermédiaire. On évite le tire-lait, on évite le lait dans le congélateur et autres complications. De la même manière qu'avec le biberon de lait maternel, vous pourrez ainsi donner vous-même à boire à votre petit.

Sachez toutefois que pour que la lactation se poursuive il faut au moins trois tétées par 24 heures.

QUIZ DU LAIT EN POUDRE

C'est là qu'on vous attendra au tournant, messieurs !

- » 3 ou 4 biberons suffiront, inutile d'en acheter plus sous peine d'encombrement.
- » Ce n'est pas la peine de les stériliser absolument. Un bon lavage suffit : voir l'encadré de la page suivante.
- » Pas besoin non plus de stocker des bouteilles d'eau à la maison. Sauf indication de votre commune, l'eau du robinet est bien assez pure. Si toutefois, ça vous stresse, choisissez une eau minérale portant la mention : « convient à la préparation des biberons ».
- » Le lait en poudre est prescrit par la maternité ou par le pédiatre. Il existe des centaines de laits sur le marché. Si possible n'en changez pas tous les quatre matins, même si une copine ou une grand-mère en vante un autre (moins cher, moins gras, meilleur pour la santé et autres lubies). Suivez les conseils médicaux car certains laits sont adaptés à certains problèmes que pourrait avoir votre enfant (régurgitations, intolérance...). Tous les laits sont compatibles avec l'allaitement au sein.
- » Les tétines fournies avec les biberons conviennent presque toujours. Les pharmaciens peuvent être de bon conseil, mais en général, les bébés s'adaptent à toutes les tétines. Il arrive parfois qu'une confusion sein/tétine s'installe, à ce moment-là, essayez une autre forme de tétine plus proche de celle du sein.

Le biberon, mode d'emploi

Allaitement mixte ou exclusivement au biberon, vous allez rapidement avoir à en préparer un pour votre bébé. En plus c'est souvent pour que votre compagne puisse s'extraire un moment de la maison que vous allez donner votre premier biberon.

Préparer un biberon

- Avant toute chose, lavez-vous les mains.
- Versez l'eau froide dans un biberon propre. Les quantités vous seront indiquées par le médecin en fonction de l'âge et du poids du bébé, mais elles sont indiquées sur les boîtes de lait à titre indicatif.
- Avec la mesurette qui se trouve dans la boîte de lait, versez ensuite le nombre de mesures de poudre correspondant à la quantité d'eau, c'est-à-dire une mesure de lait pour 30 ml d'eau (pour un biberon de 90 ml : 3 mesures, pour 120 ml : 4 mesures, etc.). On arase toujours la mesurette avant de verser la poudre pour obtenir la quantité exacte de poudre.
- Respectez toujours cette proportion, une mesure de lait pour 30 ml d'eau sous peine de troubles digestifs.
- Fermez le biberon, fermez-le bien !
- Agitez. D'abord en tournant le biberon entre vos deux mains pour mélanger le gros de la poudre et ensuite en le secouant du bas vers le haut pour finir. Si vous faites l'inverse, la poudre se coince dans la tétine pour y faire un beau grumeau !
- Faites tiédir le biberon dans une casserole d'eau chaude, au micro-ondes (quelques secondes) ou au chauffe-biberon. On peut aussi choisir de faire d'abord tiédir l'eau et de faire le mélange dans un deuxième temps.
- Avant de donner le biberon au bébé, vérifiez-en la température ! En versant une goutte sur votre poignet, ça ne doit pas brûler du tout. La température idéale étant tiède : 26/28 °C maximum. Certains bébés apprécient même leur biberon à température ambiante, ce qui est bien pratique en déplacement ! Mais testez la chose au préalable…
- Attrapez votre enfant, préalablement muni d'un bavoir, asseyez-vous confortablement et installez-le au creux de votre bras. Touchez sa bouche doucement avec la tétine,

il se jettera probablement dessus ! Le tour est joué, il boit maintenant goulûment.

» S'il s'arrête en route, c'est peut-être que l'air ne passe pas ou passe mal, vérifiez le bon placement de la tétine.

NETTOYER UN BIBERON POUR LES NULS

C'est très simple.

» Munissez-vous d'un goupillon (vendu en pharmacie ou grande surface) et vous serez le roi du nettoyage de biberons. Ça tombe bien puisque vous risquez d'en avoir quelques-uns à nettoyer ces prochains temps.

» Juste après utilisation faites tout de suite tremper le biberon dans de l'eau très chaude avec une goutte de liquide vaisselle (le lait c'est gras).

» Ensuite frottez toutes les parois avec le goupillon.

» Rincez-le plusieurs fois toujours à l'eau très chaude.

» Pour la tétine, c'est pareil, eau chaude et goupillon, on frotte minutieusement et on rince bien (sinon bébé boit du liquide vaisselle).

» Mettez le tout à sécher tête en bas, sur un Sopalin posé sur une surface propre ou dans un égouttoir.

» Pour info, le lave-vaisselle peut faire aussi bien que vous ce travail !

Les rots

Après son biberon ou la tétée, le nouveau-né a besoin qu'on l'aide à roter pour évacuer le trop-plein d'air dégluti avec le lait. Tenez-le alors verticalement, calé contre votre épaule par exemple et tapotez-lui doucement le dos. Assez rapidement vous risquez d'entendre un rot parfois très sonore. Ça peut être déroutant parfois un bruit pareil venant d'un si petit être... Mais oui c'est bien votre bébé qui a fait ce rot et pas un gros camionneur caché sous votre canapé.

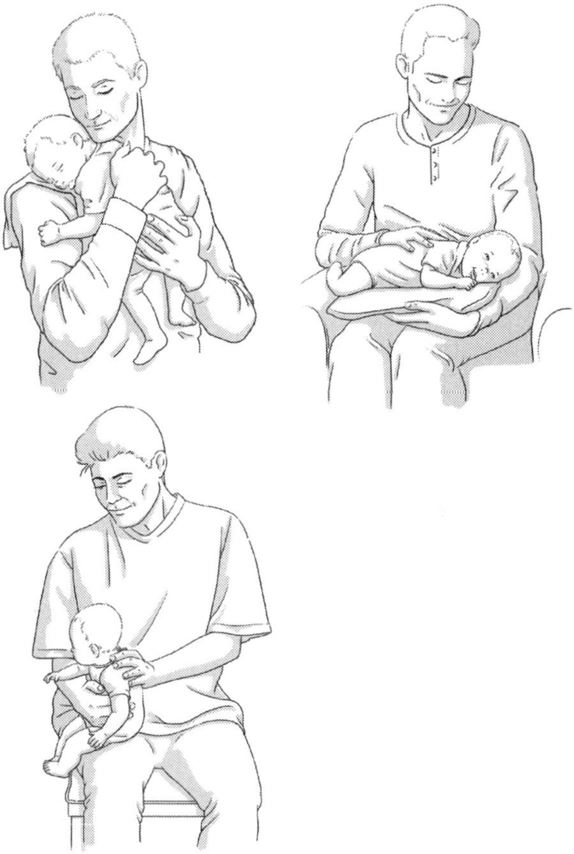

FIGURE 13-1 : Installation du bébé pour le rot

Avec un petit bonus

Parfois aussi le rot s'accompagne d'un petit rejet de lait. N'employez pas tout de suite les grands mots, votre bébé ne vomit pas s'il crachouille un peu de lait. Ce rejet, ce n'est ni le signe d'une gastro-entérite ni celui d'un reflux sévère. Après un biberon ou une tétée c'est normal. C'est le trop-plein qui s'évacue. Les bébés n'ont pas toujours tout leur appareil digestif mature dès la naissance, en conséquence chez certains la frontière bouche/estomac est encore mal définie...

Munissez-vous d'un lange ou d'un bavoir pour lui faire faire son rot afin de préserver votre chemise propre.

Si vous pensez qu'il rejette beaucoup trop de lait, parlez-en à un médecin qui vous posera les questions adéquates pour en évaluer la quantité et en tirer un diagnostic.

Si votre enfant s'endort ou en tout cas ne rote pas, attendez quand même un petit moment (10 minutes) et vous pouvez finir par le coucher, sur le côté de préférence en cas de régurgitation (si on interdit habituellement cette position c'est seulement à cause d'une éventuelle déformation crânienne, donc pas de crainte à avoir).

LES SELLES : AVANT OU APRÈS ?

Faut-il changer le bébé avant ou après le repas, *that is the question* ! Car à tous les coups le repas s'accompagne d'une selle dans la couche...

Nous vous conseillons d'essayer les deux et de voir ce qui provoque le moins de rejets (voir paragraphe précédent !).

Du solide : par ici la diversification alimentaire !

Vers l'âge de 6 mois, c'est souvent le moment où les mères arrêtent d'allaiter pour retourner travailler si ce n'est pas déjà fait. Mais même si le bébé est nourri au biberon, c'est l'âge de la fameuse (vous allez en entendre parler, croyez-nous !) *diversification alimentaire.*

Comme tout changement, il doit avoir lieu en douceur. On ne remplace pas bêtement et simplement les biberons par les purées. C'est trop violent, l'estomac et les intestins de votre bébé ne le supporteraient pas.

Les fruits et légumes

Dans quel ordre ?

Tout va être nouveau pour le bébé : l'ustensile (la cuillère) et ce qu'il contient (la purée). Donc on commence tranquillement, pour l'habituer à l'un et à l'autre. On introduit d'abord quelques cuillères de compote, une fois par jour. Certains pensent qu'il vaut mieux commencer par les légumes, pour ne pas habituer les enfants au goût du sucré qu'ils préféreront à tous les coups rendant plus difficile l'introduction des légumes.

LES PETITS POTS

- Tous conviennent, une marque n'est pas meilleure qu'une autre.
- Vérifiez toujours la date de péremption, en général imprimée sur le couvercle.
- Vérifiez aussi l'âge auquel il s'adresse. À partir de 4 mois seront proposées des purées absolument lisses tandis qu'à partir de 10 ou 12 mois, les purées comporteront des petits morceaux.
- Si vous le faites chauffer au micro-ondes, remuez bien le contenu du pot avant de le donner. Et quoi qu'il arrive, goûtez !

D'autres pensent exactement l'inverse ! Si l'enfant commence la cuillère avec un truc mauvais comment pourrait-il aimer ça ?

En fait, c'est égal. D'une part parce que les légumes ce n'est pas mauvais. Ça dépend de comment on les prépare. Et puis, chacun ses goûts (les bébés aiment souvent beaucoup les épinards) ! Ce qui est vrai pour un bébé sera absolument faux pour son voisin. Ne vous laissez pas influencer par quelqu'un d'autre que votre médecin ou pédiatre qui saura vous conseiller sur ce terrain de la diversification.

Si c'est la cuillère qui pose un problème, il est tout à fait possible de servir les compotes et purées dans un biberon, mélangées au lait. Le bébé appréciera. Il viendra plus tard à la cuillère, sans problème.

LES ALLERGIES ALIMENTAIRES

On en parle beaucoup mais elles ne sont pas si fréquentes. Elles concernent le plus souvent :

- **Les protéines du lait de vache**. C'est assez rare. On remplace alors le lait de vache par du lait de soja ou un hydrolysat de protéines, uniquement sur prescription du médecin. Évitez les essais de laits différents à l'aveuglette. On vous parlera peut-être de laits végétaux (amande, avoine ou autre) qui n'ont du lait que la couleur et qui peuvent provoquer des carences. Là non plus ne vous lancez pas seul.
- **Les céréales**. On les évite alors jusqu'à 7-8 mois pour ne pas favoriser d'intolérance au gluten (protéine de blé qui se trouve donc aussi dans les pâtes, le pain…).
- **Les fruits exotiques** (papaye, mangue, ananas, avocat) qu'on évite aussi jusqu'à 18 mois. Il y a peu de problèmes avec les oranges et les bananes.
- **Les fruits secs** (noisettes, amandes, arachides…) Des réactions apparaissent en général chez les multi-allergiques. Si c'est le cas, on évite !
- **Les œufs**. On n'en donne pas avant 9 mois.
- **Le cheval, le poisson, les crustacés**. Comme les fruits secs, à éviter si des allergies sont déjà décelées.

S'il y a un terrain allergique familial, prudence : il ne faut pas l'asticoter. Donc signalez-le et suivez les prescriptions médicales sans bricoler un régime à vous. L'allergie est un problème médical que vous ne pourrez en aucun cas régler seul.

Un par un

Le plus important est d'éviter les allergies. C'est pour cela qu'on ne commence plus à donner des fruits et légumes avant 5 ou 6 mois. Pour cela aussi qu'on les introduit un par un, ce qui permet d'identifier l'allergie si elle survient (plus difficile quand on a mélangé quatre légumes !). Et enfin c'est pour cela que l'on évite les aliments allergisants avant un an (œufs, fruits exotiques, etc.).

Des protéines, pour être fort comme papa !

Le poisson, la volaille (dinde ou poulet), et la viande peuvent être consommés dès 9 mois, en très petite quantité (1 à 2 cuillerées à café !) bien mixés dans les légumes cuits.

Ne vous compliquez pas la vie et les courses, là encore les petits pots avec protéines sont très bien faits et fiables.

Mais les grands chefs étoilés et toqués étant presque tous des hommes, ne serait-ce pas une occasion de commencer une nouvelle carrière ? Vous pouvez tout à fait cuisiner poisson ou viande et légumes pour toute la famille. Des crèmes ou des compotes que votre enfant goûtera avec de plus en plus de plaisir. Il pourra manger exactement comme les grands vers l'âge de 2 ans.

D'ici là suivez les conseils en nutrition que l'on donne à tous :

- Pas de friture
- Peu salé
- Peu sucré
- Une majorité de légumes et de fruits
- 500 ml de lait par jour

Pour le reste laissez-vous aller à votre créativité, au moins une personne vous en saura gré, c'est votre compagne ! Il existe des livres de recettes spécialisées (chez First Éditions) !

FIGURE 13-2 : Enfants : les grandes phases de la diversification alimentaire..

Enfants : les grandes phases de la diversification alimentaire

	1er MOIS	2e MOIS	3e MOIS	4e MOIS	5e MOIS	6e MOIS	7e MOIS	8e MOIS	9e MOIS	10e MOIS	11e MOIS	12e MOIS	2e ANNÉE	3e ANNÉE
Lait	Lait maternel exclusif ou						Lait maternel exclusif ou							
	Lait 1er âge exclusif				Lait 1er ou 2e âge		Lait 2e âge ≥ 500ml/J						Lait 2e âge ou de croissance	
Produits laitiers					Yahourt		ou fromage -> Fromage blanc nature							
Fruits					Tous : très murs		ou cuits, mixés, texture homogène lisse -> crus, écrasés						en morceaux, à croquer	
Légumes					Tous : purée, lisse		------> petits morceaux							
Pomme de terre					Purée,		lisse ------> petits morceaux							
Légumes secs													15-18 mois : en purée	
Farines infantiles (céréales)					Sans gluten									
Pain, produits céréaliers							Pain, pâtes, semoule, riz							
Viandes; poissons					Tous		10g/j (2cc)		Hachés : 20g/j (4cc)				30g/j (6cc)	
Oeuf							1/4 (dur)		1/3 (dur)				1/2	
M.G. ajoutées							Huile (olive, colza...) ou beurre (1cc d'huile ou noisette de beuure au repas)							
Boissons	Eau pure : proposer en cas de fièvre ou de forte chaleur						Eau pure							
Sel													Peu pendant la cuisson, ne pas resaler à table	
Produits sucrés							Sans urgence, à limiter							

Source : www.mangerbouger.fr

On ne force pas !

Ne forcez jamais un bébé à goûter un mets ou à finir son assiette. Les bagarres que cela engendre sont très néfastes. Il y viendra, de lui-même, un jour poussé par sa curiosité. Influencé par le plaisir que vous aurez vous, à manger ce mets. Pas d'excès d'autorité, vous risqueriez d'obtenir l'effet inverse, voire un blocage. De toute façon, à 20 ans il mangera aussi bien que vous les épinards et les endives cuites, peut-être même la tête de veau que vous n'arrivez pas à regarder dans les yeux !

Une mauvaise phase ?

Il arrive parfois que les enfants aient des périodes obsessionnelles et refusent de se nourrir d'autre chose que de pâtes ou de yaourt. N'en faites pas un plat – c'est le cas de le dire ! – et laissez passer l'orage. Inutile dans cette période de lui préparer des mets de plus en plus originaux, genre purée de betteraves ou de salsifis. De lui-même il reviendra à d'autres choses, encore une fois en vous voyant manger, par exemple. On a de la chance ici de disposer d'autant de choix, ne craignez donc pas les carences. Parce que franchement, si les enfants sous nos latitudes sont carencés alors qui ne l'est pas ?

Des goûts personnels

Eh oui, les enfants sont déjà des personnes et comme vous, ils ont des goûts. Leurs goûts vont changer, certes, mais il faut les respecter malgré tout. Le vôtre n'aime pas l'acidité, évitez de forcer sur le vinaigre ou le citron ! Il n'aime pas le fromage, ce n'est pas un caprice ! Faites-lui goûter autre chose et vous découvrirez peut-être qu'il aime les épices ou les herbes à défaut du roquefort. Votre mission, lui montrer ce qui existe ! À lui de décider ce qui lui plaît ensuite.

Toutes les consistances

Assez rapidement, ils ont vraiment envie de manger comme les grands. Tout ce qui passe de comestible sous leur nez demande à être goûté. Allez-y, faites-lui goûter. Vous serez surpris que même avec très peu de dents, voire pas du tout, les enfants de cet âge sont capables de « mâcher » pratiquement toutes les consistances. Attention toutefois : ne leur donnez jamais de graines ou de gros morceaux qui pourraient l'étouffer.

Pas de noix, noisette, amande dont les fragments, avalés « de travers » peuvent aller se ficher dans une bronche, dont il faut les extraire chirurgicalement. Attendre l'âge de quatre ans pour en donner.

Manger ça s'apprend

Avant ses 20 ans apprenez à votre enfant à manger proprement ! D'abord en se servant de sa cuillère. Vous verrez que les enfants qui vont à la crèche apprendront très vite, en regardant les copains. Plus tard, vers 3 ans, il peut se servir d'une fourchette, une petite fourchette pour enfants, il en existe partout. Votre enfant sera si fier d'y arriver et vous pourrez le féliciter d'être un petit convive à la hauteur.

Bien sûr là non plus pas d'excès… Un enfant mettra des miettes par terre et du yaourt dans ses cheveux, c'est normal !

Les dents

Ah ces quenottes ! Vous n'avez pas fini d'en entendre parler. Votre enfant est-il précoce, en retard, combien en a-t-il ? Les dents servent de repère et d'appui à nombre de croyances populaires. Elles ont une drôle de réputation. Il faut dire qu'elles ont bon dos !

Le bébé est pénible ? Il pleure la nuit ? Il a la diarrhée et les fesses très rouges ? Il est enrhumé et tousse ? Il mange mal ? Tout ça à la fois ? À tous les coups ce sont les dents !

C'est souvent vrai.

Quelques repères

» Les dents de lait commencent à se minéraliser chez le fœtus dès le 4e mois de la vie intra-utérine et dès la naissance pour les dents définitives.

» Il peut arriver (rarement – 1 sur 1 000 – mais j'en ai vu chez des jumeaux) qu'une ou plusieurs dents soient déjà sorties à la naissance (la légende dit que c'était le cas pour Napoléon et Louis XIV !). Mais il faut les enlever car elles gênent l'alimentation.

» À partir de 6 mois selon les enfants, c'est une moyenne, apparaissent les dents temporaires, les « dents de lait » qui sortent à un rythme capricieux et imprévisible et à une place variable. En haut et en bas, c'est pareil, mais souvent pas dans le « bon » ordre. Vous croyez que sa sortie est imminente et un mois plus tard elle est toujours cachée. Vous aurez beau la guetter, vous la verrez un jour par surprise.

Ensuite elles poussent régulièrement tout au long de l'enfance.

» À partir de 6 ans intervient « la petite souris » (un petit cadeau sous l'oreiller en échange de la dent qui vient de tomber) car les dents de lait vont tomber pour être remplacées par les dents définitives.

» Il faut les nettoyer très tôt. On utilise un petit doigtier pour frotter les premières dents du bébé, puis une petite brosse. Ensuite on utilise le dentifrice au dosage de fluor adapté à l'âge. Vers 2 ans, votre enfant le fera un peu tout seul. Après, il faut insister pour deux brossages par jour, le matin et le soir (bon courage !).

Offrez (ou faites offrir) à votre enfant une brosse à dents électrique, au design rigolo, très efficace en peu de temps, et qui les amuse beaucoup ; le brossage devient un jeu.

» C'est discuté mais le pouce sucé ou la tétine ont tous les deux des inconvénients sur la position des dents définitives mais qui arrive à s'en passer ?

« EN BAS C'EST PIRE »

« Un petit garçon de 4 ans me dit très fier :

"Tu te rends compte, ma petite sœur a deux dents en haut !"

Je lui réponds que c'est formidable !

Il fait la grimace et enchaîne :

"Et en bas, c'est pire !" »

Chapitre 14
Mais il va dormir, oui ! Ou le sommeil

DANS CE CHAPITRE :

- **Comment se présente le sommeil du bébé**
- **Quelle est son évolution**
- **Quel est votre rôle dans son sommeil**

Le sommeil ? Hein, quoi, qu'est-ce que c'est ? Vous avez oublié !

Oubliées, les grasses matinées, seul ou à deux. Oubliées, les longues nuits réparatrices après un soir de fête. Oubliée, la petite sieste d'après le repas du dimanche...

On vous comprend, c'est vraiment très difficile ! Mais on n'est pas là pour parler de votre sommeil ! Il s'agit ici de celui de votre enfant. Plongez-vous dans ces quelques pages pour apprendre à bien endormir votre enfant ou à gérer ses réveils nocturnes. Et qu'on ne vous voie pas cligner un œil...

Vous avez le pouvoir de l'aider !

Vous ne vivez pas la même histoire

Voilà c'est dit et ça résume tout ! Alors détendez-vous...

Vous

Pour vous le sommeil c'est comme on le disait plus haut le lâcher prise, la détente, le repos (siestes, grasses matinées). Vous vous retrouvez.

Elle

Pour votre femme, depuis qu'elle a un enfant, c'est différent. Elle reste vigilante même dans son sommeil, prête à bondir si l'enfant pleure.

Le bébé

Le sommeil de votre enfant est très différent du vôtre. Il est composé de plusieurs cycles de sommeil qui durent environ 50 minutes alors que chez l'adulte ils varient entre 90 et 110 minutes. Entre chacun, il se réveille plus ou moins.

Par ailleurs, il n'a pas de notion du temps. Le futur, l'après, le demain sont des notions qu'il ne peut comprendre. Seule existe son angoisse d'être séparé de ses parents sans savoir si c'est provisoire ou définitif, sans savoir jusqu'à quand.

COMMENT SAVOIR SI LE BÉBÉ EST VRAIMENT RÉVEILLÉ ?

Son repos commence par du sommeil agité (avec des rêves) et se poursuit avec du sommeil calme, jusqu'à 4 ou 6 mois. Le sommeil agité ressemble à de l'éveil : le bébé a des mouvements du visage, des grimaces, des sourires, signes de son activité cérébrale, de la mise en place de ses circuits nerveux, et de son apprentissage à éprouver des émotions et à les communiquer. Il est aussi agité de mouvements corporels, un peu comme des sursauts. On peut donc croire que l'enfant est en train de se réveiller, mais en fait, il dort. Il faut respecter au maximum cette phase du sommeil.

Un bébé est bien réveillé quand il est calme, les yeux bien ouverts, quand il regarde et communique… mais aussi quand il réclame avec énergie ! C'est le moment de le prendre et s'en occuper.

Le rythme du tout petit bébé

Il se réveille environ toutes les deux heures et demie/trois heures car il a besoin d'être nourri. Il n'y a rien à faire, tous les enfants sont faits comme ça. Si vous n'en pouvez plus (de fatigue) et que vous sentez que vous êtes prêt à le passer par la fenêtre, passez-le plutôt à ses grands-parents le temps d'un week-end (pas plus). Vous expliquez bien à votre bébé où vous l'emmenez et qui va s'occuper de lui. Cette période semble interminable mais en réalité elle dure environ jusqu'à ses 3 mois.

À partir d'environ 3 mois

Le bébé commence à avoir un rythme de sommeil nocturne plus facile à gérer. Il n'a plus besoin de manger la nuit (sauf certains morfals !) et se réveille en même temps que vous le matin. Franchement, c'est mieux. Il dort encore beaucoup dans la journée et a besoin de faire deux ou trois siestes (matin, après-midi et fin de journée).

L'endormissement

Cette difficulté concerne peu les nouveau-nés qui ont tendance à bien s'endormir partout même (et parfois surtout !) s'il y a de la lumière et du bruit. En revanche, certains grands bébés ont des difficultés à s'endormir. Ce n'est pas grave ! Ce qui est grave c'est de ne pas lui apprendre à y remédier. Vous ne pourrez pas toujours être près de lui pour qu'il s'endorme, aidez-le à s'endormir tout seul. Essayez de tenir votre épouse à l'écart, c'est parfois son angoisse de séparation qui rejaillit sur le bébé...

Ensuite, pour favoriser son endormissement, il faut :

- » Le coucher à des horaires stables.
- » Faire venir le calme en l'accompagnant à son lit.
- » L'installer dans une turbulette confortable (voir encadré).
- » Lui proposer son doudou et/ou sa tétine.

- Rester un peu (on a bien dit « un peu » !) près de lui, pas forcément tous les deux, un seul parent suffit si l'autre a dit bonsoir à l'enfant juste avant.
- Lui chanter une berceuse (l'enfant aime que ce soit toujours la même), le caresser.
- Éventuellement lui raconter une histoire, mais pas dix !
- Enfin le prévenir de votre départ, lui parler du lendemain, du reste de la famille (« Ta maman et moi maintenant on va dîner, regarder un film... » ou encore « Ton grand frère fait déjà dodo dans son lit ou va aller se coucher lui aussi... », etc.).
- Après tout ça, quitter fermement la chambre. Quand les parents sont trop pressés de se reposer, les enfants se cramponnent. Quand les parents redoutent le réveil, les enfants sentent cette tension. Donc, soyez sûr que ça va marcher, vraiment sûr. Et laissez votre enfant, même bébé s'endormir tout seul.
- Vous pouvez laisser une lumière allumée dans le couloir et la porte entrouverte.
- Il rouspétera parfois un peu, mais si c'est le cas, ne retournez pas dans la chambre à la moindre tentative de votre bébé de vous appeler. Parfois il ne vous appelle pas vraiment, il manifeste simplement sa difficulté à trouver le sommeil et vous risqueriez de le déranger en entrant dans sa chambre et en le sollicitant.
- Adoptez la règle des dix minutes. Dix minutes ce n'est pas long en soi, mais quand on entend son enfant pleurer c'est une éternité ! Donc on regarde sa montre quand il commence et s'il pleure encore au bout de dix minutes, on va voir ! Heu... pensez aussi à ligoter votre compagne qui aura bien du mal à laisser son petit crier... Mais vous verrez surtout que généralement vous n'arrivez pas à cette limite parce que l'enfant lâche prise et s'endort bien avant. Alors messieurs, à vos chronos !

EMMAILLOTER LES BÉBÉS, LA NOUVELLE ANCIENNE MODE ?

La pratique de l'emmaillotement est très répandue depuis l'Antiquité. Elle était très pratiquée notamment au xviiie siècle pour protéger les bébés du froid mais aussi dans l'idée d'aider le développement du corps. La pratique a été néanmoins très critiquée par les médecins de l'époque car jugée rétrograde. Il faut dire que l'on n'hésitait pas alors à placer une planche de bois entre les jambes du bébé pour les bloquer ou accrocher le bébé emmailloté à un clou pour le garder et le protéger des animaux (chiens, rats, cochons...) dans les fermes quand les parents étaient aux champs. Heureusement, la technique a depuis bien évolué. D'ailleurs, si l'emmaillotement a perdu du terrain en France, il est toujours très courant aux États-Unis. Et aujourd'hui, il semble revenir dans l'Hexagone.

Les réactions sont dithyrambiques : des bébés qui ne trouvaient pas le sommeil s'endorment quasiment instantanément, d'autres qui se réveillaient maintes fois passent pratiquement des nuits complètes...

En fait, il semble effectivement que l'emmaillotement facilite le sommeil du bébé. Cette position pourrait lui rappeler les limites du ventre de maman et calmer ainsi ses angoisses : se retrouver dans un grand lit vide, plein d'espace...

De plus, les réveils nocturnes sont parfois liés à des mouvements désordonnés des bras, le « réflexe de Moro ». L'emmaillotement permettrait alors de faire disparaître la cause, favorisant le sommeil.

Si l'emmaillotement a été très décrié, ce n'est plus le cas aujourd'hui, depuis que la technique a évolué. L'usage est limité à la nuit, le bébé n'est pas totalement entravé, et notamment les jambes sont libres : pas de risque de ralentir le développement musculaire ou d'augmenter les problèmes de luxation de la hanche.

Seul problème : déshabituer le bébé. Lorsqu'il a pris l'habitude de s'endormir de cette façon, difficile de changer ce rituel en grandissant. Les professionnels conseillent d'y aller progressivement : en laissant d'abord un bras libre, puis le second...

Le but de l'emmaillotement n'est pas de bloquer les mouvements du bébé pour le poser dans un coin ! Cette pratique doit respecter plusieurs règles.

Pas question d'emmailloter le bébé s'il est réveillé, il est inutile de l'emmailloter pour la sieste. Il est important également qu'il puisse bouger les jambes.

EMMAILLOTER LES BÉBÉS, LA NOUVELLE ANCIENNE MODE ? *(suite)*

Prenez garde aussi en cas de forte chaleur extérieure ou de fièvre, l'emmailloter n'est pas conseillé.

Attention les premières fois, plutôt que de risquer de mal emmailloter votre bébé, mieux vaut demander de l'aide : adressez-vous à une sage-femme à la maternité. Elle vous fera une démonstration qui vaudra tous les modes d'emploi !

Enfin, l'emmaillotement ne doit pas être prolongé lorsque le bébé grandit et qu'il peut commencer à bouger et se retourner tout seul dans son lit (en gros pas au-delà de 3 mois).

Il existe aujourd'hui de nombreux vêtements et couvertures spéciales pour emmailloter le bébé, qui viennent la plupart du temps directement des États-Unis.

Mais dans tous les cas, n'oubliez pas que l'emmaillotement ne remplacera jamais l'affection de ses parents pour rassurer le bébé et l'aider à s'endormir sereinement...

Les réveils nocturnes

L'enfant se réveille en pleine nuit, en pleurant. Les raisons diffèrent selon l'âge des enfants.

- Le nouveau-né se réveille parce qu'il a faim. Il n'avait pas de rythme dans l'utérus, nourri en permanence par le cordon ombilical.
- À 3 mois, il se réveille rarement en pleine nuit, sauf s'il est malade ou qu'il a perdu sa (satanée !) tétine. Il apprendra à la retrouver tout seul dans son lit, mais pas tout de suite !
- Plus grand, il fera parfois des cauchemars ou des terreurs nocturnes (voir encadré chapitre 19). C'est normal et pas grave.

Il pleure, quand y aller ?

Quand c'est un tout petit bébé, on ne se pose pas la question d'un caprice, il faut y aller et le rassurer. Mais :

» **Si ce sont de petits pleurs**

- Il n'est pas vraiment réveillé et retrouvera peut-être (croisez les doigts) le sommeil en quelques instants, n'y allez pas tout de suite.

» **Si ce sont de gros pleurs**

- Il faut aller voir.
- Vérifier qu'il n'a pas de température, qu'il n'a pas mal quelque part.

LA MORT SUBITE DU NOURRISSON

Vous avez hélas beaucoup entendu parler de cet événement dramatique qui peut survenir dans la première année de l'enfant (avec un pic entre 3 et 6 mois). L'enfant décède brusquement dans son sommeil, sans aucun signe précurseur.

Les causes sont parfois retrouvées (malformation cardiaque ou cérébrale non décelée auparavant, très brutales poussées de fièvre extrême, infections foudroyantes virales ou bactériennes) mais souvent on n'en connaît aucune.

En revanche, on connaît les précautions à prendre :

» Coucher le bébé sur le dos (meilleure évacuation de la chaleur, respiration plus facile).

» On peut le coucher à la rigueur sur le côté s'il régurgite beaucoup, en le calant pour ne pas qu'il se retrouve sur le ventre.

» À partir de 7 mois, on le laisse se mettre comme il veut !

» Le matelas doit être ferme, le drap bien bordé et bien fixé et les barreaux du lit serrés.

» Jusqu'à 2 ans on proscrit du lit tout objet qui pourrait l'étouffer : oreiller, couette, couverture, doudou volumineux, etc.

» La température de la chambre ne doit pas dépasser les 19 ou 20 °C, il aurait trop chaud.

» S'il a de la fièvre au coucher, surveiller sa température dans la nuit à l'aide d'un thermomètre frontal.

De toute façon, on sait que votre compagne ira vérifier cinquante fois par nuit s'il respire, ce n'est pas la peine de lui demander de le faire !

Si le sommeil, que ce soit à cause de l'endormissement ou des réveils nocturnes, reste chaotique pendant des mois et des mois, c'est peut-être un problème de relation à la mère, une impossibilité de se séparer d'elle… Dans ce cas, faites-vous aider !

LES TURBULETTES

On les appelle aussi gigoteuses et elles permettent comme leur nom l'indique de laisser le bébé gigoter dans tous les sens sans entrave dans son lit tout en dormant au chaud.

Ce sont des sortes de sacs de couchage à bretelles qu'on enfile par-dessus le pyjama, bien larges pour laisser les jambes libres, fermés par une fermeture éclair que l'enfant ne peut pas défaire. En principe !

Bien chaudes, comme une couette, elles permettent à l'enfant de s'endormir dans toutes les positions, à quatre pattes, sur le côté ou encore les pieds en l'air !

Il existe une alternative à ces turbulettes qui sont des surpyjamas bien chauds qui s'enfilent par les pieds. Vous choisissez ce que vous trouvez le plus pratique !

Très important : pas de couette, ni de couverture, ni de jouet volumineux dans le lit jusqu'à l'âge de 2 ans, 2 ans et demi, pour ne pas risquer l'étouffement (voir encadré « La mort subite du nourrisson » page précédente).

Chapitre 15

En sortie, en vacances, en voyage

DANS CE CHAPITRE :

- **Tous les moyens possibles et imaginables de transporter son enfant**
- **Quoi emporter avec soi**
- **Le confort et la sécurité**

Que c'est doux ce cocon chaud que vous formez depuis que vous êtes une famille. Il y fait bon vivre, en se calant sur les horaires du petit, en recevant de temps à autre une visite, accompagnée de beaucoup d'amour et parfois même d'un petit cadeau... Vous pourriez vivre comme ça des années, en pyjama, dans cette bonne odeur de lait et de couches mêlés.

Stop !

Il faut sortir, respirer l'air « pur » du dehors. Pas forcément longtemps, pas forcément loin, mais à l'occasion d'un achat à la pharmacie ou d'une visite à un ami proche, sortez le nez (et le nouveau-né) de chez vous.

De toute façon, vous n'allez pas rester enfermés toute la vie, tous les trois. Allez oust !

Enfin, c'est vous qui le portez !

Vous avez attendu longtemps et voilà que c'est possible ! Vous pouvez enfin faire ce que votre femme a fait les neuf derniers mois à savoir porter vous aussi cet enfant ! Vous allez rapidement vous rendre compte que le prendre simplement dans vos bras n'est pas si simple et que certains ustensiles risquent de vous être fort utiles.

Avant tout, il vous faut « the » sac

Très bien, vous allez porter votre bébé. Mais savez-vous que vous allez aussi porter d'une manière ou d'une autre, son sac ? Car votre bébé ne va pas sans ses affaires. Un peu comme le havresac du soldat, le sac qui contient les affaires de votre enfant est central et indispensable ! Par pitié n'achetez pas un « sac à langer » qui, gros comme la table basse du salon, coûte un bras. Vous trouverez bien chez vous un sac suffisamment grand pour contenir les objets de la liste qui suit et suffisamment pratique pour être porté ou accroché à la poussette.

Voici ce que le sac va contenir (de manière incompressible !) :

Les armes

- » Du coton + lait de toilette ou des lingettes pour le change.
- » Un tube de crème pour les fesses irritées (en vadrouille, conseil d'ami, évitez l'éosine, vous savez le gros rouge qui tâche...).
- » Et bien sûr des couches (3 ou 4) !

Le paquetage

- » Une tenue de change complète, jusqu'aux chaussettes, car vomi et caca peuvent se faufiler partout !
- » Un chapeau s'il y a du soleil.
- » Un bonnet s'il fait froid.

Les munitions

- » Du lait en poudre dans une boîte doseuse qui sépare ainsi les rations pour chaque repas (si votre compagne n'allaite pas, sinon, pensez à l'emporter elle !).
- » Un ou deux biberons remplis d'eau en conséquence (il faut pouvoir le laver si vous n'en prenez qu'un et que vous donnez deux repas à votre bébé).

- Un goûter s'il est un peu plus grand (quelques biscuits, une compote…).
- Un doudou, si votre enfant en a un, à accrocher à la poussette (ou à l'enfant) car quand il est perdu, bonjour le drame.
- Une tétine (ou deux) si votre enfant en a une. À accrocher aussi.
- Un ou deux joujoux pour lui occuper les mains.

La feuille de route

- Adresse de la nounou (et son code !)
- Adresse de la crèche (et son code !)
- Adresse du pédiatre (et son code !)

Prévoyez une balade par jour, même s'il ne fait pas très beau. Ça aère et ça détend tout le monde. Vous pouvez en profiter pour faire de petites courses : journal, pain, etc.

Ceux (et celles) que vous croiserez en route seront attendris par le spectacle de ce jeune papa promenant son enfant. On vous fera de beaux sourires d'admiration voire de connivence. C'est bon pour le moral, mais n'en profitez pas pour draguer, ce n'est pas le but !

Divers porte-bébés

Pendant la grossesse, la femme a un ventre de plus en plus gros, tandis que son homme est toujours mince et frétillant. Et tout à coup, au bout de quelques mois, le choc : elle est redevenue mince (ou presque) et lui est maintenant tout pataud avec le bébé sur son ventre dans le porte-bébé, indéniablement assez fier de cette situation inversée !

Bien sûr vous en avez déjà croisé de ces pères « enceints », fiers comme tout de leur abdomen gonflé et bariolé, comme en fin de grossesse. Mais ce n'est pas une fin ! C'est un début !

Si vous voulez être l'un d'eux, plusieurs sortes de porte-bébés sont proposées sur le marché :

« J'AI ENFIN SENTI CE "GROUILLEMENT" »

« Je me suis longtemps demandé ce que pouvait ressentir la mère dans son ventre quand elle sentait gigoter son enfant… Un jour en randonnée j'ai porté mon tout petit petit-fils dans une écharpe de portage et il s'est mis à remuer les pieds. J'ai senti enfin ce "grouillement" pour la première fois ! Et j'ai compris l'émotion que cela pouvait produire ! »

L'écharpe

C'est une longue bande de coton de 4 mètres sur 1. En croisant et entrecroisant le tissu sur les épaules et le dos, on fabrique une poche solide pour y porter le bébé. Les bébés adorent, ils s'y endorment très facilement. L'avantage est qu'avec l'écharpe, selon son placement, vous pourrez porter votre bébé sur votre poitrine, sur votre dos ou sur votre hanche. Autre avantage, le poids du bébé est très bien réparti et vous pouvez le porter longtemps sans aucun problème.

L'inconvénient, c'est l'apprentissage ! Il faut parfois un peu de temps pour se sentir à l'aise avec cette longue et encombrante bande de tissu, pour trouver le bon serrage, faire le bon nœud, etc. Ne vous découragez pas si vous avez envie d'essayer ! C'est vraiment un bon moyen de prendre le relais de la maman et de se sentir en osmose avec son bébé.

Il existe des variantes : notamment le « sling », une sorte d'écharpe déjà cousue en forme de hamac qui se porte en bandoulière. Les bébés adorent mais les papas en général un peu moins à cause de la difficulté de mise en place. Mais à l'usage c'est aussi un bon moyen de porter son bébé.

Il faut savoir que l'enfant porté contre vous peut vite avoir très chaud, et vous aussi ! Vos deux chaleurs corporelles s'additionnant, pensez à ne pas trop couvrir le bébé, surtout les parties qui ne sortent pas de l'écharpe (en revanche couvrez pieds et mains s'il fait froid). L'écharpe et le sling existent aussi en « filet » extensible, plus léger pour l'été.

Les écharpes et autres slings se trouvent de plus en plus facilement dans le commerce. Boutiques spécialisées et sites Internet en proposent d'équivalents.

Le kangourou

C'est le plus classique. Plusieurs marques de porte-bébés de ce type existent pour porter l'enfant sur la poitrine. Comment choisir ? Le plus important est de pouvoir le régler facilement en fonction de l'épaisseur des vêtements de l'enfant et de vos gros pulls d'hiver ! Vous mettrez votre veste ensuite, une fois l'enfant installé.

Le porte-bébé dorsal

Quand l'enfant tient bien sa tête et se tient bien assis (à partir de 9-12 mois), vous pourrez investir dans un porte-bébé dorsal. Certains ont des armatures, auxquelles s'ajoutent des sortes de tentes de protection anti-pluie et anti-soleil. D'autres sont relativement légers, en tissu et sont donc plus facilement transportables.

Attention au froid dans ces porte-bébés ! En balade, vous aurez chaud parce que vous serez chargé et mobile alors que votre enfant immobile profitera moins de votre chaleur que porté devant.

Quel que soit le porte-bébé que vous choisissez, ayez des gestes sûrs avant de mettre votre bébé dedans. Entraînez-vous par exemple avec une poupée ou une peluche pour maîtriser le geste.

Et au moment de mettre votre vrai bébé dedans, pas de stress inutile, même si votre compagne essaye de vous déstabiliser en poussant de petits cris absurdes dès que vous faites un mouvement ! Votre enfant vous fera savoir s'il est mal installé !

Mais parfois il roule !

Si vous ne souhaitez pas de décoration supplémentaire sur votre belle cravate ou le devant de votre chemise, vous pouvez préférer la mécanique... Malheureusement on s'y perd dans tous les termes techniques des différents objets roulants.

Puisque vous n'avez pas fait Polytechnique de la poussette, en voici le détail.

En poussette

Laquelle choisir ? Gros dilemme à tous points de vue : sécurité, finances, encombrement...

Il vous faut d'abord évaluer vos besoins et vos habitudes de vie. Habitez-vous en ville, à la campagne ? La réponse déterminera si vous avez besoin d'une poussette plutôt citadine de petit gabarit (pour croiser des gens sur le trottoir, monter dans le bus ou franchir les tourniquets du métro) ou si au contraire il vous faut le 4x4 pour se balader sur les chemins de terre.

Vivez-vous au cinquième étage sans ascenseur ? Si oui, avez-vous un local à poussettes au rez-de-chaussée ? Si ce n'est pas le cas, attention à l'encombrement pour ne pas gêner vos voisins dans le hall de l'immeuble. Attention aussi à ce que la poussette se plie facilement (ce n'est pas toujours le cas...).

Avez-vous une voiture ? Auquel cas il est impératif de prendre une poussette sur laquelle on pourra adapter un maxi-cosy (voir plus bas).

Vous avez peur d'oublier quelque chose ? Ne craignez pas de vous rendre chez un vendeur de poussettes et de lui poser toutes les questions qui vous passent par la tête. Une poussette avec un équipement complet (nacelle, maxi-cosy, etc.) peut coûter en moyenne 600 €, c'est donc un investissement ! Et votre poussette vous servira au moins deux ans, puis à nouveau si vous avez d'autres enfants, essayez d'être visionnaire sur ce coup !

La poussette-canne, la plus légère et la plus simple (et la moins chère), n'est pas conseillée avant 10-12 mois. Votre bébé a le dos fragile et sa colonne vertébrale n'est pas tout à fait formée, faites-y donc attention ! Dès qu'il pourra s'y sentir bien assis, vous pourrez reléguer le gros tank à la cave et profiter de cette nouvelle légèreté, mais adieu les siestes de deux heures dans la poussette !

Dans un maxi-cosy

Il se présente sous forme d'une petite coque, presque ronde, dans laquelle on installe le bébé dans une position intermédiaire entre assis et couché. Il a en général une poignée par laquelle on peut le porter et transporter ainsi l'enfant d'un endroit à un autre sans le réveiller. Très pratique pour voyager (train, avion), c'est tout de même assez lourd. Ne laissez pas votre femme le porter (elle vient d'accoucher, *remember* ?) et ne prévoyez pas de marcher vous-même un moment avec. Il se fixe sur certains châssis de poussette, évitant ainsi de multiplier les objets.

C'est aussi le siège auto des premiers mois. Attention, il se place dos à la route et se fixe à l'aide de la ceinture de sécurité (comme la plupart des sièges auto). Si un airbag est fourni dans votre véhicule, pensez à le désactiver, c'est très important.

Si vous faites beaucoup de voiture, le maxi-cosy vous est donc indispensable, de même qu'un châssis de poussette sur lequel il peut se clipper.

En voiture

Jusqu'à 6 mois, le bébé qui n'est pas dans un maxi-cosy (voir plus haut) pourra être placé dans une nacelle, sorte de berceau en dur qui se fixe sur la banquette arrière de la voiture grâce à la ceinture de sécurité.

Les sièges auto sont en général conseillés à partir de 9 mois et sont conçus en fonction du poids de l'enfant. Ils se placent tous à l'arrière cette fois. C'est l'outil obligatoire (au regard de la loi) et indispensable pour que l'enfant puisse confortablement s'endormir et faire un long trajet en voiture en toute sécurité.

Les rehausseurs sont faits pour les enfants plus grands et ne servent qu'à empêcher que la ceinture ne leur scie le cou !

En vélo

Vous pourrez évidemment transporter votre petit à l'arrière de votre vélo. Mais pas trop tôt ! Attendez qu'il se tienne bien assis et qu'il soit un peu grand (10-12 mois). Les enfants s'endorment souvent à vélo, il faut donc qu'ils tiennent suffisamment dans leur siège. Apprenez aussi rapidement à votre enfant plus grand à faire attention à vos roues. Le pied coincé dans les rayons, ça fait très très mal...

Il existe pour les vacances, dans les endroits peu fréquentés par les voitures des sortes de remorques pour bébés assez confortables. Le maxi-cosy peut même s'attacher dedans pour les plus petits !

À vélo mettez-lui toujours un casque. Ce même casque dont il se servira ensuite pour ses propres exploits sur son à vélo à lui, avec des petites roues...

En tricycle et autres camions

Avant le vrai vélo (vers 3 ans), votre petit expérimentera divers véhicules à trois ou quatre roues qui lui seront offerts à Noël ou pour son anniversaire (1 et 2 ans). Ça lui apprend l'équilibre, la vitesse (si si) et la marche ! Donc on en profite. Et comme alternative à la poussette pour aller à la crèche c'est sympa aussi, même si ça peut mettre le triple de temps !

Vous êtes prêts pour les vacances !

Certains impondérables tels que la crème solaire ou le lit pliant, vous y penserez c'est sûr ! Maintenant voici quelques conseils pour que votre voyage se déroule dans les meilleures conditions pour votre enfant et vous-même !

Partez à la fraîche

Si vous partez en voiture, vous ne devriez pas rencontrer trop de difficultés. En général la voiture berce et les enfants se sentent bien dans leur siège auto.

Essayez de partir le plus tôt possible pour que votre enfant finisse sa nuit dans la voiture. Si c'est l'été, vous vous éviterez aussi les grosses chaleurs en roulant tôt le matin. Prévoyez quand même des écrans contre le soleil qui se fixent sur les vitres arrière latérales. Pensez aussi à donner souvent à boire à votre enfant et faites des pauses ! Si vous êtes fatigué, pensez que lui aussi doit l'être, alors soyez indulgent...

Si votre enfant est malade en voiture, donnez-lui plutôt du solide à manger (pain, gâteaux) et rien de trop acide (lait, jus d'orange...). Et prévoyez un sac en plastique !

En avion

Comme en voiture, en général les très petits supportent très bien les voyages en avion.

Pensez à retenir un berceau ou une poussette pour attendre l'embarquement une fois que vous aurez enregistré votre poussette. Beaucoup de compagnies le proposent mais il faut le réserver à l'avance.

Faites vérifier les oreilles de votre enfant quelques jours avant le départ, surtout s'il est enrhumé, il peut avoir une otite. Et ça fait mal !

Au décollage et à l'atterrissage, donnez quelque chose à téter ou à boire à votre bébé. La déglutition l'aidera à supporter la pression quand l'avion change d'altitude. Les enfants un peu plus grands (pas avant 2 ans) seront ravis de manger exceptionnellement un petit bonbon à cette occasion !

Les pays exotiques

Si vous partez loin, ayez une bonne trousse à pharmacie comprenant anti-diarrhée, paracétamol, voire antibiotique à spectre large prescrit « au cas où » par le pédiatre, et bien sûr embarquez une moustiquaire dans votre valise.

Si tout ça vous paraît un peu lourd, vous pouvez aussi attendre pour voyager avec votre enfant, décider de le laisser à ses grands-parents quelques jours et faire votre escapade en amoureux. Tout le monde s'en portera fort bien ensuite... Bonnes vacances !

Chapitre 16

Petits bobos, grandes inquiétudes : l'enfant est malade

DANS CE CHAPITRE :

- **Les signes inquiétants**
- **Les maladies courantes**
- **Ce qu'il faut faire ou ne pas faire**
- **Le pédiatre est là pour ça**

Vous avez engendré l'être parfait (comme tout un chacun d'ailleurs) et vous n'êtes pas d'un naturel anxieux, en plus pour ce qui est de l'inquiétude votre compagne prend toute la place... ?

Vous gardez votre bébé sous cloche à la maison, sa maman l'allaite et vous vous lavez les mains cinquante fois par jour ?

Il n'y a aucune raison que cet enfant tombe malade avant sa majorité... Et pourtant, ça risque bien de lui arriver, et plus vite qu'on ne le croit parce que justement il n'est pas sous cloche ! Mais il y a « malade » et « malade ». Voici donc quelques conseils pour savoir comment réagir quand votre bébé montre des signes de maladie.

Quand s'inquiéter ?

Vous (ou votre compagne, faites-lui confiance, elle l'observe beaucoup et le connaît bien) trouvez votre enfant « bizarre ».

C'est parfois diffus, mais il ne semble pas être dans son assiette. Il est grognon, il mange peu ou pas, il pleure beaucoup...

Si en plus il a le nez qui coule ou qu'il tousse (même un peu). Si ses selles sont différentes (forme ou odeur inhabituelles), s'il vomit (même une fois). S'il est chaud et rouge, ou pâle et mou... avant toute chose prenez sa température !

Aïe, comment prendre sa température ?

Il existe plusieurs sortes de thermomètres mais tous ne sont pas adaptés aux petits bébés.

Le thermomètre électronique

Dans les fesses

On l'achète en pharmacie quelques euros. Le bout est souple. Avec un peu de vaseline, on le place dans l'anus de l'enfant qu'on maintient sur le dos, les jambes fléchies en l'air. Un signal vous prévient que la mesure est finie et la température exacte s'affiche sur un petit écran. C'est simple, précis, totalement indolore.

Sous le bras

Si l'idée de prendre la température rectale vous rebute, vous pouvez penser que ce sera plus pratique de le faire sous le bras. Et justement non ! Le bébé gesticule, vous vous embrouillez dans les dixièmes de degré à rajouter – les avis divergent sur le sujet, parfois d'un degré justement ! Si bien que cette prise de température est cafouilleuse et que nous vous la déconseillons.

Le thermomètre frontal

Vous pouvez aussi vous servir d'une bande plastique à cristaux liquides (vendue elle aussi en pharmacie). On le pose sur le front et une température assez approximative s'affiche. Mais c'est vraiment pratique pour surveiller la température quand le bébé dort.

Le thermomètre auriculaire

On le place dans l'oreille dont il mesure la température. Sa taille n'est pas adaptée aux minuscules oreilles des nouveau-nés. En plus, il coûte cher. Inutile de vous en acheter un.

Il a de la fièvre

S'il a moins de 38,5 °C

On temporise ! ça peut évoluer, la fièvre peut augmenter ou retomber comme elle est venue. Attendez, surveillez.

S'il a plus de 38,5 °C

Il se passe quelque chose... Ne donnez pas d'antipyrétiques (médicaments qui font baisser la fièvre, paracétamol ou aspirine) tout de suite, ils pourraient gêner le diagnostic (voir encadré). Téléphonez au médecin qui, en vous posant des questions très précises, vous dira si une consultation s'impose rapidement.

LA FIÈVRE, C'EST BON SIGNE !

La fièvre n'est pas la maladie, elle en est le symptôme et à travers lui, la preuve que le corps se bat contre cette maladie. Donc, attention aux médicaments qui la font baisser et masquent ainsi l'évolution de la maladie. En conclusion, si votre enfant a de la fièvre et qu'il se sent « bien » ou s'il a moins de 38 °C, ne le gavez pas de paracétamol et surveillez-le.

Si au contraire il a plus de 38 °C, qu'il est « mal » : geignard, tout mou, pâlot, administrez-lui la dose de Doliprane correspondant à son poids. Renouvelez ensuite toutes les six heures. Pas plus.

Si la fièvre ne baisse pas ou que l'épisode dure plus de 48 heures, appelez le médecin.

Quoi qu'il en soit, faites-vous confiance, si vous sentez que votre enfant est « bizarre » même sans pouvoir l'expliquer, emmenez-le chez le médecin sans hésiter. Les médecins ont l'habitude, n'ayez pas peur de les déranger...

« JE LA TROUVE BIZARRE… »

« La maman de Léa m'appelle à la première heure du matin :

"Docteur ma fille a 39 °C, elle est bizarre.

- Elle a d'autres symptômes ?

- Non, elle a vomi une fois, mais surtout je la trouve bizarre…"

Je lui ai dit de venir au cabinet. Ce qu'elle a fait rapidement : la petite était toute pâle, un peu grise, un peu endormie, "bizarre" quoi ! La maman s'était inquiétée à bon escient, sa fille avait une méningite… Tout s'est bien terminé, mais j'ai appris à cette occasion que les parents voient souvent juste et que s'ils trouvent que leur enfant n'est pas bien, il faut les croire. »

Le (bon) pédiatre

Dès le premier mois de vie de votre bébé, il vous faut trouver celui qui sera votre médecin, celui de votre enfant plutôt, pendant les prochaines années. C'est une personne qui va devenir importante dans votre vie, croyez-nous. Le spécialiste qu'il vous faut est un pédiatre. Même si certains généralistes peuvent aussi faire le suivi de votre enfant, sachez seulement que la pédiatrie est une spécialité, qui nécessite quatre ans d'études supplémentaires et que ce n'est pas pour rien ! Les maladies infantiles sont particulières, leur traitement aussi. C'est pour cela qu'il vaut mieux avoir un pédiatre traitant plutôt que de faire appel systématiquement à SOS Médecins qui ne connaît pas votre enfant (évidemment parfois on n'a pas le choix…).

Un rythme imposé

Les consultations chez le pédiatre servent à suivre la croissance de votre enfant, à lui faire les vaccins obligatoires (et les autres) et à suivre son développement psychologique et social.

L'assurance maladie prévoit (et rembourse à 100 %) certaines visites obligatoires : une par mois jusqu'à 6 mois, puis une à 9 mois, une à 12 mois (1 an), une à 16 mois, une à 20 mois, une à 24 mois (2 ans) et une par trimestre jusqu'à ses 3 ans. Quand on vous dit que vous allez devenir intimes… Vous verrez, vous finirez par aimer y aller !

C'est un bon rythme mais bien sûr vous verrez assez rapidement que votre enfant ne vous rendra pas le service de tomber malade à des dates précises.

Vous allez donc beaucoup vous voir avec ce pédiatre. Pendant la première année et surtout si votre enfant fréquente la crèche, il va devoir faire son « apprentissage » immunitaire. Il va rencontrer virus et microbes qui nous entourent et contre lesquels, nous, nous savons nous défendre. Ce sont souvent de gros rhumes (rhinites) qui se compliquent volontiers d'otite, de bronchite (la fameuse bronchiolite, voir encadré) ou de diarrhée.

En somme s'il est souvent malade, vous pouvez vous réjouir, votre enfant est normal ! La deuxième année, vous verrez c'est un peu moins souvent et la troisième, c'est presque réglé.

LA FAMEUSE BRONCHIOLITE

Chaque année, un virus particulier, le VRS (virus respiratoire syncytial) commence à circuler au début de l'automne jusqu'en janvier. Il y a même parfois un deuxième pic dans l'année. Ce virus très contagieux, qui se traduit par un gros rhume chez l'adulte, aura d'autres conséquences chez l'enfant de moins d'un an : fièvre, nez qui coule, toux, gêne respiratoire avec des sifflements qui peut ressembler à une crise d'asthme. Ça dure de quatre jours à une semaine et c'est assez banal. Ce virus ne nécessite pas d'autre traitement que :

- » La désinfection du nez.
- » Une bonne hydratation.
- » Éventuellement quelques séances de kiné respiratoire qui vous seront prescrites et expliquées par votre pédiatre.

Toutefois si l'enfant venait à ne plus s'alimenter, il peut être hospitalisé quelques jours pour passer ce mauvais cap.

En général un épisode de ce virus vaccine et on ne l'attrape qu'une fois.

Malheureusement, les pédiatres étant moins nombreux que les virus que croisent les enfants, surtout dans les grandes villes (« Ah les longues études de médecine ! » versus « Ah la pollution ! »), il vous faudra aussi trouver un généraliste près de chez vous, capable de vous « dépanner » en cas de varicelle fulgurante ou d'otite purulente. Il vous répondra au téléphone rapidement, vous recevra dans d'aussi brefs délais.

Comment ça se passe une consultation ?

Le médecin après vous avoir accueillis dans son cabinet, vous pose des questions sur la vie quotidienne de votre enfant : repas, sommeil, éveil... Ensuite vous déshabillez le petit pour qu'il l'ausculte (mais si, vous allez y arriver !). Il écoute au stéthoscope son cœur et ses poumons. Il palpe ensuite son ventre, ses organes génitaux, ses hanches. Il examine sa bouche et ses oreilles. Vient ensuite la mesure : périmètre crânien, taille et poids.

Pensez à toujours apporter chez le pédiatre le carnet de santé de votre enfant. Il vous a été remis à la maternité. Ce n'est pas un document anodin, c'est une bible ! Votre médecin notera toutes les informations du jour dedans. Il pourra ainsi d'une fois sur l'autre comparer les informations contenues dans le carnet (courbe de croissance, date des derniers vaccins, etc.).

Le pédiatre vous sera de bon conseil en ce qui concerne l'alimentation et le sommeil. Si vous vous posez des questions sur le coucher, sur l'exercice de votre autorité ou sur la nourriture, c'est le moment d'en parler. Les pédiatres connaissent bien les problèmes des jeunes enfants... et de leurs jeunes parents !

Le vaccin

C'est le moment que redoutent adultes et enfant – et parfois pédiatre du coup. On sait que vous détestez vous-même les piqûres depuis votre plus tendre enfance, votre maman nous a déjà téléphoné pour nous le rappeler ! On sait que l'idée même d'une seringue vous donne des sueurs froides. D'ailleurs vous avez envie de tourner la page, là, non ?

Bon, si vous êtes encore avec nous, prenez votre courage à deux mains, ces mêmes grandes mains poilues avec lesquelles vous maintiendrez le corps de votre enfant (ce chérubin, cet innocent, la chair de votre chair) pour que le médecin puisse pratiquer correctement l'injection du vaccin. Vous allez être très courageux ! Et vous allez même soudain prendre conscience que vous êtes dorénavant le rempart, la protection de ce petit être. Vous seriez (presque) prêt à donner votre vie pour lui ! Vous êtes un père !

Bon le vaccin, c'est vrai ce n'est pas, objectivement, le meilleur moment de la consultation, mais votre aide est précieuse, alors n'oubliez pas : ce n'est pas vous qu'on pique !

LES MALADIES INFANTILES COURANTES

Votre enfant aura très certainement dans sa prime enfance :

- La varicelle qui donne des boutons partout et un peu de fièvre. C'est très contagieux ! En général, les enfants sont même refusés à la crèche en cas de varicelle. La varicelle est en général bénigne. Il existe un vaccin mais il est peu conseillé en France.
- La roséole, vers 9 mois, c'est une grosse poussée de fièvre à 40 °C et une éruption de petits boutons. Ça dure trois jours et ce n'est ni grave ni contagieux.
- Des otites, rhinites, angines et autres laryngites, infections de la sphère ORL, liées aux virus hivernaux courants.
- Des gastros (voir encadré).

Et c'est tout !

Il n'aura pas le droit de faire :

- Le reste : oreillons, la méningite bactérienne et autre tuberculose ont des vaccins très efficaces qui, même s'ils ne sont pas obligatoires, sont fortement recommandés par les professionnels.

Combien ça coûte ?

Les tarifs des consultations, comme chez tout spécialiste sont variables en fonction des dépassements d'honoraires. Renseignez-vous avant de prendre rendez-vous pour ne pas avoir de mauvaise surprise au moment de rédiger votre chèque, votre bébé hurlant dans les bras. Néanmoins sachez que le tarif conventionné de la Sécurité sociale est de 31 € pour un enfant de moins de 2 ans et de 28 € quand il a plus de 2 ans. Ce tarif est remboursé à 70 % par l'assurance maladie, sauf pour les rendez-vous obligatoires dont nous vous parlions plus haut qu'elle rembourse à 100 %.

LA GASTRO, MYTHE OU RÉALITÉ ?

Votre bébé vomit, a la diarrhée, ne mange plus, est grognon et pâlot : il a la fameuse « gastro » !

De très nombreux virus (dont le « rotavirus ») circulent tout au long de l'année, responsables de petites épidémies de gastro-entérite contagieuse : cela dure quelques jours et n'est pas grave en général. Mais le bébé risque de se déshydrater rapidement. C'est pourquoi il faut être vigilant et proposer à boire des solutions de réhydratation, à volonté, sous forme de sachets à diluer dans de l'eau. Plusieurs marques existent. Même s'il n'a pas faim, il acceptera volontiers cette solution et ça va passer tout seul.

Il existe un vaccin buvable (le Rotateq) qui peut être fait avant l'âge de 2 mois. Mais cela ne protège pas *ad vitam aeternam* de tous les virus digestifs, et votre bébé aura peut-être quand même des « gastros » qu'il s'empressera de partager avec vous.

Conclusion : le meilleur traitement c'est la prévention ! Elle consiste à bien se laver les mains avant et après tout soin à l'enfant.

Quels médicaments ?

Vous sortez souvent d'une visite chez le pédiatre avec une ordonnance pour différents médicaments.

Les vitamines

Il faut les donner tous les jours sous forme de gouttes. C'est très facile, le bébé apprécie souvent, il ouvre docilement le bec quand il les voit !

Les vaccins

Il va y en avoir souvent, surtout dans les premiers mois. Pour les rappels vous devrez ensuite faire vacciner votre enfant une à deux fois par an.

Attention, une fois acheté, le vaccin se conserve au réfrigérateur (pas dans la porte qui n'est pas assez froide). Pensez aussi à vérifier la date de péremption si vous l'achetez bien à l'avance.

VOUS ET VOS VACCINS

De nos jours pour les nouveau-nés, les vaccins sont obligatoires contre certaines maladies graves : la diphtérie, le tétanos, la coqueluche, la poliomyélite. Vous aussi vous avez été vacciné enfant, mais certains vaccins nécessitent un rappel et vous êtes rarement à jour... Vous êtes donc susceptible de transmettre à votre bébé une maladie gravissime comme la coqueluche qui passera inaperçue chez vous alors qu'elle risque de le conduire à l'hôpital. Si vous ne savez plus où vous en êtes, courez chez le médecin et entraînez après l'accouchement la maman avec vous (et aussi baby-sitter, grands-parents, amis) pour vous faire faire un rappel.

Les antibiotiques

Pour les petits ils sont en général conditionnés sous forme de liquide au goût plus ou moins sucré, ainsi plus ou moins facile à ingurgiter (voir encadré).

Suivez bien la notice pour reconstituer le médicament qui se trouve souvent conditionné en poudre. Il faut rajouter de l'eau en quantité précise, bien mélanger (un peu comme le biberon !) et ensuite conserver l'antibiotique au réfrigérateur lui aussi.

L'antibiotique est fourni avec une pipette ou une cuillère doseuse. Utilisez-la impérativement.

Très important aussi en ce qui concerne les antibiotiques : il faut suivre la posologie à la lettre sous peine d'inefficacité absolue du traitement. Ce qui veut dire que :

» On n'oublie pas de le donner !

» On n'arrête pas si les symptômes disparaissent. Si le médecin a dit huit jours, ce n'est pas pour rien.

Les poudres en sachet

Vous allez adorer ! Elles se mélangent facilement à quelque chose de bon, c'est un avantage indéniable, non ? Compote, yaourt, confiture, lait, etc., le bon goût des mets préférés de votre enfant masquera celui de la poudre et le tour est joué !

Les sirops

Les médicaments pour bébés sont souvent aussi présentés sous forme de sirop un peu gluant, au fort goût de bonbon. C'est rarement un problème de les administrer car même les bébés aiment très tôt le sucre !

Les suppositoires

C'est un conditionnement très français. Sachez qu'il existe toujours, on dit bien toujours, un autre conditionnement du médicament, si vous ou l'enfant achoppez sur ce problème.

L'homéopathie

Si votre pédiatre est aussi homéopathe, avant d'entamer des traitements de choc, il vous prescrira certainement des granules d'homéopathie, dosées en fonction du cas de votre enfant. En général il en associe plusieurs sortes.

Pour les donner à votre enfant, il suffit de les faire fondre dans un peu d'eau, au fond d'une cuillère par exemple (ça prend quelques minutes). Attention il ne faut manger ni dans le quart d'heure précédant la prise ni dans le suivant.

COMMENT DONNER UN SIROP À SON ENFANT QUI LE REFUSE ?

Certains antibiotiques, on l'a dit, ont un goût vraiment mauvais et les enfants, s'ils se laissent faire la première fois, peuvent ensuite refuser catégoriquement de les ingérer. Si vous êtes deux c'est plus facile, débrouillez-vous ! Si vous êtes seul (tant pis pour vous) voici la technique :

- » Allongez l'enfant sur le dos, la tête un peu surélevée.
- » Maintenez-le d'une main.
- » De l'autre, glissez la pipette du sirop (préalablement remplie de la juste dose) dans un coin de sa bouche, appuyée sur la langue et poussez doucement le piston en le dirigeant vers le fond de la bouche.
- » Il va rouspéter, mais le sirop sera dégluti !
- » Évitez les tentatives pour mélanger le sirop à son lait ou à sa purée. S'il s'en rend compte, il risque de devenir méfiant à l'avenir et de refuser sa nourriture.
- » Réconfortez-le ensuite, félicitez-le pour son courage, expliquez-lui pourquoi vous faites ça et vous verrez les fois suivantes se passeront de mieux en mieux.

Les crèches et les nounous peuvent donner ses médicaments à votre enfant si le traitement nécessite une prise dans la journée. Mais elles refuseront certainement de le faire si :

- » vous ne fournissez pas l'ordonnance du médecin (c'est même parfois l'original qui est exigé !) ;
- » vous ne fournissez pas un flacon neuf (demandez alors à votre médecin une ordonnance supplémentaire pour ce cas).

Ça fait peur tout ça ? C'est vrai que les premières fois vous vous sentirez un peu mal à l'aise, mais soyez sûr qu'à la fin de la première année de votre bébé vous serez devenu le roi de la pipette ! Votre enfant qui aura toute confiance en vous sera même ravi que ce soit vous qui le soigniez...

Chapitre 17

Et vous, qui s'occupe de vous ?

DANS CE CHAPITRE :

- **Même un papa a une maman**
- **La maman de la maman**
- **Et votre femme dans tout ça ?**

C'est bien beau d'être un papa tout neuf, à la tête d'une famille toute neuve, l'avenir devant soi, les épaules pleines de responsabilités. Vous êtes sur tous les fronts, vous assurez au boulot, à la maison, le jour, la nuit et même le week-end ! Vous ne regrettez rien, vous vantez les mérites de votre situation à qui veut l'entendre, et même aux autres qui s'en fichent ! Tout ça est formidable. Mais ça pose juste un petit problème... Qui va s'occuper de vous ? Parce que vous avez beau fanfaronner, pour de vrai il y a des moments où vous aimeriez bien vous poser un peu.

Votre mère

On l'a assez dit, l'arrivée d'un premier enfant fait tout basculer. Vous n'êtes plus non plus cet homme libre qui déambulait dans les rues mains dans les poches et les cheveux au vent à la recherche d'une nouvelle conquête ou d'un nouvel ami. Non. Maintenant vous êtes un père.

Il n'y a qu'une seule personne pour qui malgré ce nouveau statut, pourtant indiscutable, vous serez toujours un petit garçon. Le sien. Et on ne serait pas étonné si elle avouait publiquement (mais elle s'en gardera bien !) qu'elle est même la seule à vous connaître et à vous comprendre vraiment. Cela dit ce syndrome est très répandu, vous n'avez qu'à observer votre compagne avec son fils !

C'est comme ça, et ça dure toute la vie ! Les mères comme les louves ne lâchent jamais vraiment leurs petits.

Alors pourquoi ne pas en profiter ? Vous pouvez de temps en temps aller vous faire dorloter par votre maman (et votre papa !) les soirs de lassitude. Vous pouvez y emmener aussi votre bébé le temps d'une après-midi pour que votre femme se repose, votre mère sera plus que contente de l'avoir pour elle toute seule !

Mais attention, pas de régression, votre compagne a besoin d'un homme à la maison, pas d'un deuxième enfant...

Votre belle-mère

Là ce n'est pas tout à fait le même tableau. Les belles-mères se manient avec précaution, surtout au moment de la naissance de leurs petits-enfants. Et si c'est le premier de la lignée, gare ! Sa fille a donné la vie et c'est un peu comme si c'était elle qui l'avait fait (imaginez votre mère si c'était vous qui aviez accouché !). Elle donnera donc l'impression (parfois un peu désagréable) de vouloir s'accaparer la jeune maman, sa fille donc, votre femme ainsi que son petit, votre enfant.

Bref, elle peut sacrément vous agacer, mais petit conseil, n'entrez pas en guerre avec elle. Votre femme est fragile et votre diplomatie légendaire (mais si, ne soyez pas modeste !) lui sera d'un grand secours pendant cette période.

Si c'est trop lourd à gérer, éclipsez-vous en sa présence. Proposez à votre femme d'aller chez sa maman avec le bébé et ne les suivez pas. Si vous restez discret, personne n'y verra rien et vous pourrez respirer un peu.

Bien sûr, il se peut que votre belle-mère ne soit ni intrusive ni autoritaire, auquel cas c'est précieux, profitez-en ! Et elle a sûrement plein de choses à vous apprendre.

Votre femme

Est-elle toujours votre femme ? Là est la question !

On dirait plutôt qu'elle n'est qu'une mère. Jusqu'à quand ça va durer ?

Figurez-vous que ça dépend un peu de vous aussi. Montrez-lui que vous avez besoin et envie d'elle. Pas comme une charge supplémentaire dans sa longue liste du moment mais bien comme un homme avec sa femme.

Offrez-lui un petit cadeau, un petit resto, un petit gâteau... entourez-la et vous verrez que naturellement elle vous entourera aussi.

Votre travail

Au début ça sera un peu difficile d'accepter l'idée de repartir au boulot après les émotions folles de la naissance et les quelques jours suivants passés à trois dans le cocon. Mais rapidement, le travail peut devenir un havre, un espace personnel. Au bureau, pas de couches qui traînent, aucun risque de se prendre les pieds dans un biberon posé par terre. Au bureau, on peut se concentrer facilement sans les pleurs parfois assourdissants du petit ; vous aurez d'autres sujets de conversation, banals, inconsistants mais qui changent du trio caca-lait-rot, un peu lassant parfois.

Et une fois sorti de votre travail sur le chemin du retour, vous vous sentirez léger comme une plume pour rejoindre femme et enfant. Même vous courrez comme pour aller à votre premier rendez-vous tellement il vous tarde de les retrouver !

La relativité, ça a du bon, non ?

Vos amis !

Qui vous interdit de sortir un soir, de prendre un peu le large et d'aller boire un verre avec vos amis. Parler de tout et de rien, parler surtout de votre femme et de votre enfant... !

Qui mieux que vos amis qui ont déjà des enfants plus grands ou du même âge que le vôtre pour comprendre (et supporter) votre complainte du jeune papa ?

5

De 1 à 3 ans, petits conflits… grand bonheur !

DANS CETTE PARTIE . . .

La réalité a pris le pas sur le fantasme : l'enfant est né, votre femme est revenue avec lui de la maternité il y a quelques mois déjà, et vous avez fait (ou vous êtes encore en train de faire ?) connaissance avec ce petit être si mystérieux. Un grand bonheur ? Oui, si ça pouvait être si simple...

Car ça ne l'est pas toujours, justement. Sauter à pieds joints dans la réalité ne va pas sans trébuchages, éclaboussures et petites entorses !

Ressenti, sentiments, ressentiment... Il s'en passe des choses dans le quotidien d'un couple de jeunes parents. Et ce n'est pas toujours facile à identifier, à exprimer, ou à partager, alors même que ce qui est la cause de ces étranges émotions c'est justement... votre plus grand bonheur (à tous les deux) !

Ce qui va changer, ce qui va rester, quoi faire quand ça ne va pas, les conflits qui peuvent survenir dans les débuts de cette vie à trois (ou plus !), voici l'objet de cette cinquième partie.

Allez hop, on prend son élan et on fonce !

Chapitre 18
Le désir et la réalité

DANS CE CHAPITRE :

- **La confrontation avec le réel**
- **Les paternités « différentes »**
- **Si on a d'autres enfants**

Quand on a longtemps rêvé que quelque chose arrive, qu'on l'a fantasmé, le moment où la réalité prend le pas sur l'imagination est bizarrement parfois un peu... douloureux !

Sans aller jusqu'aux situations extrêmes, les surprises qui sont quand même inévitablement au rendez-vous ne sont pas toujours faciles à gérer. Tout part parfois de malentendus plus anciens...

Vous n'en vouliez pas

C'est parfois de là que vient le problème.

Ce n'est pas votre cas, bien sûr... Mais certains de vos confrères jeunes papas nous ont surpris parfois.

Certains changent d'avis après...

Certains hommes n'en voulaient pas de ce bébé, dès le départ, c'était très clair. Et certains de ceux qui refusaient avec dégoût cette féminité débordante de la grossesse sont les mêmes qui, après la naissance du bébé, sont soudain saisis par la fierté d'avoir un enfant. Surtout si c'est un garçon, n'est-ce pas messieurs ? Ce sont ceux-là aussi qui ensuite revendiquent avec acharnement leur enfant, à coups de bagarres et de procédures. Nous en connaissons tous.

Vous en vouliez mais…

Il y a ceux qui fuient

Et vous ? Peut-être avez-vous été – oh si peu – effleuré par une envie de fuite à l'annonce de la grossesse de votre compagne ? Certains pères s'en vont avant l'accouchement, alors qu'ils semblaient contents au début de la grossesse, peut-être débordés par tout ce bazar… dans leur tête.

D'autres s'enfuient juste après la naissance, alors qu'ils ont été on ne peut plus présents, allant à tous les examens prénataux, assidus à la préparation et actifs pendant l'accouchement.

Ces fuites, ces départs, c'est toujours la grande stupéfaction du personnel soignant, qui les connaissait si bien ces papas, car ils en faisaient plus que tous les autres. Trop peut-être ? Pour s'étourdir ? Ce sont ceux qui s'en vont le plus vite. Et qui courent toujours…

Tout le monde ne peut pas fuir…

Pour les femmes c'est différent ! Certaines détestent être enceintes, mais leur calvaire est – rétrospectivement ! – de courte durée et elles sont ensuite ravies d'être mères. D'autres à l'inverse adorent être enceintes et déchantent à la naissance du bébé. Mais dans les deux cas, la fuite est légèrement compliquée…

Cette envie de fuite, ces angoisses, c'est assez normal et compréhensible. Ce qui est plus dur, c'est de les dépasser. Et pour cela, une des meilleures solutions, c'est déjà d'en parler.

À qui se confier ?

Votre compagne n'est pas obligée d'être au courant, ni de vous entendre formuler vos doutes quant à cette vie de famille qu'elle vous offre et qui vous désarçonne grandement. Donc n'abordez pas ce sujet avec elle, elle n'est vraiment pas la confidente idéale. Sa meilleure amie non plus, inutile de le préciser.

Vos parents ne sont pas dans le top dix des personnes à qui en parler non plus. Trop impliqués, ils seraient certainement bien incapables d'écouter et de comprendre vos questionnements (même s'ils ont peut-être vécu la même chose en leur temps !).

Tournez-vous plutôt vers vos amis déjà pères. Ils sont sûrement passés par ce genre de moments, même s'ils ne vous en avaient pas parlé à l'époque.

Si vous vous sentez vraiment mal, n'hésitez pas à aller carrément vers un psychologue qui vous aidera à négocier ce virage.

Sachez en tout cas, que vous n'êtes pas le seul et que le meilleur vous attend.

Les enfants, même tout petits, ne sont ni sourds ni crétins...

Soyez vigilant, en toutes circonstances aux abîmes de douleur que vous pouvez ouvrir, en formulant devant l'enfant vos doutes et vos regrets (voir plus bas l'anecdote de la pédiatre). Ce pauvre enfant n'y est décidément pour rien, doit-on le rappeler ?

« JE N'EN VOULAIS PAS MAINTENANT... »

« Un père vient au cabinet avec son bébé de 6 mois que j'ai déjà vu la veille. Son état se dégrade. Le père ne cesse de rouspéter contre la perte de temps que lui crée cet aller-retour à mon cabinet, contre ses difficultés à quitter son travail au milieu de la journée. Malgré tout, il s'occupe avec tendresse de l'enfant et se justifie auprès de moi avec cette phrase si cruelle : "Je m'emporte ! Mais vous comprenez, je l'adore ce gosse, au fond. Simplement je n'en voulais pas maintenant et pas avec cette femme-là !"

Bigre. Quelle violence. »

Un enfant ça peut aussi guérir bien des plaies

Vous allez simplement changer de planète. Vous deviendrez nécessaire, important, indispensable pour quelqu'un. Sans aucun doute possible. Et de manière inconditionnelle. C'est un cap, on est d'accord.

Et vous verrez la tête que vous ferez quand votre enfant rentrera à l'école maternelle ! Et ça vous rappellera peut-être des souvenirs...

« Donne-moi la main papa... » Alors ? Vous le comprenez mieux maintenant ce père qui vous semblait jusqu'ici tellement lointain ?

Papa adoptif

Contrairement à ce qu'on peut penser – et c'est sans aucun doute un cheminement très différent pour les femmes – les papas d'enfants adoptés se sentent tout de suite papas. Sans doute parce que leur désir d'enfant a été clairement identifié, formulé (vu le nombre de formulaires à remplir, remarquez...) et ne date pas d'hier (les délais d'attente pour adopter un enfant sont très très longs). Et puis n'est-ce pas le propre du père, qui n'étant jamais absolument sûr de sa paternité (contrairement aux femmes) ? N'a-t-il d'autre choix que de faire confiance à sa compagne qui le déclare père et d'une certaine façon d'« adopter » son enfant ?

On en a vu qui oublient que l'hérédité ne peut entrer en ligne de compte quant aux ressemblances physiques ou aux allergies de leurs enfants et trouvent tout à fait normal de retrouver d'eux-mêmes dans leurs petits.

C'est pour cela qu'il est si important d'être présent pour votre enfant que vous en soyez le père biologique ou non. Dès le début, vous l'accueillez, lui permettez d'aller de l'avant, sans la fusion qu'il a sans doute avec sa mère (adoptive ou non).

« IL EST DÉJÀ LE PÈRE »

« Un grand monsieur corpulent arrive seul à mon cabinet. Il a pris rendez-vous car il va bientôt aller chercher à l'étranger son enfant qu'il va adopter (avec sa femme). Il sort et me lit, très ému, une liste de questions qu'il a notées pour préparer l'arrivée de ce bébé. Il a très peur de ne pas s'en sortir, il se sent incompétent et ridicule. Mais il est déjà le père, pleinement responsable de "son" enfant. »

Comme le souligne Marcel Rufo dans son ouvrage *Chacun cherche un père* (*op. cit.*) : « Être père c'est transmettre mais des choses autrement plus essentielles que des gènes : une histoire, des valeurs, des rêves, des façons d'être au monde, des possibilités de devenir... Être père est toujours un pari sur l'avenir. »

« C'EST NORMAL, MOI AUSSI ! »

« Un autre père adoptif amène sa petite fille qui est malade. Des examens sont nécessaires, à la suite desquels on conclut à une allergie à l'œuf. Je l'annonce au papa qui me dit alors avec sérénité : "C'est normal, moi aussi ! On l'est tous dans la famille."

Il avait juste complètement oublié qu'il n'était pas le père biologique de sa fille ! »

Les jumeaux

On en a parlé au début de cet ouvrage, c'est vrai que c'est plus de biberons, plus de couches et plus de fatigue au début, les jumeaux. Vous verrez probablement moins vos amis, ou l'écran d'un cinéma, mais quel émerveillement de suivre le développement parallèle de ces deux petites personnes !

Allez hop ! Un bébé dans chaque bras, une couche dans chaque poche de veste ! Soit dit en passant, votre mère (et/ou votre belle-mère) sera très honorée et fière de participer à ces balades (et ça fera plus de bras !).

Bon de toute façon, si vous savez faire pour un, vous savez faire pour deux. Superman c'est vous, non ?

L'arrivée d'un deuxième enfant

Vous lisez ce livre alors que vous avez déjà un enfant ? On vous comprend ! C'est un peu une nouvelle histoire qui commence à chaque enfant.

Vous savez tout bien faire, vous êtes un super papa pour votre aîné ? Mais la situation est inédite, vous allez avoir un autre enfant...

Vous verrez votre aîné se comporter un peu comme un mari trompé : il avait l'amour exclusif de chacun de ses deux parents et on attend de lui qu'il partage cet amour (et avec un morveux de surcroît !). Il va falloir gérer des caprices, des colères à votre intention et pour le nouveau venu des tendresses un peu vaches – type strangulation – et des bisous étouffants.

Soyez compréhensif, mais ferme ! Souvenez-vous, si vous n'êtes pas un enfant unique vous-même, de la morsure de la jalousie. Et n'attendez pas d'aide de votre entourage qui n'oubliera pas d'insister auprès de l'aîné sur le fait « qu'il doit être bien content d'avoir une petite sœur » ou que « son petit frère est vraiment trop mignon » !

Vous vous sentez un peu pris entre deux feux ? C'est compréhensible. Posez le bébé un instant, il n'en souffrira pas, et proposez une activité à l'aîné. Il est impératif que vous réussissiez à passer du temps, même peu, seul avec chacun des deux. De même, veillez à ce que la maman puisse faire pareil, c'est vraiment important pour vos deux enfants et vous. Et cela reste valable même si à l'avenir vous en avez encore deux autres ! Ils sauront ainsi chacun à quel point ils vous sont indispensables, uniques et précieux.

Dites-vous que pour l'aîné, l'arrivée du second, c'est la fin du paradis. Il se sentira forcément trompé. C'est comme si vous disiez à votre compagne après trois ou quatre ans d'amour fou, sans un nuage : « Je t'aime toujours autant, mais une autre femme va venir vivre avec nous, je l'aimerai autant que toi et vous partagerez tout ! Y compris moi. » Imaginez sa tête...

Facile à dire, on le sait, mais vous verrez plus tard à quel point c'était important. Ne loupez pas ces démarrages ! Et à propos de « louper », peut-être avez-vous le sentiment d'avoir raté quelque chose avec votre premier enfant ? Pas assez disponible, trop pris par votre travail, vous avez raté nombre de bisous du soir, vous n'étiez là ni pour ses premiers pas ni pour ses premiers mots, vous avez l'impression de ne pas avoir su préserver votre intimité de couple, pas assez bien instauré votre autorité ? C'est le moment de rectifier le tir avec le deuxième !

« JE N'AVAIS PAS INTÉRÊT À ME TROMPER DE TOUR ! »

« Au temps des grandes thérapies de groupe, dans les années 1970, je me trouve allongé entre un monsieur et une dame plus âgés que moi, faisant un exercice oculaire de droite à gauche. Une impression de désespoir m'a soudain saisi avec une envie de pleurer : j'étais redevenu enfant, entre mes deux parents avec qui je n'ai jamais été "seul" mais toujours avec ma sœur, considérés comme "les enfants". Je me dis qu'il ne faut pas que je reproduise ça avec mes propres enfants... Aussitôt dit aussitôt fait, j'ai institué avec mes trois enfants un roulement le mercredi que je consacrerai à chacun, une fois sur trois. Ce fut un grand succès et je n'avais pas intérêt à me tromper de tour ! »

Famille recomposée

Vous êtes une famille recomposée ? Votre compagne a déjà d'autres enfants d'une union précédente et vous êtes le novice de l'équipe ? Il va vous en falloir du doigté !

Voyez avec quelle excitation les autres enfants, ses frères et/ou sœurs accueillent le nouveau-né dans la fratrie ! C'est comme si ce bébé était un gage de la stabilité de cette nouvelle famille.

Profitez-en pour faire votre place, même s'ils ne vous laissent pas oublier que vous n'êtes pas leur géniteur, à eux, les plus grands... Alors faites attention à ce que vous dites !

LES PAPAS-PAPYS

Vous avez la cinquantaine bien sonnée et vous attendez un enfant ?

De nos jours, il est de plus en plus fréquent de voir certains hommes (re) devenir papa sur le tard, à l'âge où ils pourraient être grands-pères.

Aujourd'hui, 2,9 % des naissances sont tardives, du fait de la mère ou du père. Le nombre d'« enfant de vieux », comme on le désigne parfois, ne cesse d'augmenter depuis 1980. Le sociologue Marc Bessin, chercheur à l'École des hautes études en sciences sociales (EHESS), a dressé les profils de ces pères. Défilent tour à tour l'homme exerçant une profession intellectuelle, ayant déjà des enfants d'une première union et d'autres – les tardifs – avec une nouvelle compagne plus jeune et enfin, l'homme ouvrier, immigré, père d'une famille nombreuse dont le dernier est arrivé in extremis.

Dans certains cas, le passage par un centre de procréation assistée se révèle nécessaire. Et là, selon l'établissement, l'accueil ne sera pas le même. Certains services acceptent les pères jusqu'à 50 ans. Ailleurs, le discours est moins tranché, et l'on accepte les demandes d'hommes dans la soixantaine. Parmi les patients de certains professeurs, on en trouve même certains qui ont... plus de 70 ans ! Et ce, malgré des études récentes qui montrent que, chez les pères plus âgés, la probabilité augmente de voir leur progéniture touchée par le nanisme, la trisomie, l'autisme ou la schizophrénie.

Et vous ? L'avenir vous fait peut-être un peu peur, vos enfants aînés – adultes déjà pour certains – prennent parfois mal cette « bonne » nouvelle qui s'annonce... Et vous auriez des choses à réparer que cela ne vous étonnerait pas... Quoi qu'il en soit, vous aussi allez être un « jeune papa » comme les autres, les plus jeunes. Et pour eux, comme pour vous, avoir un enfant n'est-ce pas toujours prendre un risque ?

Tout n'est pas définitivement joué à la première rencontre

C'est vrai dans toute relation humaine, alors donnez-vous du temps !

Dès sa naissance vous le trouvez affreux, rougeaud, gluant ? Bref, inquiétant ? Vous verrez que dans quelques jours, vous pourrez être bousculé par un tsunami de tendresse. Son petit visage de poupon, ses joues roses, ses narines parfaites, ses petites mains et ses petits pieds si jolis, son regard étrange, profond et interrogateur peuvent vous entraîner dans un torrent de fierté et d'amour qui vous submerge : c'est vous qui avez fait cette merveille ?

Et plus tard à travers vos jeux, vos « discussions » et vos échanges en tout genre, vous serez comblé par la force de votre relation à votre enfant.

Chapitre 19

Le quotidien : à chaque jour suffit sa peine

DANS CE CHAPITRE :

- **La garde de votre enfant**
- **Le quotidien de A à Z**
- **Les pièges à éviter**
- **Des conseils pratiques**

Votre enfant a grandi, vous êtes devenu un père, reconnu, assumé, compétent. Mais voilà, chaque jour se présente une situation inédite, un (petit) problème inconnu, une question sans réponse... C'est fou ! Mais voilà de quoi démystifier tout ça et vous aiguiller à travers les méandres de ce quotidien chaque jour différent ! Sommeil, nourriture, comportement, éveil de l'enfant entre 1 et 3 ans... Tout s'éclaire dans ce chapitre.

Le sommeil : de 1 à 3 ans

Nous avons déjà parlé du sommeil du nourrisson dans la quatrième partie « Le bébé est là et bien là ! », abordons maintenant les mois qui suivent la naissance, car le sommeil des enfants évolue au cours de leur vie. Il connaît plusieurs phases selon l'âge de votre enfant.

Bien entendu les durées que nous allons évoquer plus bas sont indicatives et chaque enfant a son propre rythme de sommeil ! Laissez-le le trouver en apprenant à reconnaître les signes de fatigue (bâiller, se frotter les yeux, être ronchon, crier...) et en lui proposant de se coucher au calme dès qu'il en manifeste le besoin. De la même façon, ne le réveillez pas pour lui donner à manger ou un bain ! Il va se caler, c'est sûr.

COMBIEN D'HEURES, ÇA DORT UN ENFANT ?

À la naissance

16 heures, réparties entre le jour et la nuit, pas toujours équitablement et par toutes petites tranches de 4 heures maximum.

Vers 3 mois

15 heures, dont 10 heures la nuit.

Vers 6 mois

14 heures dont 12 heures la nuit.

Vers 2 ans

13 heures dont 12 heures la nuit.

Vers 3 ans

12 heures dont 11 heures la nuit.

À partir d'environ 12/18 mois

Jusqu'à 2 ans et parfois au-delà, le moment du coucher et de la séparation peut être parfois compliqué. En dehors de ça, votre enfant va très bien dormir la nuit. Il risque simplement d'être parfois réveillé par des cauchemars. Mais une fois rassuré par vous ou sa maman, il se rendormira très vite et aura tout oublié le lendemain matin !

La sieste du matin n'est plus nécessaire mais après le déjeuner, les enfants de cet âge ont grand besoin de repos. Ces siestes peuvent durer deux heures ! Vous verrez comme il est de bonne humeur au réveil, c'est un vrai régal.

LES TERREURS NOCTURNES

Vous trouvez en plein milieu de la nuit votre enfant assis ou debout dans son lit, en sueur, hurlant de terreur et semblant ne même pas vous voir, ni vous entendre quand vous entrez dans sa chambre et que vous lui parlez ? Il se débat quand vous essayez de le calmer ? En fait il dort, il est victime d'une terreur nocturne, très différente d'un cauchemar où l'enfant est réveillé. C'est très impressionnant mais pas très inquiétant.

La terreur nocturne commence en début de nuit ou de siestes longues (dans les une à trois heures après l'endormissement). La crise peut durer jusqu'à vingt minutes. Généralement, en fin de crise, l'enfant se rendort. Il ne garde aucun souvenir de la crise.

Selon Marie-Josèphe Challamel (« Sommeil et manifestations paroxystiques, non épileptiques chez l'enfant », site de l'université Lyon I), ces manifestations correspondent « à un éveil dissocié, survenant au sommeil lent profond, à la fin du premier ou du deuxième cycle de sommeil, peu avant l'apparition d'une première phase de sommeil paradoxal qui sera généralement ratée. Éveil dissocié avec activation motrice (somnambulisme) et/ou neurovégétative (terreurs nocturnes et somnambulisme terreur) alors que le cortex reste probablement en sommeil lent profond ce qui explique l'amnésie. »

Il faut donc prendre l'enfant dans ses bras, le bercer, et progressivement, il va se calmer et retrouver un sommeil normal.

Pour être considérées comme pathologiques, les terreurs nocturnes doivent être répétées et causer une détresse ou une gêne au fonctionnement affectif et social notable.

Vers 2/3 ans

Plus de problème, le coucher se passe en général sans encombre. Mais les enfants se calent sur les saisons. C'est-à-dire qu'ils peuvent en été se réveiller à 6 heures du matin et commencer leur journée et la vôtre avec une pêche d'enfer !

La sieste

Votre enfant est épuisant ? Vous aurez toujours la sieste pour récupérer ! À l'école maternelle elle est encore proposée en petite section (l'année des 3 ans de l'enfant) mais c'est souvent à ce moment-là que cette habitude disparaît. Pourtant certains enfants sont vraiment fatigués et en auraient bien besoin. Pensez donc à le coucher plus tôt le soir s'il n'arrive pas à dormir la journée. De la même façon, le week-end, privilégiez des « temps calmes », moments où l'enfant, seul dans sa chambre ou avec vous, se repose, même sans dormir. Inutile que ça dure deux heures, ce n'est pas une punition, mais une demi-heure ou une heure seront très bénéfiques et à tout le monde car enfant fatigué = enfant insupportable = parent excédé !

DU PETIT LIT À BARREAUX AU LIT « DE GRAND »

Vous vous demandez quand il va falloir changer votre enfant de lit ? Voici les critères à retenir pour répondre à cette question :

- Votre enfant est immense et touche les montants de son lit à barreaux !
- Votre enfant escalade son lit à barreaux. Il peut se faire mal, il vaut mieux lui proposer un lit plus bas duquel il pourra sortir sans danger.
- Votre enfant a au moins 2 ans, il commence à être « propre » (voir chapitre suivant). Si vous voulez lui apprendre à faire pipi aux toilettes ou dans un pot la nuit, il faut qu'il puisse sortir tout seul de son lit !
- Votre enfant vous en a fait la demande.
- Vous allez avoir un autre enfant, et si l'aîné est assez grand, c'est peut-être opportun de lui offrir un lit « de grand ». Mais attendez qu'il soit prêt ! Et ça prend en général quelques mois. Pendant ce temps, votre nouveau-né pourra dormir dans un berceau.

Sachez qu'il existe des lits intermédiaires, proposés notamment par une certaine enseigne suédoise, qui ressemblent à des grands lits mais qui sont beaucoup plus petits. On peut aussi pour plus de sécurité y ajouter au début des montants sur les côtés. L'enfant de 2 ans se sentira sans doute plus rassuré dans sa petite « barquette » au début. Le couchage du lit peut ensuite se rallonger en deux coups de vis.

Ailleurs que dans son lit

Dans le vôtre !

Un petit bébé n'aura pas envie de lui-même de dormir dans votre lit, sauf si vous lui en donnez l'habitude. C'est donc à vous de voir. Plus tard, n'acceptez votre enfant dans votre lit que dans des cas exceptionnels, par exemple s'il est malade.

Vous pouvez en revanche lui proposer une place dans votre chambre sur une petite couchette que vous lui fabriquerez avec une couverture pliée ou un sac de couchage. Il s'y installera avec ses doudous et autres tétines, du côté de papa ou de celui de maman, à lui de choisir. Il ira ainsi bien volontiers se coucher avant vous.

Il revient dix fois par nuit

Il s'est endormi dans sa chambre mais débarque dans la vôtre au milieu de la nuit. Une fois recouché par vos soins ou ceux de sa maman, il revient, et ce dix fois de suite ? Soyez ferme et patient, raccompagnez-le au lit. Gronder ne sert pas à grand-chose.

Dans certaines civilisations, la mère dort avec l'enfant, ou bien toute la famille dort dans la même pièce (sans y être obligés, faute de place). C'est comme le thé au beurre au Népal, on ne sait pas quoi en penser... Mais ici, niet !

Il s'endort sur le canapé

S'il s'endort sur un coin de canapé ou sur le tapis du salon, qu'importe ! Il sent bien que la « fête » continue sans lui, une fois qu'il est couché et il a besoin de vérifier que vous êtes bien là. Laissez-le faire et ramenez-le endormi dans son lit, de toute façon, ça ne durera qu'un temps.

Mais pas vous !

L'enfant – même très jeune – subodore que ses parents ont une vie sexuelle (sans rien y comprendre bien sûr) et dans son illusion de toute-puissance, il aimerait bien exiler son père et prendre sa place...

Ne vous laissez pas virer sur le canapé du salon, quoi qu'il arrive ! Les mères s'imaginent parfois avoir seules le savoir-faire pour régler ce genre de crise : interposez-vous, n'acceptez pas !

De même si vous voyagez souvent, on garde votre place ! Votre compagne doit être ferme : « C'est la place de papa, tu ne peux pas venir ! » Croyez-nous, de mauvaises habitudes se prennent en quelques jours.

« LA PETITE SOUFFRE DE MILLE MAUX... »

« Deux parents se séparent, ils ont une petite fille de 3 ans. Lors des week-ends avec son père qui n'a qu'un studio, elle dort avec lui dans son grand lit. Ils viennent me voir parce que la petite souffre de mille maux : migraines, maux de ventre, accès de colère... Je suggère qu'elle ait impérativement son lit à elle.

Quand elle revient la fois suivante, dès la salle d'attente, elle se jette à mon cou et claironne : "Tu sais docteur maintenant je dors dans mon lit à moi toute seule !" Elle n'avait évidemment plus mal nulle part... »

Il est très important, pour l'autonomie future, d'avoir son coin personnel pour dormir en paix, loin d'une ambiance trop sexualisée. Les chats ou les chiens ont bien leur panier... (Bon ça va, on rigole !)

Les menus des petits gourmets

Vous allez devoir avoir autre chose dans votre frigidaire que des pizzas surgelées, des steaks et du camembert. Ne protestez pas, c'est comme ça !

Beurk

Votre bébé commence à manger des choses sérieuses à partir de 5/6 mois. Ce sont d'abord des légumes et des fruits (partie 4, chapitre 13).

Vous n'aimez pas les légumes ? OK. Mais ce n'est pas vous qui allez les manger ! Et pour éviter d'avoir douze bottes de carottes et 4 kilos de courgettes dans le frigo si vous faites les courses tous les deux, faites des menus à l'avance. Euh... on n'a pas dit : faites des menus compliqués ! Simplement si vous faites cuire des haricots verts pour votre bébé, faites-en plus et comme ça tout le monde en aura. Il vous appartient ensuite de les cuisiner pour votre femme et vous ! Pour le bébé, vous pouvez aussi faire des quantités de purée et les surgeler (dans un bac à glaçons nettoyé ou dans des petits pots en verre, faciles à décongeler).

Les petits pots

Si vous n'aimez vraiment pas faire la cuisine, ou si vous n'avez pas le temps de vous y mettre, faites un stock de petits pots. On l'a dit au chapitre 13, toutes les marques conviennent en terme de nutrition, mais votre bébé aura peut-être un avis différent sur la question ! Écoutez-le sans le forcer à manger ce qu'il n'aime pas.

Les recettes « spécial bébé »

Votre femme veut préparer pour son bébé des recettes sophistiquées ? Laissez-la faire, elle se calmera rapidement dès la reprise de son travail ! Cela dit, il existe des livres de recettes pour bébés (*Les 400 recettes pour bébé* aux éditions First par exemple) que vous pouvez lui offrir pour lui faire plaisir ou consulter en cachette pour l'épater !

Les nouveaux aliments

Le médecin qui suit votre enfant vous aiguillera dans l'introduction de nouveaux aliments. Ça intéresse beaucoup les mamans ! Si ça vous passionne moins, tant pis !

Les goûts des bébés sont très changeants. Il a mangé de la courgette sans rechigner pendant un mois et maintenant il vous la crache au visage ? C'est comme vous, parfois il n'a pas envie d'un aliment. Imaginez qu'on vous serve du couscous tous les jours, au bout de combien de temps en auriez-vous plus que marre ? Variez les plaisirs pour votre bébé autant que pour vous !

Il a détesté le fromage un jour, il aimera peut-être ça la semaine d'après. Les papilles toutes neuves des petits enfants ont besoin de s'habituer aux goûts. Proposez régulièrement à votre enfant les aliments qu'il refuse, encore une fois sans le forcer, et vous aurez peut-être des surprises. Et plus il goûtera des choses, plus il en aimera, croyez-nous !

De manière générale, il aura envie des mêmes choses que vous, alors n'hésitez pas à apprendre à votre enfant à goûter les choses, ça attisera sa curiosité et ouvrira son esprit. Qui peut dire qu'il n'aime pas quelque chose sans y avoir goûté, hein ?

Bien entendu cinq fruits et légumes par jour, c'est souhaitable, vous le savez. Mais bon…

La « discipline »

Oui vous êtes là pour apprendre à votre enfant à devenir un bon petit convive. Mais que peut-on exiger d'un enfant d'1 an, de 2 ou de 3 ans en terme de comportement à table ? Clairement pas la même chose selon les âges !

Vers 12/18 mois

C'est sur une chaise haute confortable et sécurisée, que l'enfant sera le mieux installé pour manger tranquille. Vous en face de lui. Certains enfants savent plus ou moins se servir d'une cuillère (ils apprennent vite à la crèche !), tandis que d'autres se font encore nourrir exclusivement. Mais tous auront déjà envie de participer !

On peut par exemple utiliser deux cuillères : une pour l'enfant et une pour l'adulte et en avoir un usage parallèle. Félicitez votre enfant quand il parvient à viser sa bouche (même partiellement), c'est un gros défi pour lui !

En général il boit encore de l'eau au biberon, et apprend à gérer sa soif en vous le demandant (le fameux « lolo ? »). Vous pouvez essayer de lui faire boire son eau dans une tasse évolutive (plusieurs marques en proposent) qui lui apprendra à boire seul sans risquer les chutes du Niagara tous les soirs. Ça peut prendre quelques jours pour qu'il comprenne le geste (il ne tète plus...) mais ça marche bien en général.

À cette période il ne faut pas avoir peur d'avoir de la purée, des vermicelles et du yaourt absolument partout dans un rayon de plusieurs mètres autour de la table ! Protégez les habits de l'enfant avec un bavoir et prenez sur vous de nettoyer après son repas. Il va devenir de plus en plus propre au fil des années.

Vers 2 ans

Votre enfant mange maintenant à table (sur une chaise surélevée c'est plus pratique) et se débrouille à peu près seul avec une cuillère. Il s'aide souvent de ses mains mais « gère ». Habituez-le à mettre de moins en moins les mains à la pâte, sans le gronder. Montrez-lui les gestes efficaces, encouragez-le et félicitez-le quand il essaye (pas seulement quand il y parvient).

Petit à petit, vous pourrez lui proposer des petits couverts de « grands » : couteaux et fourchettes aux bouts arrondis qui ne sont pas dangereux pour lui.

Si son repas est présenté de manière à ce qu'il puisse s'en servir c'est mieux : petits morceaux de viande et de légumes déjà coupés dans une assiette à rebords, non fragile.

Pour boire son eau, il peut passer au verre. Remplissez-le peu et préférez le plastique incassable, évitez aussi de laisser le verre sur son « chemin ». Certes, attendez-vous à quelques accidents mais qui devraient se raréfier avec le temps.

Vers 3 ans

C'est l'âge de l'école, les petits devenus grands doivent maîtriser l'usage de la fourchette et savoir bien se tenir à table. Rendez ce service à vos enfants et aux animateurs de la cantine qui se retrouvent avec dix marmots au moment du repas et enseignez-lui les notions de base de la bonne conduite. On se sert de ses couverts, on met sa serviette autour du cou, on ne jette rien par terre, on demande quand on veut quelque chose, on remercie...

Mais vous verrez, tout ça se fera au fil du temps, naturellement. Et vous aurez à peine tourné la tête que votre enfant coupera sa viande tout seul et vous redemandera un coup de rouge pour finir son fromage !

Les horaires

La seule chose qui n'a pas changé depuis la naissance de votre enfant ? Ce sont vos horaires de boulot ! En revanche à la maison, ça n'a plus rien à voir.

Au tout début, c'est juste n'importe quoi ! Le bébé se réveille aléatoirement toutes les une, deux, trois ou quatre heures nuit et jour. Votre problème numéro un va donc être de dormir assez pour assurer au travail la semaine. Le week-end (et/ou la semaine si votre compagne craque) peuvent s'organiser des tours de garde comme les quarts sur les bateaux, pour qu'alternativement chacun puisse dormir quelques heures d'affilée.

Vers 3 mois nous l'avons dit, le sommeil de votre bébé va devenir plus réglé, plus prévisible surtout. Le matin, il se réveillera à peu près comme vous et le soir, bonheur, il se couchera entre 20 et 22 heures.

Puis vient le temps où la maman reprend le travail et où l'enfant va à la crèche ou chez une nounou. Et c'est là que vos qualités athlétiques de marathonien vont entrer en jeu !

Une journée type

- **Le matin** : au galop ! Réveil, café, douche et habillage pour les adultes, si possible avant que le petit ne se réveille. D'abord pour être tranquille deux minutes mais aussi parce que prendre sa douche avec un bébé d'1 an hurlant de faim, ce n'est pas très pratique. Ensuite il faut le réveiller (tiens justement il dort bien le coquin !), lui donner son biberon (préparé avant d'aller chercher le bébé dans son lit c'est mieux), lui faire faire un rot, le changer, lui faire une toilette rapide, l'habiller.

  Et puis c'est la course vers la crèche ou chez la nounou… Très important que votre enfant soit à la crèche ou à l'école maternelle, prenez le temps de l'accompagner tranquillement, éventuellement à pied, en discutant. Prévoyez aussi le temps de laisser votre enfant tranquillement aux gens qui vont s'en occuper, pas juste celui de le jeter ! Et surtout ne soyez pas en retard, ça stresse énormément les enfants, donc débrouillez-vous pour prévoir large. Et vous verrez quand on s'organise bien, tout ça devient agréable ! Si si.

  Ouf, vous êtes dans le métro ou dans votre voiture pour rejoindre votre travail et vous avez l'impression d'avoir déjà vécu une demi-journée !

- **Le soir** : c'est plus cool. Récupérer le petit là où il est gardé, retour à la maison, en passant par la boulangerie, un quignon de pain chacun, on joue un peu, un bon bain, un repas, une petite histoire et hop au dodo ! Ne soyez pas trop à cheval sur les horaires du soir, votre enfant a besoin de vous voir. Comme il dispose de peu de temps, il va essayer de vous capter au moment du coucher à coups de pipi, verre d'eau et autres câlins. Fixez quelques limites quand même sinon vous n'aurez plus de repos et d'intimité…

Le bain

Ado est-ce que vous preniez un bain par jour ? On le sait, la réponse est non ! Eh bien figurez-vous que votre tout-petit-préado n'a pas besoin d'un bain quotidien non plus. Si vous en avez le temps (et l'envie !), vous pouvez le faire, mais il n'y a pas d'obligation. Si le bain est un moment de détente et de plaisir partagé, pourquoi ne pas en profiter ? Mais mieux vaut donner un bain tranquille un jour sur deux que se donner la mission (pénible) de le faire chaque jour, mal. Auquel cas, une toilette au gant mouillé suffira (surtout pour les mains, le visage et l'appareil génital) les jours sans bain.

Le corps

Vers 2 ou 3 ans, selon les enfants (selon les parents !), votre petit pourra se laver seul. Sous votre surveillance évidemment ! Vous lui donnez un gant de toilette savonneux, ou vous lui versez quelques gouttes de savon liquide dans la main et le guidez en citant un à un les endroits où il doit se savonner. Vous le rincerez ensuite avec la douche, il sera très fier d'y arriver tout seul !

Le visage

Inutile de lui tremper la tête sous l'eau, un coton imbibé d'eau fera très bien l'affaire sur la table à langer. On le passe délicatement sur les yeux et sur les oreilles. Pas de cotons-tiges dans les conduits auriculaires ! Ils sont comme les fours : autonettoyants ! Pour finir, un peu de sérum physiologique en gouttes ou en pschitt (il va détester) dans le nez et vous aurez bien fait votre devoir !

Les cheveux

Petits, les enfants en général ne posent pas de problème au moment du shampoing mais plus grands c'est souvent le drame. Assis dans son bain, il se débat comme un beau diable, paniqué quand vous voulez rincer. Et pourtant les shampoings pour enfants sont conçus exprès pour ne pas piquer les yeux !

Pour faciliter l'épreuve du shampoing :

- Vous pouvez donner à votre enfant un gant de toilette qu'il va tenir pressé sur ses yeux, ça lui évitera de recevoir du savon dans les yeux et ça ira mieux le temps du rinçage.
- Il existe aussi des sortes de couronnes à larges bords qui empêchent (en principe) l'écoulement dans les yeux.

À PROPOS DU SEXE

Votre bébé a un sexe et même une sexualité ! Voici quelques informations et quelques conseils à ce sujet qui ne doit pas être tabou.

- Laissez votre enfant découvrir son sexe et l'explorer. Ça peut commencer vers 8-9 mois. Il est très important qu'il n'en ressente aucune culpabilité.
- Vers 1 an et demi/2 ans, il va trotter tout seul jusqu'à la salle de bains et s'intéresser fortement à votre anatomie. Si c'est flatteur pour vous, le petit garçon est, lui, parfois un peu déprimé et inquiet au vu de la différence de mensurations ! Expliquez-lui pourquoi : « Tu vas grandir, toi aussi tu seras comme papa. »
- Vers 2 ans, il dira « bobo ! » quand il sentira une érection ne sachant pas comment exprimer autrement cette sensation bizarre. Rassurez-le, c'est plutôt une bonne nouvelle ! Et c'est peut-être le moment de lui expliquer à quoi servent ces magnifiques attributs féminins ou masculins qui l'intriguent tant. Respectez son intimité et demandez-lui de respecter la vôtre. S'il veut « jouer avec son zizi », il peut le faire dans sa chambre, tranquillement.
- Vers 3 ans, à l'aide de petits bouquins de son âge, vous pourrez par la suite lui expliquer comment on fait les bébés. C'est aussi l'âge où il va adorer montrer son zizi à tout propos. Sans dramatiser, apprenez-lui les règles du jeu social.
- Arrêtez de prendre un bain avec votre enfant quand il commence à jouer avec votre sexe à vous ! (et avant l'âge de 15 ans en tout cas… !)

Les vêtements

Ne vous laissez pas intimider : les fabricants de vêtements ne pensent pas souvent aux pères habilleurs qui n'ont jamais touché une poupée de leur vie et doivent donc apprendre sur le tas (façon de parler !).

Comment choisir ?

Bon, on suppose que la mode enfantine n'est pas vraiment votre tasse de thé. Pour l'enfant c'est la même chose ! C'est donc surtout pour sa maman que ça semble important. Alors soyez sympa, demandez-lui son avis et vous la verrez accourir avec des habits qu'elle aura choisis avec amour selon la météo, son humeur et ses envies, ceux que vous n'aviez « pas trouvés »... d'accord c'est lâche, mais c'est efficace et ça vous évitera bien des réflexions désagréables.

Et si vous êtes seul, mettez-lui ce qui vous plaît !

C'est difficile de choisir tellement les tiroirs sont pleins de choses différentes.

En hiver, il faut :

- une couche
- un body à manches longues (voire à jambes longues) tant qu'il porte des couches
- un tee-shirt à manches longues
- un collant ou des chaussettes
- un pantalon, une salopette ou une robe
- un pull ou un gilet chaud
- des chaussures en cuir ou des baskets (voir le paragraphe suivant intitulé « Les chaussures »)

» Vers 3 ans, il vous posera mille questions, plus incroyables les unes que les autres. De « Dis quand tu vas être mort ? » à « Et moi j'étais où avant ? », tous ces questionnements vous ramènent au début de ce livre, au désir d'enfant.

Ce n'est pas seulement ce que vous ferez, ce sont les échanges que vous aurez avec votre enfant, ce que ça vous renverra qui vous feront vous sentir un père compétent, un bon père. Et l'attachement qui en découle est inconditionnel.

« IL NE FAIT PAS LES MARIONNETTES... »

« Une famille est dans mon cabinet pour la visite du 9e mois. On fait le tour des acquisitions du bébé. Je demande s'il fait bravo, au revoir, les marionnettes... Les parents se regardent penauds, limite inquiets. Non, il ne fait pas les marionnettes... L'enfant sur les genoux de son père attire alors mon attention en m'appelant d'un cri, et en me regardant bien dans les yeux, il me fait les fameuses marionnettes ! Nous éclatons tous de rire !

C'est dire à quel point l'enfant de 9 mois comprenait notre conversation et avec ses petits moyens a pu intervenir via moi, et rassurer ses parents. »

De la fierté

Oui c'est bien vous qui avez engendré ce petit bout d'homme ou de femme. Comment est-ce possible ? Certes, c'est votre compagne qui l'a porté et « pondu » mais c'est vous avec votre chromosome Y triomphant qui lui avez donné son sexe ! (voir encadré sur le sexe du bébé, chapitre 6). N'est-ce pas que vous êtes le meilleur ?

Vous y gagnez avec votre femme

C'est Wonder Woman et je l'aime comme ça

C'est incroyable ce qu'elle est solide ! Elle a bossé jusqu'à la fin de sa grossesse en se traînant avec un gros ventre, elle a sorti de son sexe un machin de trois kilos et demi que depuis elle

- » Le ravissant corsage qui s'attache dans le dos avec 18 minuscules boutons de nacre. Cadeau d'une grand-tante qui n'a pas habillé un enfant depuis les années 1950…
- » Certains fabricants de pyjamas se veulent « originaux » et placent des boutons-pressions à des endroits peu stratégiques (dos + devant + aisselles + entrejambe). À croire qu'ils ne font pas de tests de consommateurs.
- » D'autres pyjamas qui se passent par la tête alors qu'ils sont fermés aux jambes. L'enfant doit être contorsionniste et le parent dompteur de lions pour lui enfiler.
- » Des turbulettes avec des fermetures impossibles.
- » Des pantalons dont les élastiques à la taille ne correspondent pas du tout à la longueur, immettables donc !
- » Des sous-pulls (et des pulls) à encolure très très serrée : crise de nerfs assurée.

Pour éviter ces pièges, une seule solution : laisser ces pièces dans le tiroir ! Et attendre des jours meilleurs (ceux où c'est votre femme qui l'habille par exemple) pour voir votre enfant les porter.

Les chaussures

Vous vous souvenez des chaussures type « orthopédiques » de votre petit frère parce qu'il avait les pieds plats ou les genoux « en dedans » ? Eh bien c'est fini !

Votre belle-mère vous tannera pour que vous achetiez de « bonnes » chaussures à votre enfant, dès qu'il commencera à marcher (voire plus tôt). C'est pourtant inutile ! Les orthopédistes sont maintenant d'accord là-dessus : ce ne sont pas les chaussures qui font marcher l'enfant ! Il marche quand il est prêt à marcher. Exit les « bonnes » chaussures bien lourdes, tige montante, bien rigides. C'est comme si vous portiez des chaussures de ski toute la journée ! Les jambes déformées d'autrefois étaient souvent causées par une carence en vitamine D, prescrite aujourd'hui en conséquence à tous les enfants. Ces chaussures sont donc devenues un faux problème de pays riches ! Ailleurs, quand il n'y a pas d'argent, les enfants apprennent à marcher pieds nus ou en tongs et personne n'a les jambes déformées pour autant.

L'ambiance

Malheureusement au moment de l'habillage, elle est souvent tendue et complique un peu (rien qu'un peu) l'exercice. L'enfant se tortille dans tous les sens, mort de rire, ou hurlant. Si en plus vous êtes en retard au travail, c'est potentiellement un cauchemar...

Souvent les bisous sur le ventre, bien bruyants, détendent l'atmosphère et sont d'un grand secours.

Vous pouvez aussi appeler votre compagne à l'aide. On est tous égaux face à un enfant résistant à l'habillage. Et si vous êtes seul et débordé, n'importe quel habit large et confortable fera l'affaire ! Personne ne vous signalera aux services sociaux pour « malhabillage ».

La propreté

À partir du moment où votre enfant a 18 mois, la question la plus courante autour de vous va être : alors il est propre ? C'est une perfidie ! Bien sûr qu'il est propre, comme un sou neuf même en sortant de son bain ! Simplement, il n'est pas encore autonome.

Vers 2 ans et parfois plus tard (mais en général avant 3 ans) il cesse d'avoir besoin de ses couches et vous demande de l'aide pour aller aux toilettes. C'est très difficile pour lui ! Il faut savoir marcher, parler, monter les escaliers parfois, et surtout prendre conscience de ses besoins. Ensuite il faut apprendre à retenir ou à laisser aller ses excréments en fonction de la situation (au milieu du salon versus assis sur les cabinets).

Il faut donc laisser du temps à l'enfant qui « devient propre ». Il ne faut pas le stresser et ne pas stresser soi-même, même si l'école vous a dit : « S'il n'est pas propre le 1er septembre, il reste à la maison, on ne le prend pas ! » En fait sachez que vous êtes pas mal en cause... Votre enfant sent votre exigence et votre inquiétude. Or l'autonomie c'est justement de faire ce que sa propre volonté lui dicte.

« ALORS TU ES PROPRE ? »

« Une petite fille de 2 ans et demi va entrer à l'école. On lui demande : "Alors tu es propre ? Tu sais faire pipi et caca toute seule dans les cabinets ?" Elle répond du tac au tac : "Non mes parents ne sont pas tout à fait prêts." Cette histoire éclaire bien le rôle des parents dans l'acquisition de la propreté. Autant celui de la mère que celui du père... »

Donc on calme son impatience, on continue à acheter des couches tant qu'il faut sans faire de remarques, on propose tranquillement de l'aide si on voit l'enfant occupé à faire caca dans sa couche. Et surtout on ne gronde pas en cas d'accident, même si c'est le sixième pantalon souillé de la journée ! Bref, on patiente quoi !

En conclusion, soyez certain que votre enfant, qui comprend bien l'enjeu qui vous inquiète, sera propre la veille de la rentrée (ou juste les jours suivants)... et dites-vous bien qu'il ne sera pas le seul !

Les limites

Comme nous en avons déjà parlé au moment de l'allaitement (chapitre 11), au cours de la grossesse et juste après la naissance, la mère et son petit ne forment qu'un bloc. Un œuf, encore nourri l'un par l'autre, l'un de l'autre. Vous, vous êtes à l'extérieur, bienveillant certes mais parfois critique. Pourquoi pas ?

Sécuriser la maison

Vous êtes habitué à surveiller ses moindres faits et gestes et surtout à vérifier tout ce qu'il porte à sa bouche. Mais depuis quelque temps votre enfant se déplace à (encore) quatre ou (déjà) deux pattes. Et parfois, il disparaît tout simplement de votre champ de vision ! Croyez-nous, ça peut causer de belles frayeurs quand on le retrouve la tête dans le placard à balais ou en train d'escalader une chaise. Vous ne pouvez pas le ligoter, c'est vrai (quoique parfois vous aimeriez bien !) mais vous pouvez (et vous devez !) réduire les risques. Comment ? En sécurisant la maison au maximum.

» Rangez tous les produits dangereux en hauteur. Et si ce n'est pas possible, verrouillez l'accès aux placards dans lesquels ils se trouvent.

» Mettez hors de sa portée, jusqu'à au moins ses 3 ans TOUT ce qu'il pourrait inhaler et s'envoyer tranquillement dans les bronches : piles, boutons, petits Lego, vis, trombones, cacahuètes, pièces de monnaie, haricots... Le seul moyen de le lui enlever ensuite c'est la chirurgie.

» Bouchez l'entrée des prises électriques avec des caches. Toutes les prises.

» Méfiez-vous des portes qui claquent, votre enfant pourrait se retrouver enfermé dans une pièce dangereuse (salle de bains, toilettes) et se blesser pendant que vous tireriez comme un fou sur la poignée. Il existe des systèmes bloque-portes pour empêcher les doigts écrasés.

» Gardez loin des zones dangereuses (télé, étagères...) les tabourets, les chaises et les grosses peluches qu'il pourrait avoir envie d'escalader.

» Les fenêtres sont de grands dangers, ne les sous-estimez pas. Sécurisez-les et empêchez-en l'accès efficacement (un rideau ne suffit pas).

» Les escaliers. Apprenez rapidement à votre enfant à les monter et les descendre, c'est plus judicieux. Mais installez une barrière en haut et une en bas que vous laisserez fermées en permanence.

En parallèle de tout ça, bien entendu, parlez à votre enfant et expliquez-lui que vous n'êtes pas d'accord quand il touche aux prises électriques et que c'est très dangereux. Mais malheureusement, votre enfant, au début, ne comprend pas ce que le danger signifie. Et sa curiosité est sans limites. Donc ne relâchez jamais votre surveillance et continuez à lui marteler des « non ! » retentissants, aussi lassants que visiblement inutiles à court terme.

Dire non à la mère

Oui de temps en temps à elle aussi il faut lui dire stop, parce qu'elle n'est pas toujours en mesure de le faire pour elle. On les voit les mamans, quelques mois après l'accouchement, épuisées, les yeux cernés, ayant perdu toute coquetterie car tout à leur bébé.

C'est un peu triste, en vérité. C'est comme si elles abandonnaient une partie d'elles-mêmes à leur enfant. À vous de l'alerter, votre compagne, si vous sentez qu'elle s'oublie trop à la faveur du bébé. Elle aura peut-être du mal à entendre votre critique, mais finalement ça lui fera du bien. Parce que, malgré les apparences, votre regard est toujours aussi important.

Dire non à l'enfant

On a lu Françoise Dolto mais parfois mal ! Certes le bébé est une personne, mais il ne doit pas être l'enfant roi pour autant.

Françoise Dolto dit aussi que l'enfant comprend beaucoup de choses ? Très bien ! Voilà ce que vous pouvez lui dire quand il pleure sans relâche à 4 heures du matin et que sa mère – discrètement mais sûrement – devient folle : « Tu as bien mangé, on t'a changé, on t'a raconté une histoire, chanté une chanson, on t'a bercé. Maintenant c'est l'heure de rester à ta place, dans ton lit. On ne va pas te prendre dans les bras toutes les cinq minutes parce que nous sommes fatigués et que nous avons besoin de repos et d'intimité. »

À vous de déterminer les limites que vous souhaitez fixer à votre enfant. Mais, lorsque vous lui dites « non », expliquez-lui toujours pourquoi. Il a besoin de réponses claires et précises.

C'est l'enfant qui vous dit non !

En grandissant le jeu préféré de votre enfant c'est de vous tester. Il a besoin de s'opposer à ses parents pour s'affirmer en tant que sujet. Cette phase du « non » est très constructive pour lui. Il exprime une pensée « à lui », des désirs « à lui », des émotions « à lui ». « Plus inquiétant serait un enfant totalement sage et obéissant. Il aurait alors renoncé à son désir propre pour se conformer à celui de ses parents », précise Christine Brunet.

C'est vers 18 mois/2 ans, avec ses premiers « non », que le petit commence à faire des siennes. Pas avant. Un nourrisson qui pleure dans son berceau ne fait pas un caprice, il exprime un besoin : celui de manger, d'être changé, pris dans les bras ou câliné.

Les colères

Si votre petit trépigne quand vous lui refusez quelque chose – ce qui risque fort de se produire –, laissez-le exprimer sa colère. Évitez les petites phrases sournoises du style : « Tu es ridicule de te mettre dans un état pareil… », « Arrête de pleurer, tu n'as pas honte ? ».

Votre enfant n'est pas content et il a le droit de l'être. Dites-lui plutôt : « Je comprends que tu sois furieux, mais là, je ne peux pas faire autrement, je ne suis pas d'accord avec toi », etc. Accepter et accompagner l'enfant dans cette émotion, c'est le reconnaître en tant que personne à part entière. C'est aussi l'aider à apaiser son chagrin. Car une bonne colère, ça libère ! Armez-vous d'un gros coussin ou tendez-lui une poupée sur lesquels il pourra se défouler. Vous lui apprendrez ainsi à canaliser son énergie. Lorsque l'enfant est plus grand, vous pouvez revenir « à froid » sur ce qui s'est passé.

Les caprices

Qu'est-ce que c'est en réalité ? « C'est la manifestation, chez l'enfant, d'un désir impérieux, soudain, qui ne rencontre pas l'approbation du parent », explique Christine Brunet, psychothérapeute (auteur, avec Anne-Cécile Sarfati, de *Petits tracas et gros soucis de 1 à 7 ans*, Albin Michel, 1998). Le scénario se déroule en trois temps : l'enfant exprime une envie ; les parents lui disent « non » ; le petit, pas content du tout, pique une grosse colère.

Freud a démontré que deux grandes « lois » régissaient le psychisme humain : le « principe de plaisir », processus selon lequel l'individu cherche à satisfaire ses envies et le « principe de réalité », qui nous contraint à différer ou à modifier nos désirs en fonction de la réalité. Voilà ce que découvre l'enfant lorsqu'il fait un caprice : qu'il ne peut pas prendre ses désirs pour la réalité ! Il a envie d'un petit-suisse à la fraise, mais il n'y en a pas dans le frigo ; il ne veut pas quitter le jardin public, mais c'est l'heure de la fermeture ; il refuse de mettre son anorak, mais dehors, il neige... Or il ne dispose pas des éléments d'analyse lui permettant d'anticiper ou de comprendre la réalité.

Le caprice est aussi la confrontation au désir de l'autre. Le bébé se vit comme le centre du monde. Mais lorsqu'il grandit, il découvre que ses proches ont parfois des désirs différents du sien. Ce qui ne le ravit pas du tout. L'enfant veut rester à la maison pour jouer, mais c'est le week-end, il fait beau et ses parents ont prévu un pique-nique à la campagne... Imaginez la suite.

À quel âge finissent les caprices ? Parfois jamais... Cependant, on considère souvent que « l'âge de raison » (7 ans) marque une étape.

Comment réagir ?

En essayant d'abord de comprendre. « L'enfant qui a une réaction insolite a toujours une raison de l'avoir, écrivait Françoise Dolto (*Lorsque l'enfant paraît*, Le Seuil, 1990). Il ne veut plus avancer dans la rue : peut-être aurait-il préféré d'autres chaussures ; peut-être marche-t-on trop vite ; peut-être ne veut-il pas aller de ce côté-là... » Ne sachant pas toujours exprimer son envie avec des mots, le petit rouspète, grogne, hurle...

Du haut de ses trois pommes, le petit voit l'adulte comme un personnage tout-puissant, qui lui dit à quelle heure se coucher, ce qu'il doit manger, lui interdit de traverser la rue tout seul ou de jouer avec un couteau... L'enfant aussi veut avoir son mot à dire ! « Si vous lui montrez que vous-même ne faites pas toujours ce dont vous avez envie, il pourra davantage accepter les limites que vous lui imposez. Laissez-lui, le plus souvent possible, une marge de décision : le pull rouge ou le pull jaune ? Compote ou yaourt à la vanille ? La main droite ou la main gauche pour traverser la rue ? »

Enfin, surveillez-vous. Comment lui donner envie d'aller à l'école si vous partez à votre travail en traînant les pieds ? Vos enfants vous admirent et c'est à vous qu'ils s'identifient en premier !

C'est parfois dur dur

Parfois, le caprice est une épreuve tellement insupportable que les parents tentent d'y mettre un terme en faisant porter la « faute » à l'enfant. Pourquoi est-ce si difficile à vivre pour les adultes ?

« La réaction d'un enfant peut réveiller une colère qu'ils n'ont jamais exprimée étant petits, explique Christine Brunet. N'ayant pu l'assumer, ils vont chercher à la nier chez leur enfant. Autre cas de figure : ils sont eux-mêmes très colériques et retrouvent, chez l'enfant, une partie d'eux qu'ils n'aiment pas. » Ils ont peur que leur enfant leur ressemble. Sa colère peut aussi faire naître un sentiment de culpabilité. Celui de ne pas parvenir à répondre à tous les désirs du petit trésor. « Les parents ont un deuil à faire, estime Christine Brunet, celui de l'enfant idéal dont ils avaient rêvé. Ils ne pourront jamais être des parents parfaits, ni avoir un enfant toujours content ! »

ALERTE À LA FESSÉE

L'usage de la fessée à l'égard des enfants est très contesté. Dans certains pays, il est autorisé dans les écoles publiques, légitimé en référence à des traditions culturelles. Dans d'autres, on considère qu'il s'agit d'une forme de maltraitance. La fessée (et tout autre châtiment corporel d'ailleurs) a ainsi été interdite en Suède en 1979 quel que soit le lieu et au Royaume-Uni, mais seulement dans les écoles. Les punitions physiques ne sont pas interdites en France (mais une loi est à l'étude).

De l'Antiquité jusqu'à la fin du XIXe siècle, le martinet était indissociable de la bonne éducation (des garçons surtout). Parents, gouvernantes, religieux s'y adonnaient à tour de bras. Et les enfants royaux n'étaient pas épargnés. Aujourd'hui condamnée pour son caractère humiliant, accusée de favoriser la violence chez les enfants, elle continue malgré tout de faire des adeptes suivant le précepte de Jules et Édouard de Goncourt, « Les enfants sont comme la crème : les plus fouettés sont les meilleurs ».

Jean Feixas en parle beaucoup dans sa récente *Histoire de la fessée : de la sévère à la voluptueuse* (Éditions Jean-Claude Gawsewitch, 2010) illustrée de 140 dessins. Pour lui elle est tantôt maternelle, licencieuse, expiatrice, symbolique, médicale, publique. Une constante néanmoins, elle contient toujours une connotation sexuelle. Alors réservez-la à votre intimité de couple si vraiment elle vous fait envie…

Pour éviter de donner une fessée :

» Gardez votre calme, au maximum, ça évite de déraper.

» Ne menacez pas votre enfant à tout bout de champ, sinon vous allez être obligé d'aller au bout.

» Dites non très fermement en vous plaçant à la hauteur de votre enfant. Le ton grave et convaincu devrait suffire à le convaincre.

» Déplacez votre enfant du lieu de la bêtise, c'est ça l'avantage d'être plus grand ! Et c'est déjà assez humiliant pour lui.

L'enfant à besoin d'une image forte de son père

Il doit donc sentir qu'à la maison il y a quelqu'un (et qui sinon vous ?) qui donne des limites. Pour que ces limites ne soient pas franchies, vous devez absolument les lui formuler. C'est comme ça qu'il se construira et qu'il apprendra petit à petit à vivre en société. Vous êtes là pour ça.

Pourquoi vous ?

C'est vrai, pourquoi ? Et si les hommes laissaient la mère donner les limites et prenaient à leur compte la tendresse permissive ? Que répondre ? Dans certains couples, c'est comme ça que ça se passe. Dans les couples homosexuels, on peut observer dans une distribution tacite des rôles que l'un prendra celui de la mère et l'autre celui du père.

« Insistons cependant sur le fait que si le père a le droit de se défiler quand le quotidien est paisible, il doit toujours être là quand le vent se lève », nous rappelle ainsi Marcel Rufo (*Chacun cherche son père, op. cit.*).

Le conflit est constructif pour tout le monde

Combien avons-nous d'exemples d'enfants qui n'ayant pas d'image de père à admirer (pas forcément à craindre !) vont la chercher dans la rue, dans une bande.

Pour autant ça ne veut pas dire que vous serez le « mauvais flic » qui menace et interdit sans arrêt tandis que la maman « bon flic » console et pardonne. Pas du tout. En lui disant non c'est aussi de l'amour que vous lui donnez et il en a autant besoin que de lait et de bisous.

Elle sait tout et vous trouve nul

C'est elle qui vous trouve nul ou c'est vous ? Certains pères arrivent chez le pédiatre, complètement démoralisés, leur bébé dans les bras, persuadés d'être de mauvais pères. Compagne critique ou manque de confiance en soi ?

Ne donnez pas à votre femme le bâton pour vous faire battre ! Ce n'est pas parce qu'elle a plus joué que vous à la poupée ou qu'elle a eu cinq frères et sœurs qu'elle est « meilleure » que vous ! Vous ÊTES le meilleur papa de votre enfant et elle est sa meilleure maman ! Ce n'est pas le roi Salomon qui vous parle, c'est le bon sens ! Chacun à votre façon connaissez votre enfant et répondez à ses besoins du mieux que vous le pouvez.

Prenez votre place

Alors soyez sur le coup ! Donnez votre avis, prenez des initiatives, soyez actif.

Il faut reconnaître à votre décharge que beaucoup de ces vêtements si mignons sont des « pièges à pères » ! Mais passez outre et lancez-vous. Votre compagne sera bien obligée de reconnaître que ce n'est pas très important si la salopette est à l'envers ou la broderie du mauvais côté. Votre enfant s'en fiche éperdument, ce qui compte pour lui c'est que ce soit son papa qui l'habille !

Vous n'êtes pas nul !

Exit le jeune adolescent immature, qui expérimente la vie à moitié dans les jupes de sa maman. Vous êtes devenu un homme, un vrai. Et puissant en plus ! Vous avez été capable de transformer votre amante en une mère heureuse, une femme accomplie. Vous êtes un appui pour elle, pour votre enfant mais aussi pour vos amis, votre famille...

Mais peut-être vous sentez-vous écrasé par la charge ? Coincé dans une situation non choisie ? Vous avez l'impression qu'on vous a coupé les ailes, privé de liberté ? Vous voulez à tout prix conserver votre légèreté, votre pouvoir de séduction ? Ou un mélange de tout ça...

Réfléchissez. Votre enfant n'est pas un meuble. Il va réagir, répondre à votre comportement. Vous aurez alors avec lui très rapidement un véritable échange. C'est lui qui vous fera vous sentir un bon père.

Quant à votre pouvoir de séduction, aucun problème ! Faites le test : allez dans un square, seul avec votre enfant et vous allez très vite voir à quel point vous êtes craquant avec votre bébé, tous les regards de ces dames tournés vers vous.

Qui est nul ici ?

Voici une petite liste de tout ce que vous savez faire mieux que quiconque :

- » Faire rire votre bébé aux éclats
- » Lui donner son bain, le changer et l'habiller
- » Lui faire faire son rot contre votre épaule
- » L'avoir dans les bras pendant des heures
- » L'endormir en lui chantant des chansons

On joue, papa ?

Vous avez envie de participer à l'éveil de votre enfant et pour cela les jouets sont très importants. Sachez que jusque vers 18 mois, votre enfant, fille ou garçon, aimera indifféremment tous les jouets. Plus tard, il aura des goûts plus « sexués ». Ce n'est pas la peine d'aller à l'encontre de ses goûts. En revanche, ne prenez pas trop les devants non plus en n'achetant que du rose à votre fille, ça lui prendra bien assez tôt !

De 0 à 3 mois

- » Des jouets de type « hochets », des objets facilement pris en main, colorés et éventuellement bruyants (pas trop) raviront votre petit qui pourra ainsi commencer à essayer de les attraper, voire de les mordre ou au moins de les mâchouiller... Attention au risque d'étouffement, lisez bien les notices avant de proposer un jouet à votre bébé.
- » Un mobile, aérien et poétique, qu'il ne se lassera pas de regarder bouger devant ses yeux.
- » Un tapis d'éveil doux et coloré pour qu'il s'y exerce à ramper.

L'ENFANT ET LES ÉCRANS

S'il existe pour les bébés – dès 1 an, ou même plus tôt ! – des émissions télévisées « excellentes pour leur développement psychomoteur », selon les programmateurs, la réalité est un petit peu différente. Observez le visage d'un tout-petit pendant qu'il est devant l'écran : scotché, le regard vide, immobile, il arrête toute activité. Il a l'air, disons-le, totalement abruti ! Allez-vous le laisser sombrer dans l'imbécilité ?

Les enfants un peu plus grands peuvent rester des heures – vraiment des heures, si on les oublie là – devant les petits films que Disney et consorts fournissent en flux continu et à longueur de journée sur certaines chaînes spécialisées (on ne vous dira pas lesquelles, vous les trouverez – hélas – par vous-même). Le graphisme est souvent assez médiocre. Ne parlons même pas des intrigues indigentes, peuplées d'animaux stylisés à la voix enfantine qui vivent avec tous leurs petits amis des aventures sucrées finissant toujours bien dans un joyeux « Youpi ! ». Les laisser croire que les péripéties d'un sympathique ruminant nommé Marguerite ou Dr Lapeluche ressemblent à la vraie vie, ce serait vache !

Alors s'il vous plaît, pour eux, pour vous, utilisez les écrans avec parcimonie !

De 6 mois à 1 an

» Tout ce qui fait du bruit ! Des hochets plus perfectionnés l'aideront à affiner sa motricité. De la girafe qui fait « pouit » (cette bonne vieille Sophie) aux cubes en tissu qui font « scrontch » quand on les tripote.

» Et toujours des jouets assez colorés et suffisamment gros pour ne pas être avalés que les petits adorent empiler.

» Des jouets pour le bain, maintenant que votre enfant tient assis dans son siège, il va adorer ses canards !

» C'est à partir de cette tranche d'âge, et jusqu'à bien plus tard, que les enfants adorent jouer à se cacher. C'est ainsi qu'ils prennent conscience de la permanence des choses (ce n'est pas parce qu'il ne voit plus son papa, qu'il n'existe plus).

- Afin de tester la force de gravité (et la patience de leurs parents), tel Newton, les bébés adorent aussi faire tomber des objets au sol. C'est aussi une façon pour eux d'appréhender le concept de séparation : il comprend que l'éloignement de son jouet, comme celui de ses parents, n'est que provisoire (c'est Freud qui l'a dit !).

De 1 à 2 ans

- Des livres ! Encore des livres ! Cartonnés, petit format, multicolores, sonores ou non, c'est l'objet fétiche du moment ! Imagiers en tête.
- Un ballon ou une balle pour jouer à se l'envoyer.
- Des jeux qui s'emboîtent, des cubes à faire dégringoler.
- Un chariot ou un petit camion pour pousser et être poussé.
- Des jeux d'imitation : cuisine, dînette, poussette, baigneur…

De 2 à 3 ans

- De petits puzzles en bois ou cartonnés.
- Une tente ou une maison en tissu pour s'y cacher et y jouer tranquillement.
- Un tricycle pour traverser l'appartement à toute berzingue !
- Des histoires de plus en plus élaborées pour lire le soir avant de dormir.

À tous les âges

Les enfants aiment par-dessus tout la « bagarre ». On se poursuit, on se jette l'un sur l'autre, on fait semblant de se faire mal, on se chatouille, etc. C'est le jeu des papas par excellence, excitant au possible ! Attention simplement à plusieurs choses :

- Ne secouez jamais les tout-petits, même pour jouer, c'est très dangereux (voir encadré « Le bébé secoué » chapitre 11).

- Ne jouez pas à les tirer par les bras (pour faire tourner par exemple), vous risqueriez de voir l'épaule ou le coude se déboîter. Les enfants jusque vers 4 ans, ont les articulations très laxes, donc fragiles ! C'est douloureux et difficile à remettre, sauf si on est orthopédiste…
- Pour éviter la crise, arrêtez-vous à temps, c'est-à-dire avant que le stade de l'excitation soit dépassé et que l'enfant ne gère plus.

Chapitre 20

Vous en version papa

DANS CE CHAPITRE :

- **Les enrichissements liés à la paternité**
- **Votre couple aussi est plus riche**
- **Vous êtes à la tête d'une nouvelle famille**

Vous avez eu peur, avant la grossesse, pendant les neuf mois qu'elle a duré et au tout début de la vie de votre enfant. Vous avez eu peur de perdre des choses : votre liberté, votre (mince et) jolie femme, votre virilité, votre temps... Mais maintenant que de l'eau est passée sous les ponts, vous allez pouvoir prendre conscience de tout ce que vous avez gagné en devenant père. Et vous pouvez ainsi entrevoir la richesse de ce qui vous attend avec la chair de votre chair dans les années à venir. Alors on pousse un grand ouf de soulagement et on en profite, de tout ce bonheur !

En fait, vous y gagnez !

Vous y gagnez avec votre enfant

De la tendresse

Vous vous preniez pour un gros dur et vous voilà le roi des guili...

Vous êtes maintenant capable de vous attendrir, de verser une larme (vite essuyée) devant un geste d'affection de votre bébé. C'est indescriptible... Tenir votre enfant dans vos bras, le bercer pour l'endormir, soigner ses bobos, lui caresser les cheveux... Chaque moment que vous passez avec votre enfant c'est de la tendresse pure. Parce que vous êtes fort et qu'il est si petit, parce que vous avez tout à lui apprendre et à lui transmettre. Parce qu'il a la peau si douce... profitez-en, vous tournerez la tête et il sera déjà ado. Quand il aura du poil au menton, qu'il fera une tête de plus que vous, ou qu'il vous battra au bras de fer, quand elle sera pendue au téléphone avec ses copines, qu'elle dormira jusqu'à midi ou qu'elle s'enfermera une heure dans la salle de bains, il ne sera plus temps de se faire des bisous ! Alors prenez votre dose maintenant ! Laissez éclater votre « part féminine », cachée au fond de vous jusqu'à maintenant.

De l'échange

C'est fou ce que les enfants comprennent tout, et si vite ! Vous allez rapidement vous rendre compte que votre enfant vous connaît et vous fait une confiance aveugle. Avec sa mère, c'est plutôt pour manger, pour dormir (le sein, la douceur, la chaleur...). Avec vous s'installe tout de suite ou presque une sorte de complicité sur un autre terrain, entre deux personnes finalement égales.

Voilà ce qui vous attend :

- Vers 1 mois, votre enfant vous regarde, vous reconnaît et vous sourit. Un peu plus tard, il gazouille même pour vous manifester sa joie.
- Vers 9 mois, il s'agite et pousse de petits cris quand il vous voit ouvrir la porte de la maison. Il rampe vers vous en riant. Il fait « au revoir » avec la main, il applaudit, mime les marionnettes et pointe du doigt tout ce qui l'intéresse pour que vous lui expliquiez.
- Vers 10 mois, il va commencer à dire « papapapa... » et « mamamama... » à vous deux, ses parents sans distinction. Anges tutélaires ! On a beaucoup parlé du sexe des anges...
- Vers 1 an, il marchera et pourra jouer au ballon avec vous. Enfin le foot !
- Vers 2 ans, il fera des phrases, vous parlera beaucoup. C'est aussi la période des grosses colères !

» Vers 3 ans, il vous posera mille questions, plus incroyables les unes que les autres. De « Dis quand tu vas être mort ? » à « Et moi j'étais où avant ? », tous ces questionnements vous ramènent au début de ce livre, au désir d'enfant.

Ce n'est pas seulement ce que vous ferez, ce sont les échanges que vous aurez avec votre enfant, ce que ça vous renverra qui vous feront vous sentir un père compétent, un bon père. Et l'attachement qui en découle est inconditionnel.

« IL NE FAIT PAS LES MARIONNETTES... »

« Une famille est dans mon cabinet pour la visite du 9e mois. On fait le tour des acquisitions du bébé. Je demande s'il fait bravo, au revoir, les marionnettes... Les parents se regardent penauds, limite inquiets. Non, il ne fait pas les marionnettes... L'enfant sur les genoux de son père attire alors mon attention en m'appelant d'un cri, et en me regardant bien dans les yeux, il me fait les fameuses marionnettes ! Nous éclatons tous de rire !

C'est dire à quel point l'enfant de 9 mois comprenait notre conversation et avec ses petits moyens a pu intervenir via moi, et rassurer ses parents. »

De la fierté

Oui c'est bien vous qui avez engendré ce petit bout d'homme ou de femme. Comment est-ce possible ? Certes, c'est votre compagne qui l'a porté et « pondu » mais c'est vous avec votre chromosome Y triomphant qui lui avez donné son sexe ! (voir encadré sur le sexe du bébé, chapitre 6). N'est-ce pas que vous êtes le meilleur ?

Vous y gagnez avec votre femme

C'est Wonder Woman et je l'aime comme ça

C'est incroyable ce qu'elle est solide ! Elle a bossé jusqu'à la fin de sa grossesse en se traînant avec un gros ventre, elle a sorti de son sexe un machin de trois kilos et demi que depuis elle nourrit nuit et jour et en plus elle est contente ! Avouez que vous n'auriez jamais cru ça d'elle quand elle râlait que c'était trop dur lors de votre dernière randonnée à vélo ou quand elle pleure dès que vous lui faites la gueule deux minutes... La maternité offre à voir une facette différente et inconnue des femmes où l'on découvre leur résistance. Et quand vous voyez la vôtre (de femme) vous n'êtes pas peu fier de l'avoir si bien choisie !

On est liés pour toujours

Du moins vous l'espérez... C'est vrai que beaucoup de couples se séparent, mais avoir fait un bébé ensemble, ce n'est pas rien. Quoi qu'il se passera ensuite : il sera là, entre vous. Vous n'avez besoin ni de contrat de mariage ni de pacs. Cet enfant qui n'a pas demandé à être là a tant besoin de vous deux, chacun dans votre rôle (on en a assez parlé), qu'il remplace toutes les signatures au bas d'un parchemin...

Vous y gagnez pour vous-même

Vous êtes chef de famille

C'est vous le chef ! Même si c'est dorénavant aux deux parents que s'adresse M. le Maire pour leur faire partager la charge de « chef de famille ».

Mais c'est bien votre nom qu'il va porter le plus souvent (voir encadré sur le nom de famille, chapitre 7). D'ailleurs c'est vous qui l'avez déclaré à la mairie.

Vous représentez l'autorité, et la sécurité à la maison, la référence. Cette place c'est votre compagne qui vous la donne et vous l'assumez !

Vous êtes dans la norme

Et de nos jours, sous nos climats ça pose encore pas mal d'être chef de famille ! Vous n'êtes plus le petit gringalet insouciant qui avait du mal à sortir (tout court ?) de l'adolescence. Maintenant il y a quelqu'un qui attend beaucoup de vous et vous n'avez surtout pas envie de le décevoir. Et tous les autres y sont arrivés avant vous, alors pourquoi pas vous ?

Vous prolongez la lignée… en mieux !

Vous vous rendez compte que vous n'êtes pas peu fier de transmettre ce que vous avez reçu de vos ascendants. Mais il y avait du bon et du moins bon… Alors vous allez essayer de faire mieux, de faire de votre mieux. C'est difficile. Et ça ne s'arrête jamais !

Quelquefois ils ne deviendront pas ce qu'on a rêvé qu'ils soient, mais restez humble ! Ne les forcez pas à aimer le foot, plus tard les maths ou de reprendre l'entreprise familiale (au sens propre ou figuré). Vous verrez quand il aura 40 ans vous vous soucierez toujours de ce qui peut arriver à votre petit ! Mais peut-être prolongera-t-il lui aussi cette lignée et que lui aussi en sera fier.

Vous êtes là pour aider vos enfants à s'épanouir. Un arbre qui pousse a besoin d'un tuteur, pas d'une cloche qui l'empêche de respirer. À méditer.

Vous vous rapprochez de vos parents… ou pas

Vos parents eux non plus ne sont pas peu fiers dans cette histoire. Fiers de voir leur grand dadais de fils arrivé à maturité. Fiers qu'il ait choisi une compagne (pas l'idéale pour eux ? On s'en fiche !), fiers qu'il ait été capable de procréer.

Ça veut dire qu'eux, ils ont bien fait leur boulot de parents avec vous. Et qu'ils l'ont presque terminé.

Vous devenez en quelque sorte leur égal en étant parent à votre tour. Enfin ! Certes vous aurez parfois des rapports conflictuels, mais aussi beaucoup de complicité, de légèreté. On sait que nos parents n'apprécient pas toujours nos manières éducatives (le monde change…) ou le prénom choisi. Mais on est si fier de voir son père ou sa mère attendri, tenant notre rejeton dans leurs bras. Et on laisse ainsi, pour une fois, les reproches sur notre propre éducation à la porte !

Alors père Noël ou père Fouettard ?

Le père Noël, nous le connaissons tous bien, et c'est celui que vous rêvez de devenir pour votre enfant. Être aussi chouette que l'a été votre propre père ou au contraire être enfin celui que vous n'avez pas eu.

Mais parfois dans ce tableau idyllique s'immisce la lourde silhouette du père Fouettard, insidieusement, mais sûrement. Et le voilà qui s'installe dans votre fauteuil, lit votre journal, vous pique vos pantoufles ! Lui et tous ses démons qui l'accompagnent se mettent alors à vous coller aux fesses et vous n'arrivez pas toujours à vous en débarrasser. Quand vous avez réussi à le démasquer !

Voilà ce que dit le père Fouettard dans les groupes de parole de pères :

« Quand on devient père on n'est moins libre, on est limité pour ses loisirs, on est freiné dans son travail. Il devient difficile d'accepter des promotions, ou de s'expatrier. On ne peut plus voyager comme avant. Au travail on se moque des "papas poules" qui prennent la totalité de leur congé paternité ou qui accourent quand leur bébé est malade. On n'est pas content de la nouvelle autorité qui nous échoit, pas content de devoir commander à un enfant. On n'avait rien demandé, on n'avait pas l'habitude d'exercer une autorité comme celle-là ! C'est comme si de troufion, on était bombardé colonel ! »

Et il n'a pas tout à fait tort le gredin !

« ET MOI MAINTENANT JE NE SAIS PAS QUOI FAIRE »

« Un jeune papa nous a raconté au groupe pères qu'il n'avait plus de modèle, "Chez mon grand-père on ne mouftait pas à table, on se tenait à carreaux, on le respectait. Après mon père a fait tout le contraire : pas d'interdits, pas de règles. Et moi maintenant je ne sais pas quoi faire, alors je fais la mère, mais je sais que ce n'est pas ma place". »

Alors, vous comment allez-vous faire pour donner de l'amour sans rançon ? Comment allez-vous faire cohabiter père Noël et père Fouettard ?

Le père Noël ne baisse jamais les bras

Soyez un père patient

Vous voilà embarqué dans une longue histoire et vous allez passer des années auprès de cet enfant et de sa maman ! Et tout n'est pas joué dans les premières semaines, ni même dans les suivantes !

CE QUI VA CHANGER POUR TOUJOURS

- Vous n'êtes plus sans attaches.
- Ce n'est plus vous le centre de votre monde (sauf pour votre maman !).
- Vous n'avez plus envie de prendre des risques, ni de conduire vite.
- Vous avez trouvé l'accès à la partie « tendre » de votre personnalité.
- Pour certains, vous avez changé de nom, vous vous appelez maintenant « le papa de... ».
- Vous savez dorénavant que votre compagne est bien plus forte que ce qu'elle veut bien montrer.
- Votre niveau de vie.
- Vous comprenez enfin vos parents, leurs angoisses et leurs joies.
- Votre emploi du temps n'a plus une minute laissée à l'improvisation.
- Vos vacances avec enfants n'en sont plus. Sans enfants, vous comprenez enfin le sens de ce mot magique : le repos !

Soyez un père humble

Dites-vous avant tout que vous êtes en apprentissage.

On est différents et c'est tant mieux ! De cette diversité naît la richesse. Cet enfant commun qui focalise cette diversité c'est un bonheur pour ses deux parents. Vous êtes d'accord là-dessus, votre compagne et vous, mais c'est un des seuls points ! Ne vous irritez donc pas à la moindre différence de point de vue !

Réglez les différents en dehors de l'enfant. Devant lui sa maman a raison, même si vous n'êtes pas d'accord. Vous en discuterez calmement ensuite avec votre compagne. C'est la condition pour que votre petit sente votre unité solide et qu'il puisse se reposer dessus sans angoisse.

Vous avez droit aux doutes, mais ne restez pas seul avec

Bien sûr que vous vous demanderez souvent si vous faites bien, si vous avez eu raison de vous fâcher ou au contraire de laisser passer certaines choses... Vous posez bien des limites, vous donnez bien des conseils, des interdictions, des félicitations, mais sont-ce les bonnes ? En plus votre femme vous fait souvent sentir qu'elle n'est pas d'accord...

Douter est humain. C'est sain de se poser des questions. Mais là encore et toujours, laissez votre enfant en dehors de ces doutes. Discutez avec votre compagne, acceptez de vous être trompé. Soyez ferme dans vos positions sans agressivité. Ce n'est pas facile mais qui a dit que la vie était un long fleuve tranquille ?

L'avenir seul vous dira si vous avez bien conduit ce petit sur le chemin de l'âge adulte. Et c'est en s'opposant à vous qu'il y parviendra ! Alors là non plus, on ne recule pas devant l'obstacle et on va au clash s'il le faut ! Tous les conflits servent à quelque chose, pour vous et pour votre enfant.

Mais c'est un autre sujet. Alors, rendez-vous dans quinze ans ?

Vous avez droit aux SOS !

De temps en temps vous n'arrivez pas à vous mettre d'accord sur des points qui vous semblent à ce moment-là essentiels mais qui ne le sont pas forcément. Les horaires des repas, les modalités de la circoncision ou de l'acquisition de la propreté, autant de façons de tourner autour du pot (c'est parfois le cas de le dire !) sans aborder le fond du problème. Alors pourquoi ne pas faire un pas de côté et prendre un autre avis ?

Oui mais auprès de qui ?

- Les amis à qui on fait confiance, qui sont déjà passés par là et peuvent ainsi jauger notre situation de plus haut.
- Les parents, pourquoi pas, pour les mêmes raisons que les amis de confiance. Mais attention à ne pas mettre de l'huile sur le feu en demandant trop souvent l'opinion de votre mère et en la brandissant comme un étendard sous le nez de votre compagne. On vous garantit que ça vous desservira. Même si votre mère a (toujours !) raison…
- Il reste donc les professionnels : généraliste, pédiatre ou psy en tout genre qui seront à même de vous épauler, de vous conseiller et pourquoi pas de travailler avec vous deux pour rendre vos relations plus sereines et améliorer l'ordinaire.

Le couple est fragile, attention

Certains pensent – et ils ont sans doute tort – que l'arrivée d'un enfant va arranger un couple chancelant. Or l'arrivée d'un enfant c'est tout autre chose : le bébé va se heurter à vos différences culturelles, éducatives, religieuses. Et vous, vous allez devoir faire avec ces différences que vous aviez tous les deux plutôt cherché à enfouir dans les débuts de l'histoire d'amour.

Mais quelle richesse de s'apercevoir que l'enfant peut piocher ce qui lui semble, à lui, le meilleur de chacun de ses deux parents. Et de vous amener à changer et plus simplement à la tolérance !

Un enfant ne réglera pas ce qui est problématique dans un couple, il pourra même en faire vaciller certains qu'on croyait invincibles ! Alors essayez (ensemble !) de régler les conflits avant qu'ils ne dégénèrent surtout si l'amour est encore là.

Se séparer de la mère ne signifie pas se séparer de son enfant

Faut-il en parler, là aujourd'hui alors que vous nagez en plein bonheur ? Une séparation, comme nous l'avons suggéré plus haut, ça « n'arrive pas qu'aux autres ». Si par la force des choses, vous quittez la mère de votre enfant, souvenez-vous que lui ne vous séparera jamais. Il est là, avec vos gènes à tous les deux et il a besoin de vous deux, même éloignés. Sachez aussi que si c'est sa mère qui vous quitte, lui ne vous quitte pas pour autant. Alors ne déversez pas chagrin ou rancœur sur ses frêles épaules. Son monde s'écroule autant que le vôtre, mais c'est vous son père, pas l'inverse.

Entre 7 et 15 % des papas divorcés ont la garde principale de leurs enfants. Les autres en partagent la garde avec la maman. Dans la plupart des cas, soit en prenant l'enfant un week-end sur deux et le mercredi ou une semaine entière sur deux. Certains parents décident de garder l'appartement familial pour ne pas déraciner leur petit et c'est eux qui « tournent »... Tout est envisageable, ce qui compte c'est de parvenir à maintenir un dialogue avec la mère de votre enfant.

« JE VAIS LA COLLER À L'ORPHELINAT DE LA POLICE »

« Le papa d'une petite fille, un policier, vient de se faire plaquer par sa femme, dont il est visiblement toujours amoureux. Pour ne pas sombrer dans la déprime, il choisit de montrer sa colère plutôt que sa peine. Du coup c'est sa petite fille qui subit ses foudres. Et devant moi il dit : "Elle se tire et en plus elle me laisse la gosse ? Elle va voir ! J'en veux pas moi de cette gamine, je vais la coller à l'orphelinat de la police !"

Quelle violence ! »

Papa gâteau ?

Ce serait une solution si le but était de séduire votre enfant. Mais ce n'est pas votre rôle ! Vous êtes là pour lui apprendre à être une bonne et belle personne, heureuse dans ce monde. Et pour cela vous devez lui en indiquer les contours et les limites même si parfois ça vous fait passer pour le père Fouettard, ce que maintenant vous savez que vous n'êtes pas, « pour de vrai ».

6
La partie des Dix

DANS CETTE PARTIE . . .

Vous avez bien tout lu ? Vous vous sentez prêt à vous lancer dans l'aventure de la paternité ! Braver les marées, affronter les tempêtes, essuyer des grains, mais aussi fendre les flots, voguer en toute sérénité, et surtout surtout découvrir des contrées inconnues !

Tant mieux si ce livre vous a (un peu) aidé.

Mais on ne résiste pas à vous fournir encore quelques listes (pas toujours exhaustives !) pour vous donner des petits trucs de papa en plus.

Et si vous avez juste fait semblant de lire le reste, vous contentant de tourner les pages bruyamment en fronçant les sourcils pour paraître concentré, foncez sur cette dernière partie qui prendra simplement la forme d'une petite séance de rattrapage et répondra à vos questions les plus essentielles.

Chapitre 21

Les dix questions que vous vous posez le plus souvent quand votre femme est enceinte

Une petite révolution est en marche, votre femme et vous attendez un bébé. Tout le monde la questionne, elle, et la couvre d'attentions. Mais de votre côté ça turbine dans votre tête et les questions fusent... En voici dix des plus fréquentes.

1. Est-ce que je vais tenir le coup pendant l'accouchement ?

La question est souvent posée à cause du sang qui fait tourner de l'œil certains hommes sensibles. Mais l'accouchement n'est pas un spectacle auquel vous assistez ! Dans le cas présent vous allez participer à la naissance de votre enfant et c'est tout à fait différent. De toute façon, vous ne serez pas tout seul ! Vous n'êtes pas non plus obligé de rester jusqu'au bout si vos limites sont dépassées mais on n'a jamais vu de papa fuir l'endroit où naissait son bébé !

2. Depuis qu'elle est enceinte, ma femme est transformée... Que faire ?

Elle est capricieuse, nerveuse, fatiguée, bref : insupportable ! C'est un fait. Mais est-ce que ça va durer ? Non ! C'est le premier trimestre le plus pénible, celui où elle se transforme physiquement, où elle est envahie d'hormones et déstabilisée par ce qui lui arrive. Patience, ça va passer...

3. Et la sexualité ?

Au début c'est elle qui ne veut plus faire l'amour. Elle n'est pas bien, elle dort tout le temps. Mais avouez que vous non plus vous n'êtes pas fou de désir pour elle dans cette période. Et puis vous avez tous les deux peur de faire mal au bébé. Vos peurs n'ont pas lieu d'être, vous ne lui ferez aucun mal. Sauf contre-indication médicale, vous pouvez poursuivre vos rapports normalement tout au long de la grossesse. Mais si l'envie n'y est pas, elle reviendra et ça n'empêche pas la tendresse !

4. Comment choisir la maternité ?

En premier lieu, il faut choisir vite ! On manque de places dans les maternités, surtout dans les grandes villes... Les principaux critères sont : la proximité, l'accompagnement, l'infrastructure médicale... ça dépend de ce que vous favorisez. Demandez à vos amis qui sont déjà passés par là.

5. À quoi je vais servir moi pendant tout ce temps ?

À tout et à rien ! Qu'il s'agisse de la grossesse ou de l'accouchement, vous n'êtes « utile » à rien d'autre qu'au bien-être de votre douce. Il n'y a rien que vous puissiez particulièrement « faire ». Elle n'est pas malade, donc traitez-la normalement, au risque de l'agacer. En revanche, elle est affaiblie et fragilisée, donc montrez-vous protecteur. Et vous verrez que même si vous avez l'impression de n'avoir rien fait, elle vous sera reconnaissante d'avoir tout partagé avec elle !

6. Quand aller à la maternité ?

Elle sentira les contractions devenir de plus en plus douloureuses et régulières. Ou bien elle va être carrément inondée par la rupture de la poche des eaux. C'est que l'heure est venue. Mais pas de panique ! Vous avez une petite dizaine d'heures devant vous avant que l'enfant naisse. Ne foncez pas trop tôt à la maternité, vous risqueriez d'être renvoyés à la maison. En revanche, faites confiance à votre femme qui « sentira » si c'est le bon moment.

7. Et si l'accouchement se passait mal ?

On n'est plus au Moyen Âge ! Tout est prévu : l'anesthésiste avec sa péridurale, le médecin en cas de besoin et pendant tout le travail des sages-femmes compétentes et expérimentées. Faites-leur confiance, et si besoin demandez-leur des explications (sans les bassiner, ils sont au travail !).

8. Parents et beaux-parents : qu'en faire ?

Pensez qu'eux aussi se sentent concernés, investis et inquiets alors ménagez-les. Mais soyez ferme et faites-leur sentir (avec précaution tout de même) que maintenant c'est votre affaire et que vous êtes aptes tous les deux à gérer les questions que vous vous posez.

9. C'est quoi le baby blues ?

C'est une phase (qui n'arrive pas toujours) qui survient quelques jours après l'accouchement. Votre femme est fatiguée, physiquement et émotionnellement. Elle se sent littéralement « vidée » et ça peut la déprimer un peu pendant quelques jours. Ça passe assez vite dans le meilleur des cas. Si ça empire au contraire, armez-vous de patience et de kleenex (elle pleure tout le temps !) et amenez-la à consulter.

10. Quand prendre mon congé paternité ?

Il ne dure que quinze jours (avec le week-end) en tout alors réfléchissez bien ! Vous pouvez les prendre quand vous voulez mais tous à la suite et dans les quatre mois qui suivent la naissance. À notre avis le meilleur moment est celui du retour à la maison. Avant c'est inutile, femme et enfant sont pris en charge à la maternité. Le retour à la maison c'est le moment où on se cale, ensemble. Donc c'est bien que ça se fasse aussi avec vous !

Chapitre 22

Dix bons critères pour choisir son pédiatre

Un pédiatre peut être un homme ou une femme, à vous de voir si vous avez une préférence. Malheureusement votre préférence ne jouera peut-être pas beaucoup dans votre choix, les pédiatres de ville étant de moins en moins nombreux. Quoi qu'il en soit, voici les bonnes raisons d'en choisir un.

1. C'est un(e) spécialiste

C'est le spécialiste des enfants (jusqu'à 18 ans !). Il a fait quatre années d'études supplémentaires après son doctorat en médecine, avec nombre de stages hospitaliers pour obtenir son diplôme de pédiatre. Il connaît donc parfaitement les étapes du développement de l'enfant et les maladies particulières auxquelles il peut être confronté.

2. Il/elle n'est pas si seul(e)

Même si dans son cabinet, il fait seul la consultation, le diagnostic et les prescriptions, il a beaucoup de correspondants en ville : ORL (nez, gorge, oreilles), allergologue, gastro-entérologue, etc., avec qui il peut travailler s'il en a besoin. Il est souvent aussi pédiatre d'une maternité ou rattaché à un hôpital.

3. Il/elle a de la bouteille

Non il n'est pas alcoolique ! Mais pas trop jeune, pas trop vieux, en plus de connaître par cœur les maladies des enfants, le pédiatre a l'habitude des conflits et des difficultés inhérents à la relation parents-enfants, ainsi que des problèmes de couple. Bref, il a de l'expérience, contrairement à vous !

4. Il/elle est disponible

C'est un critère très important ! Le pédiatre reçoit en général sur rendez-vous pour avoir le temps pour les consultations longues : accueil, observation, déshabillage, examen, rhabillage, conseil, explications, ordonnance, carnet de santé... Cela dit, il doit pouvoir aussi vous recevoir en urgence et vous répondre au téléphone. De plus, ses horaires doivent être praticables pour des parents qui travaillent.

5. Il/elle a un bon contact avec les enfants

C'est évident ! Mais ce n'est pas toujours le cas... Certains médecins oublient le prénom des enfants, de les saluer, de s'adresser à eux, de leur expliquer leurs gestes. Ce n'est ni agréable ni rassurant.

6. Il/elle a un bon contact avec les parents

Vous donc. C'est très important aussi car c'est avec vous que le pédiatre va échanger. Il faut qu'il ne vous bouscule pas, qu'il vous explique et vous rassure, qu'il sollicite votre participation à la consultation. C'est capital pour que ça se passe bien pour tout le monde.

7. Il/elle écoute et observe

Le pédiatre doit écouter avec attention jusqu'aux plus petits détails ce que vous lui dites de votre enfant. C'est parfois de l'insignifiant pour vous qu'il va comprendre quelque chose de capital. De la même manière il doit observer attentivement votre enfant, ses jeux, ses attitudes dans la salle d'attente et pendant la consultation (il dispose donc des jouets ici et là).

8. Il/elle est compétent(e)

Il a parfois suivi des formations supplémentaires : homéopathie, haptonomie... Et par ailleurs il s'astreint à une formation continue comme des groupes de parole (Balint) et de réflexion entre médecins. Ne l'obligez pas à sortir ses diplômes pour autant !

Vous en aurez la certitude si son examen est minutieux. Si en plus il est doux, il prend en compte l'appréhension des enfants au moment de l'auscultation. Il prend aussi en compte sa douleur éventuelle pendant l'examen des oreilles (en cas d'otite par exemple) ou au cours de la vaccination.

9. Il/elle ne vous prend pas en traître et annonce clairement ses tarifs

Le pédiatre peut être :

- » non conventionné, ce qui veut dire qu'il n'applique pas les tarifs remboursés par l'assurance maladie, qu'il est donc cher. Ce n'est pas un gage de compétence !
- » conventionné avec honoraires libres : les consultations seront remboursées sur la même base que le généraliste mais un supplément d'honoraires reste à votre charge (que votre mutuelle remboursera peut-être, renseignez-vous) ;

» enfin il peut être strictement conventionné c'est-à-dire pratiquer les mêmes tarifs que les généralistes. Ce cas est assez rare en raison de la longueur des consultations de pédiatrie.

10. Il/elle a gagné votre confiance

C'est de loin le point le plus important ! Comment ? Ça ne s'explique pas.

S'il remplit les neuf autres critères mais pas celui-là… Changez !

Chapitre 23

Dix choses à commencer à faire si vous ne les faites pas déjà

Vous êtes formidable ! Ça, on le savait déjà. Mais, comment dire... ? Peut-être que parfois votre légendaire esprit d'initiative et votre incroyable sens du devoir auraient besoin d'un petit coup de pouce, juste un petit ! Voici quelques idées pour épater votre chérie et être à ses yeux encore plus génial. Tout simplement parfait !

1. Faire les courses, en prendre l'initiative et ne pas demander quoi acheter !

Eh oui, ça paraît bête à dire mais ce qui ne va vous prendre qu'une demi-heure dans votre journée va vraiment alléger celle de votre douce. Car faire les courses c'est aussi réfléchir à ce qu'on va acheter, porter des sacs et tout ranger ensuite. Ce n'est donc pas seulement son temps que vous économiserez à votre compagne, c'est surtout son énergie. Et soyez-en sûr, malgré ce qu'elle veut bien montrer, elle n'en a pas en trop !

2. Faire un peu de cuisine... voire y prendre du plaisir (les grands chefs sont presque tous des hommes, non ?)

Vous croyez que vous en êtes incapable ? Mais non c'est simplement que vous ne vous faites pas confiance (la faute à qui ?) ! Alors partez sur des choses simples, achetez de bons produits, sains et suivez à la lettre la recette. Il existe des livres super-simples et ludiques de recettes « spécial bébé », par exemple ! Et surtout n'essayez pas de refaire la spécialité de votre femme. Ni celle de votre mère. Innovez ! Si ça vous barbe... vive les surgelés ! Votre femme sera de toute façon attendrie par vos tentatives et soulagée de ne pas avoir cette charge.

3. Passer l'aspirateur (sans renoncer si le sac est plein)

Au préalable, trouver l'aspirateur !

Blague à part, ce n'est pas dans le ménage que se niche la féminité. Passer l'aspirateur, de même que faire marcher le lave-linge ET étendre le linge, voire le plier ensuite ne sont pas des tâches sexuées.

4. Prendre le relais AVANT la crise de nerfs de votre compagne

Elle s'agace, elle est nerveuse, elle prend la mouche ? Elle pleure pour un rien ? Vous la connaissez bien, vous savez donc pertinemment que l'engueulade n'est pas loin. En plus, on l'a dit, elle traverse une période de grande fragilité et elle est épuisée par la grossesse, l'accouchement et les nuits difficiles. Essayez donc pour une fois de ne pas la laisser venir (l'embrouille, pas votre femme !) et de désamorcer la bombe avant l'explosion. Allez chercher le bébé qui pleure, même si elle doit lui donner le sein l'instant d'après, ça soulage. Donnez-lui son bain, préparez un thé à votre douce… Et surtout prenez votre femme dans vos bras et rassurez-la, au fond c'est de ça dont elle a besoin !

5. Inviter parfois vos parents et beaux-parents à venir voir le petit et pourquoi pas déjeuner ?

Ils n'osent peut-être pas s'imposer, par timidité ou pour ne pas vous causer une charge supplémentaire. Mais vous verrez, si vous les invitez ils proposeront même d'apporter le repas (surtout votre mère) voire de garder ensuite le bébé une heure ou deux le temps que vous souffliez tous les deux. Dites oui !

6. Participer activement à la recherche de baby-sitter

Puis à l'organisation de ses venues pour un soir de temps en temps, un resto en amoureux (on n'a pas parlé de cinéma !). Elle n'a pas besoin d'être une super-bimbo, désolé pour l'image d'Épinal, en revanche elle doit être sympathique et un peu expérimentée. Vous allez lui confier votre enfant quand même ! Soyez au rendez-vous pour faire sa connaissance et donner vos recommandations. Ensuite partagez votre avis avec votre compagne.

7. Éteindre un peu la télé pour discuter le soir

Votre femme en congé maternité vous parlera ainsi tranquillement de sa passionnante journée en tête à tête avec votre enfant. Vous apprendrez par le menu les performances nouvelles de votre bébé. Extasiez-vous même si vous avez l'esprit discrètement occupé par votre réunion du lendemain. Apportez aussi des nouvelles fraîches du monde extérieur à votre compagne, ça aère !

8. Dire à votre compagne qu'elle est belle

Ça ne coûte pas cher et ça peut rapporter gros... Elle se sent grosse et moche, on vous le rappelle, donc ça lui requinquera le moral de savoir que vous la trouvez rayonnante (vous n'avez pas dit mince !) sur les 250 photos que vous avez faites d'elle avec l'enfant dans les bras. Et tout ça grâce à vous et à votre tendresse sans faille ! Oui enfin, n'en faites pas trop tout de même, elle ne vous croirait pas !

9. Garder le moral, de toute façon il va grandir !

Ne vous noyez pas dans un verre d'eau, c'est la vie tout ça ! Combien de papas avant vous sont passés par là et en sont sortis indemnes ? Cette période bouleversante va passer finalement très vite et vous en viendrez même peut-être à regretter ce temps, si riche en émotions, quand vous amènerez votre petit à la crèche ou à l'école.

10. Avoir un peu d'humour !

C'est la solution ! Tout peut être dédramatisé avec un peu de légèreté et de second degré. Avoir du caca sur les doigts, du vomi plein son costume ou une femme en larmes parce que le biberon est trop chaud... Franchement il y a de quoi en rire non ? Alors riez !

Chapitre 24

Les dix solutions pour la garde de l'enfant

C'est bien beau d'avoir fait un bébé mais comme dans les plus jolies histoires, l'amour et l'eau fraîche ne suffisent pas et un beau jour (qui vient assez vite) il faut songer à faire garder son petit. C'est une décision qui se prend à deux, après avoir bien étudié toutes les solutions possibles. Que voici. Souvenez-vous que quelle que soit la solution que vous choisirez, cela existe depuis la nuit des temps (vous n'êtes pas les premiers quoi !) et que garder un enfant est un boulot considérable, donc respect.

Le monde des nourrices et des puéricultrices est exclusivement féminin, dur pour un papa de faire sa place. Soyez présent, montrez-leur de l'intérêt, posez des questions et respectez leur travail, il n'en sera que plus facile d'imposer votre avis et vos desiderata.

1. La maman arrête de travailler complètement

C'est une grande décision ! Ne va-t-elle pas la regretter bien vite ? Être mère au foyer, on doit vous prévenir, c'est un boulot, à plein-temps et on ne s'y amuse pas beaucoup. Les contacts sont rares et les tâches ennuyeuses : principalement cuisine et ménage. Et l'estime de soi vient rapidement à manquer. Sans compter qu'un seul salaire pour trois c'est juste !

2. Le congé parental

De la fin du congé de maternité aux 3 ans révolus de l'enfant (âge de l'entrée à l'école), ça peut être une solution pour celles et ceux qui ont envie de garder leurs enfants en mettant entre parenthèses collègues, boulot et métro.

Attention toutefois, même si cette période est finie dans le temps, même si les allocations familiales couvrent une (toute petite) partie de la perte du salaire, ce n'est pas le luxe ! Et le retour au travail peut être ensuite très difficile. On confie moins facilement un poste à responsabilité à quelqu'un qui vient de passer trois ans à pouponner. Nous n'en sommes pas encore, en France, à l'efficacité des congés parentaux des pays scandinaves…

Et si c'est votre femme qui le prend elle risque fortement de se heurter ensuite au fameux « plafond de verre » qui empêche les femmes ayant des enfants d'évoluer dans leur carrière et maintient leurs salaires plus bas que ceux des hommes (– 30 % en moyenne).

Si vous travaillez tous les deux dans la joie, nous vous avons fait un tableau comparatif des solutions de garde jusqu'aux 3 ans de l'enfant.

TABLE 24-1 Les modes de garde

	Points positifs	Points négatifs	Problèmes rencontrés
Crèche	- Développement psychomoteur - Sécurité - Personnel formé - Prix, en fonction des revenus	- Maladies infantiles +++++	Places insuffisantes
Crèche familiale	- Le cocon de la nounou + l'accès à la crèche - Prix, en fonction des revenus	- Maladies infantiles +++++	Places insuffisantes

	Points positifs	Points négatifs	Problèmes rencontrés
Crèche parentale	- Développement psychomoteur - Sécurité - Personnel formé - Prix, en fonction des revenus	- Maladies infantiles +++++	Les parents doivent être très disponibles (1 j/sem.)
	Points positifs	Points négatifs	Problèmes rencontrés
Halte-garderie	- Développement psychomoteur - Sécurité - Personnel formé - Prix, en fonction des revenus	- Maladies infantiles +++++ - À partir de 12 mois en général - Possibilité de laisser l'enfant seulement 1 jour ou 2 par semaine	Places insuffisantes
Nourrice à domicile en garde partagée	- Agrément de la mairie - Tranquillité, l'enfant est chez lui - Confiance - Confort (horaires en fonction des vôtres)	- Vous êtes employeur : paperasse +++ - Vous devez bien vous entendre avec l'autre famille (salaire, congés, horaires...) - Attention à l'âge de l'autre enfant (trop petit/trop grand)	- Le prix représente la totalité ou la moitié de son salaire - Congés payés - Formation aléatoire
Assistante maternelle agréée chez elle	- Agrément de la mairie - Formation +++ - Confiance - Confort (horaires + ou – en fonction des vôtres)	- Vous êtes employeur : paperasse +++ - Attention à l'âge de l'autre enfant (trop petit/trop grand)	- Le prix représente la totalité ou la moitié de son salaire - Congés payés

	Points positifs	Points négatifs	Problèmes rencontrés
GRANDS-PARENTS	- Souplesse - Confort (confiance, horaires...)	- Âge ? - Fatigue ?	Conflits familiaux ?
JEUNE FILLE AU PAIR	- Souplesse - Confort - Sécurité - Sympathie - Apport d'une autre culture et d'une autre langue	- Il faut avoir une grande maison pour la loger - Attention elle a aussi des jours de congé !	Elle = enfant supplémentaire ?

3. La crèche collective (municipale ou privée)

C'est la solution idéale pour le développement moteur de l'enfant. Le personnel est formé, compétent et extrêmement disponible.

L'amplitude horaire est grande (surtout pour le matin) : de 7 h 30 à 18 h 30. Quelques rares crèches proposent des horaires décalés ou 24 heures sur 24 mais les places sont chères.

Confort, hygiène et sécurité sont assurés, et régulièrement contrôlés.

L'accent est mis sur la transmission. Vous aurez le soir un compte rendu de la journée de votre enfant. Vous parlerez au matin de la soirée et de la nuit qu'il a passées avec vous.

Le barème du prix de la journée est calculé en fonction des revenus des deux parents. Même dans les crèches privées qui sont sous la houlette des mairies.

Le bémol ? Les enfants vont attraper tous les virus et les microbes qui passent et qu'ils ne connaissent pas, autant dire qu'ils seront souvent fiévreux et mal fichus. Et les crèches n'accueillent pas les enfants malades ! Mais vous verrez que ça s'arrange d'année en année.

De toute façon, les places de crèches sont insuffisantes, surtout dans les grandes villes et il va falloir vous armer de patience et de ténacité pour en obtenir une auprès de la mairie !

4. La nourrice à votre domicile

C'est très confortable pour l'enfant et pour vous. La nourrice se plie (plus ou moins) à vos horaires et à vos demandes concernant l'enfant. Vous êtes son employeur, vous établirez donc avec elle un contrat et devrez lui remettre chaque mois des feuilles de paye. La Caisse d'allocation familiale se met à votre disposition pour vous y retrouver dans cette partie administrative. Elle paye aussi les charges patronales (vous ne réglez que le « net »). Mais comme tout employeur, vous devez payer les congés et les respecter. Vous trouverez les renseignements complémentaires sur le site : www.pajemploi.urssaf.fr.

L'inconvénient est que ces dames ne sont pas toutes très formées. Certaines semblent même s'intéresser assez peu aux enfants qu'elles gardent et préfèrent de loin bavarder avec leurs copines au square plutôt que de sortir les petits de leurs poussettes et de les surveiller. Ne faisons pas de généralités, mais soyez prudent. Si vous avez le moindre doute, faites-lui une ou deux visites inopinées, vous vous ferez une meilleure opinion de ce qu'il se passe réellement. Trouvez des prétextes, qu'elle ne se sente pas espionnée.

5. La garde partagée

Comme la nourrice à domicile est une solution assez onéreuse, les familles se mettent en général à deux pour l'employer en « garde partagée ». Le plus difficile est bien évidemment de trouver la bonne famille : domicile proche du vôtre, enfant du même âge. Le lieu de cette garde est à définir entre les familles, en alternance ou non. Des frais s'ajoutent pour la poussette double, le parc et autres articles de puériculture dont la « nounou » pourrait avoir besoin. À débattre.

6. La nourrice agréée

La Protection maternelle et infantile vous fournira à votre demande une liste de ces nounous formées et agréées par elle. Celle que vous choisirez et qui sera libre gardera votre enfant chez elle avec d'autres petits (maximum 2 ou 3 selon l'âge). Son domicile doit donc être proche du vôtre, propre, spacieux. Vérifiez la présence d'autres enfants (les siens) et d'éventuels animaux.

Elles ont en général des idées bien arrêtées sur l'éducation des enfants (le vôtre n'est pas vraiment son premier) mais tenez-lui tête si c'est important pour vous et assurez-vous que le courant passe bien.

Comme la nourrice à domicile, vous êtes son employeur et la CAF prend certains frais à sa charge. Des aides financières existent aussi dans certains cas.

Plus de renseignements sur le site : www.pajemploi.urssaf.fr.

À la crèche familiale

Certaines sont rattachées à la crèche familiale de votre secteur, auquel cas, la nounou amène votre enfant à dates régulières à la consultation de PMI et à la crèche familiale pour qu'il ait des contacts avec d'autres enfants et les faire jouer ensemble. Dans ce cas, vous n'êtes pas son employeur, c'est la mairie qui l'est et les tarifs sont ceux de la crèche collective.

7. La nourrice non agréée

Il faut l'avouer c'est un peu la solution de désespoir… Mais on peut parfois bien tomber. Faites confiance au bouche-à-oreille et à votre feeling ! Vous trouverez certainement la perle rare :

motivée, chaleureuse, qui aime les enfants, et qui adorera le vôtre.

8. La jeune fille au pair

Si vous avez une grande maison et que vous êtes prêts à la loger (dans une vraie chambre) et la nourrir, foncez ! Mettez-vous en quatre pour qu'elle se sente bien, comme chez elle, elle n'en sera que meilleure nounou. Attention toutefois à ce qu'elle ne se conduise pas comme une enfant de plus. Établissez des règles de vie et des limites strictes que vous respecterez aussi ! Par ailleurs, comme ce sont des étudiantes, elles ne peuvent pas faire du plein-temps.

9. Les grands-parents

Première chose, même s'ils sont seuls, veufs, divorcés, déprimés, disponibles, vaillants, ils ont une vie personnelle eux aussi ! Un peu comme vous en somme. La seule différence avec vous c'est qu'ils sont un peu moins « frais ».

Donc, on les ménage un peu ! On ne leur tient pas rigueur s'ils ont envie de profiter de leur retraite et qu'ils partent quinze jours aux Antilles en vous laissant en plan. Usez-en avec modération ou mettez-y les formes. Si vos rapports avec eux sont tendus, protégez-en votre enfant qui risque de ne pas comprendre les ondes négatives qui passent entre vous. Et si la situation s'envenime, sachez que les grands-parents ont le droit, au regard de la loi, de voir leurs petits-enfants ! À bon entendeur…

10. La halte-garderie ou le temps partiel

Les haltes-garderies prennent les enfants assez tard entre 1 an et 18 mois selon les lieux. Il en existe des privées et des municipales. Les listes d'attente sont souvent longues, n'attendez pas qu'il ait l'âge requis pour inscrire votre enfant.

L'accueil y est souvent proposé à temps partiel, quelques demi-journées par semaine. Cette solution de garde à temps partiel est possible aussi en crèche.

Pourquoi pas en profiter pour vous aussi vous mettre à temps partiel et vous occuper de votre enfant le reste du temps ?

Chapitre 25

Dix points pour vous rappeler que vous êtes essentiel... car vous l'êtes !

On sait que normalement vous ne doutez jamais, que vous n'avez peur de rien et on ne voit pas comment un petit bout de chou de 3 kilos pourrait vous mettre au tapis ! Pourtant parfois, vous découvrirez que la vie d'un papa est pleine de questions et d'émotions nouvelles et inédites qui déstabilisent et font parfois vaciller l'édifice... Oui vous ! Alors voilà de quoi vous rassurer.

1. Sans vous, votre compagne n'aurait pas pu avoir cet enfant

Certes on parle beaucoup d'enfants nés par insémination de donneur inconnu, mais si vous êtes le père qui élève l'enfant c'est aussi important – sinon plus – que d'avoir donné votre sperme. Enfin si vous l'avez conçu à deux, cet enfant, dans la tendresse ou plutôt dans la passion, c'est pas mal non plus !

2. Sans vous, votre femme aurait bien du mal à gérer seule le quotidien

Déjà qu'à deux ce n'est pas toujours facile de travailler, de s'occuper de la maison, de nourrir un petit et de jouer avec lui, alors toute seule, vous imaginez ! Bien sûr les femmes sont solides et en temps de guerre elles l'ont fait... Mais c'est tellement bon de partager ses doutes, ses fatigues et ses bonheurs quotidiens !

3. Sans vous, votre compagne élèverait cet enfant seule

Elles le font aussi quand il le faut, les mères divorcées ou larguées dès la naissance de leur enfant. Mais Zola ce n'est pas marrant tous les jours. La société a changé et les filles mères ne sont plus montrées du doigt (quoique...). Enfin, la moindre des choses si vous avez été présent dans l'extase qui a précédé ces neufs mois c'est aussi d'assumer les vingt ans qui vont suivre. Vous êtes un mec, non ?

4. Sans vous, elle serait pauvre(de vous)

Pauvre peut-être pas complètement. Au temps de nos grands-parents un seul salaire permettait (la plupart du temps) de vivre décemment et bien sûr c'est le vôtre qui aurait suffi. Mais tout ça est bien fini : un seul salaire suffit rarement à assurer le loyer, nourrir, éduquer... Sauf si votre compagne est chef d'entreprise et encore !

5. Sans vous, l'enfant manquerait d'autorité

Des mères autoritaires, il y en a, il n'y a qu'à relire *Vipère au poing* d'Hervé Bazin. Mais qui sait mieux que vous que cette autorité ne doit s'exercer qu'à bon escient, sans colère et sans cris, sans capitulation aussi ! Il faut être deux pour cela, car de temps en temps aussi c'est vous qui craquez !

6. Sans vous, l'enfant manquerait de jeux (et surtout de bagarre)

Votre compagne, elle sait très bien raconter des histoires, mais jouer ce n'est pas son truc et souvent ça la barbe ! Alors le partage ça vous permet aussi de vous exprimer et d'acheter le train électrique dont vous avez toujours rêvé enfant ! Ne parlons pas du foot, des billes, et plus tard, une partie de tennis avec son fils ou sa fille qui vous bat, qu'est-ce que ça rend fier !

7. Sans vous, l'enfant manquerait de modèle

Que ce soit un garçon ou une fille, votre enfant a besoin de l'image d'un père solide, constant dans ses décisions, qui rapporte l'argent du ménage. C'est rassurant. Combien ne voyons-nous pas d'enfants qui cherchent des modèles ailleurs, en manquant cruellement à la maison. Là c'est votre place, votre femme compte bien que vous la prendrez, alors elle non plus ne la décevez pas !

8. Sans vous, l'humanité s'arrêterait

Eh oui, on le dit rarement, mais sans hommes, le monde s'arrêterait de tourner ! Certes il y a eu des amazones et des cités de femmes mais ça a mal fini. Sans remonter au Déluge, une petite graine masculine au bon moment et c'est le départ d'une grande saga !

9. Sans vous, contre qui votre enfant se rebellerait-il ?

L'enfant a besoin qu'on lui dise non, qu'on lui donne des limites pour se construire. Mais ensuite il a justement besoin de s'en démarquer. L'adolescence est une deuxième naissance où l'enfant prend tout ce qu'il aime en vous (et il va falloir l'y aider) même si en le faisant il pense (et dit !) que vous êtes... nul !

10. Grâce à votre enfant, vous n'êtes pas nul !

Au fond, pas besoin de livre ou de modèle pour être père. Vous avez été choisi par une femme qui vous a trouvé à son goût et plus encore qui vous a trouvé digne de lui faire un enfant. Ce n'est pas rien, alors foncez ! Le fait de vous demander si vous allez en être capable est souvent une chance de plus pour cet enfant. C'est avec tendresse, plus tard, bien plus tard qu'il se dira : « Pour un père nul, il ne s'en est pas si mal tiré... »

Index

C

N

O

P

Q

R

S

T